快递网络管理创新研究
——网络优化、运营机制及模式变革

Research on Innovation of
Express Network Management
—Network Optimization, Operation Mechanism and Mode Reform

李鹏飞　毋建宏　著

社会科学文献出版社
SOCIAL SCIENCES ACADEMIC PRESS (CHINA)

国家社科基金后期资助项目
出版说明

后期资助项目是国家社科基金设立的一类重要项目，旨在鼓励广大社科研究者潜心治学，支持基础研究多出优秀成果。它是经过严格评审，从接近完成的科研成果中遴选立项的。为扩大后期资助项目的影响，更好地推动学术发展，促进成果转化，全国哲学社会科学工作办公室按照"统一设计、统一标识、统一版式、形成系列"的总体要求，组织出版国家社科基金后期资助项目成果。

全国哲学社会科学工作办公室

摘　要

　　快递网络是一个复杂的网络系统，是交通网络的一种特殊形式，承担着货物流通的重要职能。随着电子商务的兴起，快递业发展迅猛，大量资本的投入使快递市场更具活力，同时快递网络也快速发展、扩张，呈现延展速度快和辐射范围广的特点。然而快递网络快速发展的背后遗留了一系列影响快递业健康可持续发展的问题，在快递业转型升级过程中亟待解决。这一方面要求快递网络管理在发展中不断完善，另一方面要求快递网络管理要持续创新和升级。鉴于此，本书以"快递网络管理创新研究：网络优化、运营机制及模式变革"为题，围绕快递业的发展水平、快递网络的结构和优化方法、快递业运营机制、快递网络的运营效率及快递运营模式等方面对快递网络的创新管理体系进行研究。

　　一是系统地梳理了国内外快递业发展历程及现状，结合国外快递业的发展历程和现状，综合对比国内外快递业发展路径，分别对国有快递和民营快递企业进行分析，从快递业市场结构和规模、服务质量、竞争环境等角度全方位进行梳理、总结和归纳，全面描绘我国快递业的发展历程。以中国邮政特快专递、中铁快运、中航快运、顺丰速运、圆通快递、申通快递、韵达快递等为例，详细分析了中国快递业发展现状。

　　二是分析快递网络的结构模型及交通流特性。首先，建立快递网络的拓扑结构，分析快递网络结构的特征。其次，从快递网络的区域结构出发，从区域中转中心、城市中转场、服务网点、运输路线（网路）和客户五个方面对快递网络基础设施的构成特征进行分析，论证了快递网络基础设施分布不均衡的特点。最后，通过分析快递交通流在车辆运行、时间和空间维度上的动态特性，发现快递交通流在年的时间维度上呈现三段式分布特征，并且逐年高速增长；各区域快递交通流量差异较大，少数地区承载了大多数的快件流量等。规律的快递网络交通流有助于促进快递网络资源进行合理配置。

　　三是探究快递网络优化方法。在分析快递网络优化问题的基础上，结合快递网络的类型，梳理了快递网络优化中常见的启发式算法理论模型及其适应性和优劣性，将蚁群算法和模拟退火算法引入快递网络优化中，建立快递网络优化模型；对陕西周边地区的快递物流网络进行模拟路线优化，通过两种算法优化后的路径对比，论证了不同算法在网络优化方面的性能特征，结果表明两种算法都可有效解决快递网络优化问题。

四是评价全国各区域快递业及快递网络的发展水平。通过对比分析主成分分析法、结构方程模型、数据包络分析法和因子分析法四种经典评价模型，选取因子分析法对快递网络的发展水平进行评价。从宏观经济环境指标、系统投入指标、产业发展指标和信息化指标 4 个方面选取 13 个评价指标进行实证研究，结果表明全国各区域快递业发展水平严重不均衡，其中经济环境是影响地区快递业及快递网络发展的主要因素，系统投入是影响快递业及快递网络发展的次要因素。区域快递业发展水平梯度与地域划分一致，呈现东部—中部—西部依次降低的特点，另外快递业发展水平呈现区域内集中趋势。

五是构建快递网络运营机制。构建快递网络运营机制的理论框架，重新界定了快递网络运营机制的概念，厘清了快递网络运营机制的内涵。快递网络运营机制主要由动力机制、传导机制、配送机制、组织管理机制、促进机制以及保障机制组成。动力机制包括市场需求和利益驱动两部分，市场需求和利益驱动共同促进快递运营网络的构建和运营。传导机制由运输管理、仓储管理和包装管理三部分组成，是快递运营效率的体现。配送机制由自营配送、第三方配送、互用配送和共同配送四部分组成，是快递运营的核心环节，是最接近最终客户的环节，关系到用户体验。组织管理机制是快递网络发展的组织保障。促进机制包括快递网络结构升级、人才培养和科技引进，在快递网络运营中发挥连接作用。保障机制是快递网络运营的约束和规范，共同为快递网络运营服务。

六是分析快递网络运营效率及其影响因素。运用三阶段 DEA 方法对全国快递业的运营效率进行分析，首先，确立快递网络运营效率的评价指标，使用 BCC 模型，利用截面数据，对 2011~2017 年全国 31 个省份的快递业运营效率进行测算，结果表明快递业的整体运营效率较低，地区经济发展水平不是效率水平的决定性因素，而管理水平对快递网络运营效率具有深层次的影响。其次，使用 SFA 模型，选取 2011~2017 年 7

年的面板数据，剔除环境变量和随机误差，调整投入产出变量；最后，再次运用 DEA 模型对调整后的投入产出变量进行测算，使得评价结果更加合理准确。结果表明，平均纯技术效率上升，规模效率和综合技术效率都略有下降。从年度数据来看，各项效率值处在动态变化中，增减状态不稳定。

七是探索快递网络管理模式变革。对快递企业现有管理模式进行整理，分析表明目前我国快递企业运营模式主要包括直营模式、加盟模式和自营模式。基于快递企业管理模式现状，探究影响快递网络管理模式变革的相关影响因素，即市场因素、价格因素、物流设施、配送选址和政策因素五方面。据此，针对存在的问题提出从管理机制变革、网络系统变革、运输管理变革和服务变革四个方面为快递网络管理模式提供变革思路。

八是从国家环境和行业形势两个方面对我国快递企业的管理创新现状进行探析，指出我国快递业健康发展的主要障碍有法规政策不完善、管理方法不合理、前沿技术不具备、基础设施待提高及培养模式单一五个方面。因此，应进行快递网络管理模式创新。理论上明晰管理创新体系的概念及内容，构建全国快递网络管理创新的生态体系，提出一种新的快递网络管理模式——多元生态管理模式。该模式包括三个部分：物联网+大数据的平台搭建管理模式、网络数据挖掘+信息资源优化的管理模式、网络系统框架+客户核心的个性服务管理模式。在此基础上，给出联结物流网络、创新人力资源管理和依托大数据平台的具体创新策略，为快递企业管理创新提供参考。

前　言

随着互联网与电子商务技术的快速发展、居民消费水平和理念的不断提升，人们对快递服务的需求日益增加。快递业在社会经济发展中已占据重要地位，成为国计民生的重要组成部分。加强快递网络基础设施建设、创新快递网络管理模式是提升快递业发展水平的有效途径。本书旨在通过研究网络优化的模型和方法，探究快递网络的运营机制，明晰快递网络管理模式创新变革的路径，从而形成快递网络管理创新的体系框架。通过研究，助力快递管理升级和产业优化，提升快递网络管理水平。

本书立足于快递企业的现实需求，充分考虑了快递网络的特点，其独特之处包括以下四点。

（1）建立快递业发展水平评价指标体系。通过分析影响快递业发展水平的多种因素，构建了反映宏观经济环境、系统投入、快递业发展、信息化程度4个方面的13个指标，形成快递业发展水平评价指标体系，采用因子分析法，提取出关键影响因子，即经济基础因子、投入要素因子、产业发展因子。

（2）构建基于智能算法的快递网络路径优化模型。针对快递网络的复杂特征，在快递网络优化研究中，引入蚁群算法和模拟退火算法两种智能算法。通过对这两种优化算法进行实证研究，证明这两种算法能够有效解决快递网络路径优化问题。

（3）提出快递网络运营效率评价新方法。采用三阶段DEA方法对全国快递网络运营效率及全要素生产率进行分析，实证分析结果表明，该方法能揭示我国31个省份快递网络发展状况的动态变化特征，并能确定快递网络运营效率的影响因素，丰富快递运营效率评价体系。

（4）创新快递网络管理体系。通过研究全国快递网络管理现状，分析快递网络管理创新内容、方法、基础设施建设、技术运用成本、人才培养五方面存在的不足，提出构建全国快递网络管理创新的体系生态架构与创新管理模式和理念。

本书是国内首部关于快递网络管理研究的专业图书，旨在帮助读者达到以下五点目标。

（1）更深入地了解快递企业发展及快递网络建设现状；

（2）明晰快递网络结构及特征；

（3）了解快递网络优化的决策方法和发展水平评价体系；

（4）了解快递网络运营机制及网络运营效率评价体系；

（5）明确快递网络管理模式和创新管理体系。

本书适合物流工程、供应链管理、交通规划与管理等领域的研究生、学者、规划工作者以及物流企业决策者、管理者学习、参考。

目　录

第一章　绪论 … 1
第一节　研究背景与意义 … 1
第二节　国内外研究综述 … 2
第三节　研究内容及创新点 … 13
第四节　研究思路 … 15

第二章　快递网络管理相关概念及理论 … 17
第一节　相关概念 … 17
第二节　网络优化理论 … 20
第三节　运营机制理论 … 22
第四节　模式变革理论 … 24
第五节　本章小结 … 25

第三章　快递业发展历程与现状 … 26
第一节　快递业发展历程 … 26
第二节　国际快递巨头企业发展现状 … 35
第三节　中国国有快递企业发展现状 … 43
第四节　中国民营快递企业发展现状 … 47
第五节　快递业发展启示 … 61
第六节　本章小结 … 64

第四章　快递网络结构及特征 … 65
第一节　快递网络结构 … 65
第二节　快递网络结构特征 … 75
第三节　快递交通流特征 … 83
第四节　本章小结 … 97

第五章 基于智能算法的快递网络优化研究 ………………………… 98

第一节 网络优化算法概述 ………………………………………… 98

第二节 基于蚁群算法的快递网络优化研究 …………………… 102

第三节 基于模拟退火算法的快递网络优化研究 ……………… 110

第四节 本章小结 ………………………………………………… 115

第六章 区域快递网络发展水平评价 …………………………… 116

第一节 区域快递网络发展 ……………………………………… 116

第二节 几种常用的评价方法 …………………………………… 117

第三节 区域快递发展水平评价指标体系构建 ………………… 127

第四节 基于因子分析的区域快递网络发展水平评价
实证研究 ………………………………………………… 129

第五节 实证结果分析 …………………………………………… 136

第六节 本章小结 ………………………………………………… 137

第七章 快递网络运营机制研究 …………………………………… 138

第一节 快递网络运营机制的定义及构成 ……………………… 138

第二节 动力机制 ………………………………………………… 139

第三节 传导机制 ………………………………………………… 141

第四节 配送机制 ………………………………………………… 144

第五节 组织管理机制 …………………………………………… 147

第六节 促进机制 ………………………………………………… 149

第七节 保障机制 ………………………………………………… 151

第八节 本章小结 ………………………………………………… 153

第八章 基于三阶段 DEA 模型的快递网络运营效率评价 …… 154

第一节 研究思路 ………………………………………………… 154

第二节 模型方法 ………………………………………………… 155

第三节 建立指标体系 …………………………………………… 157

第四节 实证结果与分析 ………………………………………… 168

第五节 本章小结 ………………………………………………… 184

第九章　快递网络管理模式 …… 185
第一节　快递网络管理模式 …… 185
第二节　快递网络管理模式变革的相关因素分析 …… 190
第三节　快递网络管理创新环境分析 …… 196
第四节　本章小结 …… 201

第十章　快递网络管理变革与创新 …… 202
第一节　快递网络管理模式的变革 …… 202
第二节　快递网络管理创新的架构模型 …… 207
第三节　快递网络管理的模式创新 …… 209
第四节　快递网络管理创新策略 …… 213
第五节　本章小结 …… 216

第十一章　结论与展望 …… 217
第一节　主要工作及结论 …… 217
第二节　后续工作与展望 …… 219

参考文献 …… 221

后　记 …… 238

第一章 绪论

第一节 研究背景与意义

2018年国务院办公厅1号文件《关于推进电子商务与快递物流协同发展的意见》指向了电商快递行业，李克强总理也在当年的政府工作报告中提出"推动网购、快递健康发展"。自2014年首次提出到2018年，"快递"已经连续五年出现在政府工作报告中。2017年全国服务业增加值占国内生产总值比重上升至51.6%，最终消费支出对国内生产总值增长的贡献率达到58.8%，第三产业越来越成为经济发展的重要支柱。受宏观经济环境影响，目前物流快递业的发展势头良好。但随着未来几年电商发展逐步接近增长的"天花板"，快递行业的增长速度将放缓，逐步进入一个成熟期，必须依靠产业升级转型跳出增长困境，因此当前有必要研究物流快递产业的转型方向，同时在科学发展理念的指引下加快推进物流快递业供给侧结构性改革。

快递业伴随着电子商务的蓬勃发展而快速崛起，已经影响到居民日常生活的方方面面，成为国民经济发展的重要组成部分。截至2017年底，全国物流货运量总计达到479.4亿吨，货物周转量达到197373亿吨公里。其中公路货运量368.0亿吨，货物周转量66712.5亿吨公里；铁路货运量36.9亿吨，货物周转量26962.2亿吨公里；水运货运量66.6亿吨，货物周转量97455.0亿吨公里。公路网络、铁路网络和水路网络共同承担了绝大部分运输任务，是主要的物流快递运输网络。其中公路网络承担了76.8%的运输任务，是最重要的运输网络。2017年快递业务量完成400.6亿件，同比增长28%，快递网络的负荷持续增加。如何设计布局与规划线路、高效利用资源、提高物流运输效率、降低运营成本、提升服务质量，是快递行业要面对和解决的问题。

因此，快递网络管理尤为重要，而大数据、云计算等新技术可以从全新的视角对快递网络的管理问题进行审视，通过引入新技术，对快递网络管理进行创新，具有以下实际意义。

（1）有助于快递企业预测、发现、解决物流网络管理建设中面临的诸多难题。

（2）提高快递企业的运作效率，为企业提供运营管理策略，为管理者提供管理解决方法。

（3）提高快递业的服务质量，降低运营成本。

所以，快递网络管理创新是未来快递企业发展所必须要面对的。

第二节　国内外研究综述

目前，关于快递网络管理的研究主要有以下几个方面。

一　有关快递网络优化的研究

（一）快递网络结构方面的研究

1. 快递网络结构研究

在早期快递行业发展的情况下，Chestler（1985）发现在快递网络中存在着枢纽点（HUB），并针对这些枢纽点的选址进行了研究；O'Kelly（1987）首次提出将二元整数规划应用于解决轴辐式快递网络的枢纽选址问题。随后，大量学者开始对轴辐式网络进行模型和算法的研究，主要分为以下两个类型。

第一类是改进 O'Kelly 提出的二元整数规划模型中的参数。W. Horner 等（2000）发现枢纽间的运输折扣率随流量的增加而增加；Pels 等（2001）在运用不同参数调整的情况下对两类网络结构进行了对比分析；Brueckner 等（2003）在考虑航空公司成本以及飞行频率等因素后，分别运用全连通和轴辐式结构模型对其进行分析；柏明国等（2006）分析了几种网络模型参数对全连通航线网络和枢纽航线网络中航班频率、客流量以及单航班座位数的影响；Cunha 和 Silva（2000）认为节点至枢纽间的运输单价随着运量增加而减少，轴辐式网络中的每一条边体现了规模经济性；Lee 等（2008）按枢纽是否有能力约束，将快递网络划分为有能力约束的轴辐式网络和无能力约束的轴辐式网络。此外，还考虑了交通拥堵对枢纽的影响。

第二类是进一步探究轴辐式快递网络结构。Lin 等（2007）研究了随机需求下的轴辐式网络结构设计；Camargo 等（2009）根据枢纽个数将快递网络分为单枢纽网络和多枢纽网络，并应用到法国、意大利、德国及欧洲 10 国铁路货运网络；Andreas 等（2009）探究了单分配或多分配的无能力枢纽中心问题，列出该问题的整数规划公式，并提出了一种分支定界方法来解决多重分配情况；杨从平等（2016）设计了一个基于复杂网络理论的快递网络优化算法，该算法从连通网络逐渐删除边际效益最低的边，迭代寻找最低连接成本的网络结构，并通过算例对算法的有效性进行了验证。

现有学者研究视域下的快递网络，已经从单纯全连通网络或轴辐式网络延伸到混合式网络，并对其中涉及的经济内涵进行了一定的挖掘，快递网络结构理论也日趋完善，但缺少对快递现实运行状况的考虑，例如快递配送的时效性以及成本约束等。因此，探讨快递网络结构的表现形式，以渐趋成熟的网络结构理论为基础，完善快递网络结构，使快递网络优化更符合实际。

2. 快递网络结构特征研究

快递网络结构特征研究是进行结构优化和设计方法选择的前提。Armacost 等（2004）在对联合包裹服务公司（UPS）的快递网络进行分析时，指出了该公司的快递网络存在着分区的特点，而且在任意一个区域内都存在对该区域内货物进行收发的节点。由于运营模式不同，产生了不同的快递网络结构，即轴辐式网络结构和全连通网络结构，并详细阐述了两者的特征及差异；Megan Smirti 等（2007）以联邦快递（FedEx）为例，研究金字塔式网络结构，并分别考量分拣成本和运输成本，比较每增加一层级对整体快递网络的影响及运作成本的变化。

快递网络拓扑方面，Yang 等（2009）在探究快递网络拓扑特征时，从复杂网络视角，发现其表现为小世界、富人俱乐部现象，具有异配混合行为特征；黄建华（2009）构建了快递企业干线运输的复杂网络图，分析发现该快递网络具有无标度、小世界的表现形式，遭受随机干扰时呈现较强的鲁棒性，相反，遭受蓄意破坏时极其脆弱，并认为度值较大的节点对网络的影响较大，需要重视这些节点；张洪斌等（2009）以各网点为节点、运输路线为边对快递网络进行研究，发现快递网络可以看作依附于交通网络的一种特殊网络。快递网络整体呈混合式结构模式，以城市公路骨干架为基础，形成市内干线网、区内干线网和区间干线网三个层级。

现有学者关于快递网络结构特征的研究可概括为两个方面：一方面以实证方式对快递网络结构进行研究；另一方面从复杂网络视角探究快递网络拓扑特征。这些研究为快递网络规划与设计奠定了理论基础，但与现实生活中快递企业运作之间仍存在出入，需要进一步完善和优化，对快递网络主干的网络特征和节点特征也缺少细分和深入研究。

（二）快递网络规划和设计方面的研究

网络规划和设计，是快递网络优化的重点和难点。Barnhart 和 Schneur（1996）以航空快递为研究对象，构建出仅有一个枢纽点的快递网络结构模型。此外，选取辐射式网络结构进行物流资源整合。研究表明，在公路运输网络以及公路和航空相结合的混合网络的规划和设计上，轴辐式网络结构应用比较广泛。

但目前我国快递行业还处于初级发展阶段。张健等（2008）在公路快递网络的基础上，对带有直达线路的复合式轴辐式网络与纯轴辐式运输网络进行对比，得出结论，即在减少货物的转运次数、缩短服务时间以及降低运营成本后，带有直达线路的复合式轴辐式网络具有显著效果；戴韬等（2010）进行了非枢纽辐射式快递网络在多货物流情况下的规划分析；李莉等（2012）为实现提高快递配送效率的同时降低运营成本，并满足中转货物的时效要求，选取轴辐式快递网络，规划设计枢纽选址和分配，并借助模拟退火算法，通过对适应度函数的标准化处理，构建了多目标轴辐式快递网络模型；张文彬（2014）以 F 快递公司为例，构建了航空快递枢纽中心选址模型，采用聚类分析法对节点进行分类，并运用重心解析法筛选出最优节点；赵晋等（2016）考虑到快递业务量达到一定规模后允许城市之间开展直达递送而不需要经过中转中心，提出了在全局优化的视角下，构建允许直达的混合轴辐式快递网络规划决策模型，可降低网络总成本，同时在直达线路上能够有效减少迂回，提高服务时效性和服务水平；卢文涛（2016）分别对公路、铁路和航空运输进行研究，从成本惩罚、时间阈值两个方面构建数学模型，并对结果进

(三) 网络和路径优化方法方面的研究

目前主要有两类路径及网络的优化方法，分别为精确算法和软计算方法，表1-1对这两类方法中的一些典型算法进行了对比。

表1-1 路径和网络优化方法的比较

方法类别	算法	优缺点
精确算法	Dijkstra算法 SAPR算法 Floyd算法 线性规划 K-树法 分枝剪枝法 拉格朗日松弛算法	这些算法在计算的精确度上比较显著，但计算时间长，求解复杂度高，对于规模性较大的网络存在局限性
软计算方法	进化算法 蚁群算法 遗传算法 粒子群算法 ADD算法 免疫算法 捕食搜索算法 模糊理论	软计算方法所涉及的这些算法在并行运算上具有显著的特征，适用于在多目标函数、影响因素较多以及复杂度较高的情况下解决网络路径优化问题

在研究快递网络优化方面，Karkazis等（1995）采用分支定界法解决现实生活中危险品运输的路线优化问题，同时提出在未来深入研究中应考虑天气、人口随机分布等不确定性因素。Kulak等（2012）运用基于聚类的禁忌搜索算法，解决多批量配送的路径优化问题，发现该算法具有参数可控的优点。Marie等（2018）运用蚁群算法，研究多式联运的最短路径问题，发现该算法适用于解决大规模问题。Braekers等（2012）研究多式联运码头集装箱路径优化问题，设出发地或目的地未知，以数量和距离为目标，设计一个含有时间窗的双目标规划模型，并分别采用模拟退火算法和禁忌搜索算法进行优化。

目前，研究网络和路径优化的算法越来越多，但大多仍只考虑单一目标，而快递优化涉及距离、时间、环境等众多因素，单一目标不能充分解决实际问题。

中国学者最早的研究方向是中国邮政网络。胡向东等（2001）梳理了中国邮政主干网络存在的问题，并针对性地提出了具有多目标的分层决策模型，包括车次优化、路线优化和发运优化三部分。叶耀华等（2004）为解决省际转运问题，采用拉格朗日松弛法和列生成法，将其转化为带时间和容量约束的网络规划问题。樊建华等（2006）运用免疫算法求解车辆路径问题，可以实现解的多样性，避免收敛于局部最优解，同时可以有效地防止在进化的过程中失去最优解的可能。

随着快递业的快速发展，国内学者于2007年才将轴辐式结构理论应用于快递网络优化中。张健、吴耀华等（2008）将混合式轴辐式结构理论应用于公路货运规划中，构建含有直达线路的混合轴辐式网络，并采用遗传算法进行求解。杨忠振等（2011）用优化模型设计公路客运快递运输网络，使快件运输时间最小化，节省了快件的运输时间，提高了公路客运快递的运输能力。葛雪等（2013）以时间阈值及干线和支线运输的运价折扣因素为约束，以优化区域性快递网络为目标，建立了混合整数规划式的轴辐式网络模型。杨从平等（2015）在考虑快递网络配送成本的前提下，运用Floyd算法和Dijkstra算法，构建带有配送时间约束和节点最大流量约束的快递网络优化模型。贺冰倩等（2019）优化快递企业"最后一公里"快件收派的路线规划，通过改进的禁忌搜索算法在短时间内得到优化的路径结果，并在收派活动进行中动态处理新需求及实时更新收派路径，以提高收派效率。

目前，网络和路径优化中的目标函数处理过于简单。现有的目标函数通常只涉及运输成本，虽然有部分学者也将等待成本考虑在内，但都采取了简化处理。此外，货物在节点的时间阈值以及不同路段的运输费用与整个网络运营效率相关，且环境成本也是目前需要关注的因素。

二 关于快递网络运营机制的研究

快递网络运营机制是快递企业经营行为内外因素之间的结构关系及运行方式的概括。

运营效率低下是制约全国邮政业发展的关键因素。徐剑等（2007）对区域物流的发展现状进行分析，认为提高物流服务运营效率的快捷途径需依赖物流的信息化和网络化，并对运营机制的原则、主体、效益实现模式等方面进行深入研究，构建高效和谐的区域物流信息网络体系以满足物流信息化面对的高层需求。王玲等（2016）运用两阶段 DEA 模型对全国邮政业的经营效率、市场效率和整体运营效率进行实证研究，发现全国邮政业整体运营效率低，地区差异大，市场效率明显高于经营效率。

运营效率直接反映运营机制的好坏，运营机制又决定运营效率的高低。李雷等（2018）研究了如何利用网络平台运营机制从平台中其他参与者处获取知识、提升 NSD（网络+店铺+直销）绩效，构建了网络平台运营机制对内容提供商 NSD 绩效作用机理的理论模型。结果表明，内容提供商可以借助能力提供机制、交互机制和知识整合机制来提高运营效率。

因此，很多学者对物流运营机制进行研究分析以期提高运营效率。李红等（2014）通过实地调研发现，目前保税物流体系存在管理体制协调度低、"两头在外"的运营机制不畅、产业服务理念不明确、缺乏需求支撑与拉动、硬件设施超前建设与忽视软件质量提升并存、运输网络建设不足、沟通腹地与市场的集疏运营效率低等问题，对此，应建立统一协调机制。张洪坤（2015）将农产品物流供应链运营系统作为研究对象，基于供应链协同及农产品供应链相关理论，探讨农产品供应链协同要素、物流组成形式、运营机制及盈利模式等问题，以期对未来农产品物流运营机制产生积极影响。李娟（2017）认为现代物流园区的运营机制决定了园区的发展方向和定位。吴智峰等（2017）在介绍福建省水产品冷链物流发展独特区域外部环境的基础上，运用 SCP 模型分析福建省水产品冷链物流运营机制的行业结构、市场行为以及市场绩效的现行状态，从一体化产业信息平台构建、区域共享经济发展及低温物流集配中心空间布局优化三个方面提出改造福建省水产品冷链物流运营机制的理想模式。

目前对于快递网络管理运营机制的研究相对较少，还没有成熟完整的理论体系，因此本书还查找了其他领域运营机制的研究，以期获得一些借鉴。

丁金昌等（2008）从运营机制的角度探讨当前高职院校校企合作存在的主要问题，并结合实际提出创新高职校企合作的动力机制、利益驱动机制、保障机制、共享机制、沟通机制。项国鹏等（2016）在"大众创业，万众创新"背景下，深入分析加速器的运营机制，通过系统阐释加速器四大运营机制——准入机制、服务机制、盈利机制、退出机制，在全面梳理国外加速器发展经验及深入分析全国现阶段加速器运营模式的基础上，提出加速器运营建设的对策建议。谭文浩等（2016）对财务公司在实践中如何有效与集团总部之间有效衔接的问题进行研究，将业绩评价指标体系设计、业务授权审核机制、经营收益分配机制等方面作为切入点，提出应重构集团基于利益协同的财务公司运作管控机制。

关于运营机制的研究，王玮等（2008）通过对社区博弈和资金互助博弈关系的分析，提出资金互助社运作的内在机制。赵丽梅（2014）选用社会网络分析（SNA）方法构建联盟内部资源流动网络模型，并提出降低成本和风险的基于数字出版平台沟通和基于网络购物平台交易的联盟运营机制。

大量学者在运营机制创新方面做出重要贡献。冯新舟等（2010）认为知识经济时代，企业主要通过知识及创造知识、运用知识的能力来获得可持续竞争优势。在研究组织知识创新体系及其运营机制之后得出结论，即组织知识创新体系有效运转的运营机制包括决策机制、动力机制及保障机制。吴媛婷等（2010）在现有文献的基础上，进一步研究了全国物流公共信息平台的运营现状、瓶颈因素，并提出运营商与政府"协同"运营的解决方案，以弥补运营机制的不足。刘峰（2017）立足于SMG运营机制的创新实践，从机制驱动、生态转型、运营创新等方面进行解读，并提出使媒体运营保持活力的方法有坚定改革理念、实行机制创新与驱动。

综上所述，当前相关文献主要集中探讨企业的运营机制，没有涉及快递网络，并且目前尚未形成比较统一的效率评价体系。本书在此基础上，首先界定快递网络运营机制的相关概念并提出快递网络的运营机制；其次以快递网络为研究对象，寻找最适合的快递网络运营效率评价方法，构建快递网络运营效率评价指标体系，通过实证研究的结果来分析快递网络的经营效率。

三　关于快递模式变革的研究

模式变革最早由哈佛大学的教授 Kuhn 在其 1962 年所著的《教育模

式变革》一书中提出。"模式变革"在当时被认为是一种创新式的、发现式的、颠覆式的变革。Hedlund（1994）则建立了一种知识管理模型，设计了两种管理模型的异构结构。

"管理模式变革"一词在各个领域均有出现。在科研技术行业，顾立平（2018）指出，无论是对于图书馆工作还是对于信息服务、知识服务来说，科研模式的变革都是一种新的挑战。在教育行业，郑立海（2015）从四个维度解析教育管理的逻辑框架，探讨大数据的基本特征及对于教育的深刻影响，得出我国教育需要立足于大数据时代进行模式变革的结论。在农业管理方面，田丽（2016）从农业经济转型与管理模式变革的视角，深入探究我国农业转型的特点、趋势以及我国农业经济管理模式变革的必要性。在销售行业，孙赫强等（2018）认为电子商务时代的到来打破了传统的产供销模式，因此应该充分利用电子商务带来的商业机会对销售行业进行模式变革。在国内外有不少学者做过快递企业模式变革的研究。

在国外，学者们关于商业模式变革的研究成果显著，Gamboa 等（1995）、Tsoukas（2002）、Osterwalder（2005）、Johansson（2015）以交互式设计的方法对报业商业模式变革做了分析，Kleppe（2017）、Strüber 等（2017）对大型企业管理模式的成功变革进行了研究。

在国内，早期关于管理模式变革的研究多集中在企业的变革过程与变革效果层面。张学峰等（1998）提出组织变革与创新的主要理论有系统理论、权变理论、行为理论。李桦（2001）认为企业管理要跟上时代的步伐，管理者必须要有对组织结构或工作制度进行变革的能力。另一位学者涂超（2004）认为变革是企业长期发展必须要面对的难题。王众托（2001）则围绕企业信息化与管理变革展开讨论。叶明海和邱旻（2007）着眼于企业的变革管理模型，提出想要企业变革成功，建立一个基于现实的管理模型是有指导意义的。逯笑微等（2008）就环境对企业组织变革的影响进行了研究，他们认为当环境的变化超出了企业组织的适应性范围，企业将进行变革。

随着人们对管理模式认识的加深以及管理学者对不同行业领域模式创新的深入考察，现阶段关于模式变革的研究涉及各个方面。杨海波（2017）对科技管理模式变革进行了研究，张云霞等（2017）、陈丽等

(2017)、杨治国（2018）对教育模式的变革进行了研究。

国外从管理创新的角度，根据整个快递行业的服务体系状况对相应的模式变革进行探究的现有文献较少，多数是通过实证分析、案例分析的形式，针对具体某家快递公司的运营方式的不足之处，提出解决的模式方案。

在国内，关于快递网络模式变革的研究主要集中在快递业服务模式变革和快递业盈利模式变革两个方面。在快递业服务模式变革方面，赵玉洲等（2016）针对快递服务定价机制改革，提出我国价格形成的市场化程度不高，存在价格恶性竞争且价格战对快递服务的发展造成价格监管力度偏弱的后果，定价机制亟待改革。在快递业盈利模式变革方面，李磊等（2013）针对快递行业定价模式的弊端，提出分步法定价方案，在一定程度上抑制快递行业的恶性竞争。研究中所用的工具主要是企业创新模式理论，涵盖人文社科学、市场经济学、市场营销等相关学科领域，运用文献研究法、个案研究法、话题发散法、案例分析法、跨学科研究法等方法研究问题。

四　有关快递网络模式创新的研究述评

在快递管理模式的创新方面，随着计算机网络的深入发展，多数学者提出模式创新应与"互联网+"技术相结合。郭勤贵（2016）提出在未来各实物都将与互联网发生联系，物与物互联、物与人互联，企业如果没有与互联网结合，将止步于现状。王彦（2016）探究了互联网时代下，互联网思维对企业产生的影响，总结出企业自身需要不断变革创新去适应互联网时代的发展。程华（2002）分析总结出企业应与互联网创造的条件进行资源互补，深度融合发展。孔凡柱（2017）提出"互联网+"能够精简传统的经营模式，推进传统行业的转型和创新，实现产业升级，促使企业进入新的发展形态。"互联网+"在互联网的基础上，扩大物与物、物与人的连接应用范围，将线下的多数企业连通。因此将"互联网+"和快递业有效结合，有助于快递企业网络管理模式的变革与创新。

在国内，关于"互联网+"与快递的结合，陈庆（2014）研究了全国传统民营快递业的发展模式，并进行了实例分析，提出了全国区域民营快递业的发展举措。纪辰曦等（2015）比较了集中代收代取服务模式、第三方终端节点联盟模式、智能提取柜这三种运营模式的成本收益状况及存在的问题。赵小鹏和宋新（2016）通过分析"O2O＋众包"模式的特点，指出该模式在快递运营中的应用现状以及存在的问题，即缺乏有效监管、服务质量得不到保障、存在安全漏洞等，最后有针对性地提出相关建议和对策。姚本辉等（2016）基于三种O2O全民快递商业模式，即"O2O＋众包服务"、亚马逊开发的"ON MY WAY"服务、"京东到家"和"京东众包"服务，提出O2O全民快递的发展前景。张超等（2016）通过互联网手机软件这一平台，研究在校大学生使用新型校园快递服务模式的可行性。李海东等（2017）从共享经济、共享物流的角度出发，探讨基于共享数据平台和师生用户之间快递信息的高效传送和共享，提出具有共享物流特性的校园快递服务模式。王进（2018）分析总结了快递服务模式的发展，即从传统的服务模式到近年来出现的快递自提柜等新型服务模式。在此基础上，对比分析了现有的末端配送服务模式，并指出了影响因素。

在国外，Lee等（2008）提出一种设计速递服务网络的方法，用来协助服务中心的整合终端机和延长截止时间，使快递员的增量利润最大化。Zhuang等（2015）提出了Shapley值法及改进的利润分配模型，探讨了高校快递联盟成立后的利润分配问题。在国内，崔潇云（2011）在分析总结全国物流企业盈利模式现状的基础上，从物流基础设施网络、物流组织网络、物流信息网络入手，分析了物联网对物流企业盈利模式的影响。陈志新和杜昕俊（2016）在分析传统快递业盈利模式不足之处的基础上，指出在"互联网＋"形势下快递企业应积极利用云计算、互联互通、大数据、人工智能等新技术，进行创新和转型，并提出产业融合扩展的新盈利模式。

综上所述，不难发现国内外学者在研究互联网背景下快递企业运营模式或管理模式时，更倾向于对快递企业的运行现状进行分析，对未来发展趋势进行阐述，或对快递企业目前所面临问题进行剖析，通过分析给出相应的解决对策。但是，缺乏对全国快递网络管理现存问题的深层剖析与研究，更缺乏对我国快递企业管理模式的全面梳理，以及对当下适合我国快递企业变革与创新管理模式的探究。有关快递网络管理模式的变革，相关研究成果也相对较少，并且缺乏有针对性的成果。

五 区域快递网络发展水平评价

经过多年的快速发展,我国快递业发展规模和水平都有了很大的提高。快递与农业、制造业和电子商务等产业的联系越来越紧密,也与人们日常生活的关系越来越紧密。虽然快递业有了较大程度的发展,但各区域快递业发展不平衡,其结构有待进一步完善,主要表现为我国从东部到中部再到西部区域,快递企业密集度逐渐减少。所以学者们开始关注快递业区域发展不平衡的问题,针对我国快递业存在的问题,从不同的角度进行实证分析。目前学者们从信息化发展水平对快递业发展的影响、快递业与电子商务的协同发展、快递业区域发展失衡等方面进行了理论和实证研究。

首先,针对我国快递业发展区域失衡的问题,学者们从不同的角度,用不同的分析方法进行了深入研究分析。解文涛(2009)运用因子分析法对我国各省份物流发展水平进行实证研究,得出全国各省份物流发展水平具有差异性,并对各地区发展失衡的主要影响因素进行系统分析。刘云和李敏(2011)对西部快递业的发展进行研究,分析了导致不均衡的因素有地区城市化发展水平、新型消费模式的发展、快递供给状况等。段水利(2015)从经济水平、信息化水平、基础设施、人才资源等方面构建了快递业影响因素评价体系,并用灰色关联分析方法定量地分析了影响我国快递业发展的主要因素,得出经济水平决定快递业发展水平的结论。王宝义(2016)通过对我国区域进行分组,测算快递业发展的不平衡性,得出我国快递业发展省际不平衡现象较为严重且不平衡趋势不断加剧的结论。秦立公等(2015)运用DEA模型对广西快递业发展综合效率进行测评和优化。

其次,关于快递业与电子商务之间的相互影响,学者们从不同的角度进行实证分析。如Atif(2004)从快递的价格、服务水平和配送效率等方面研究快递业对电子商务发展是否具有影响。周晓利(2012)探讨了在电子商务快速发展的情况下我国快递业的突出问题,并准确地提出促进我国快递企业发展的六大措施。于宝琴等(2013)运用SERVQUAL模型对网购环境下的快递服务业进行模糊评价,通过定性和定量相结合的方法,指出现阶段网购环境下快递服务质量得分较低。张兰等(2015)采用灰色关联模型对1991~2013年我国快递业发展的相关指标数据进行实证分析,得出结论,即以网络购物为代表的互联网发展相关指标与快递业关联度最大。陈宾（2016）应用 VAR 模型进行了实证研究，发现我国快递业与电子商务之间存在着良性互动，有着协同发展的趋势，但快递业发展滞后影响着二者更深一步的协同发展。

此外，随着我国信息化综合水平的不断提高，我国快递业发展水平也有大幅度的提升。学者们也用不同的分析方法对信息化水平提升对我国快递业的作用进行了研究。如卜新华等（2012）认为信息化水平的逐渐提升是提高快递业发展速度的重要手段。苑春荟等（2016）构建了我国快递业信息化标准体系，并对快递业信息化标准体系的实施提出五个方面的建议。

综上所述，专家学者分别从不同角度结合现有的国内各地区数据对我国快递业发展进行了系统的实证分析。就目前研究情况而言，定性分析较多，定量分析较少，缺乏结合数据的区域快递业发展水平的定量研究。本书将对快递业发展水平进行定性分析，并结合数据实证，构建城市快递业发展水平评价指标体系。运用该评价体系对全国 31 个省份进行综合评价分析，研究我国快递业发展的重要影响因素，为提升我国快递业发展水平提供重要的理论指导依据。

第三节　研究内容及创新点

一　研究内容

本书分为十一章。第一章为绪论，第二章至第十章为主体实证部分，第十一章为结论。

第二章阐述了快递网络管理的相关概念及理论。介绍快递相关概念、快递的基本特征、快递的分类、快递与物流的联系与区别以及快递网络管理研究范畴。

第三章主要研究全国快递业的发展历程与现状。总结国外快递业的发展现状，综合对比国内外快递业发展路径，以从中得到借鉴。分析当前全国快递市场和快递企业的发展现状，包括市场结构和规模、服务能力、服务质量、产业协同水平、竞争环境等，并关注主要快递企业、快递企业发展程度、快递网络建设水平等。

第四章对快递交通流特征及网络结构进行研究。借鉴以往学者的研究成果，总结了快递网络拓扑结构模型及基本表现形式；分析快递网络的物质组成，梳理快递网络的区域结构特点；分析快递交通流的时空动态特征，发掘交通流在时序和空间分布上的特点，从而总结快递交通流的流动规律。

第五章是基于智能算法的快递网络优化研究。主要分析快递网络优化中的启发式算法；通过对各种算法的理论和模型加以总结和概述，对算法的适应性和优劣性展开研究；对比后分别选取蚁群算法和模拟退火算法对陕西周边地区的快递网络进行模拟路线优化，证明了两种算法能够与网络运作实际相结合。

第六章运用因子分析法对物流快递网络发展的关键要素进行提取。通过对常用评价方法和因子分析法进行对比，归纳各种方法的适应性，选取适合的分析方法，建立因子分析的数学模型，研究了因子分析的过程，总结各种评价方法，如最大方差法、最大平衡值法和回归法，通过对比选择适合的评价方式。最后通过实证分析，对4个方面13项指标进行因子分析，归纳出影响快递业发展的主要因素和区域物流发展水平分布情况。

第七章从动力机制、传导机制、配送机制、组织管理机制、促进机制和保障机制六个方面，系统阐述了快递网络运营机制，并对每种机制的运营方式进行了梳理；重新界定快递网络运营机制的内涵，构建了快递网络运营机制的理论框架。

第八章使用三阶段 DEA 方法对快递业的运营效率进行分析，首先使用 DEA 方法的 BCC 模型，利用截面数据，对2017年全国31个省份的快递业运营效率进行测算，并对实证结果进行分析；其次使用 SFA 模型，剔除环境因素和随机误差；最后利用调整后的投入变量，使用 BCC 模型再次对运营效率进行测算，并对测算结果进行评价。

第九章分析整理快递企业目前的运营模式，据此进一步探究总结出促进快递网络管理模式变革的相关因素，归纳总结为市场因素、价格因素、物流设施、配送选址和政策因素五个方面。针对不同的因素，提出管理模式变革方向，可概括为管理机制变革、网络系统变革、运输管理变革和服务变革，并提出新的管理理念。

第十章从宏观环境和行业形势两个方面探析快递企业进行网络管理创新的必要性，构建了快递网络管理创新生态架构模型，提出了一种具有循环和自更新特点的快递网络管理模式——多元生态管理模式。论述了该生态模型的主要构成，分为三个部分：物联网+大数据的平台搭建管理模式、网络数据挖掘+信息资源优化管理模式、网络系统框架+客户核心的个性服务管理模式。在此基础上给出了快递网络管理相关创新策略。

第十一章是结论与展望。概况全书的研究结论，并提出研究展望。

二 创新点

（1）建立了快递业发展水平评价指标体系。通过分析影响快递业发展水平的多种因素，构建了反映宏观经济环境、系统投入、快递业发展、信息化程度4个方面的13个指标，形成快递业发展水平评价指标体系，采用因子分析法，提取出关键影响因子，即经济基础因子、投入要素因子、产业发展因子。

（2）构建了基于智能算法快递网络优化模型。针对快递网络的复杂性，在分析快递网络优化问题的基础上，将蚁群算法和模拟退火算法引入快递网络优化中，建立了快递网络优化模型。对陕西周边地区的快递物流网络进行模拟路线优化，通过两种算法优化后的路径对比，论证了不同算法在网络优化方面的性能特征，结果表明两种算法都可解决快递网络优化问题。

（3）提出了快递运营效率评价的新方法。综合采用三阶段DEA方法对全国快递业的运营效率及全要素生产率进行分析，实证分析结果表明，该方法准确有效，从而丰富了快递运营效率评价理论。

（4）创新了快递网络管理模式。通过分析快递网络管理模式，梳理快递网络管理过程中存在的问题，提出了新的快递网络管理理念，构建快递网络管理创新的生态架构模型，提出具有循环和自更新功能的多元生态快递网络管理模式。探究了实现快递网络管理模式创新的基本路径，旨在有效促进快递网络改革及长远发展。

第四节 研究思路

本书首先阐述了研究背景与意义，并对快递网络基础的网络优化、运营机制、模式变革的研究成果进行评述；接着梳理快递、快递网络管理及其相关概念、研究范围，并提出网络优化理论、运营机制理论、模式变革理论；从快递业发展的历程与现状出发，整合快递网络交通流架构模型及特征，通过蚁群算法和模拟退火算法对快递网络进行优化；建立因子分析的数学模型，通过因子分析法对物流快递网络发展的关键要素进行提取；构建快递网络运营机制理论框架，使用三阶段 DEA 方法对快递业的运营效率进行分析；指出快递网络管理模式存在的问题，提出快递网络管理模式变革方向，给出快递网络管理创新的政策建议；最后对本书的研究进行总结和展望。研究思路框架如图 1-1 所示。

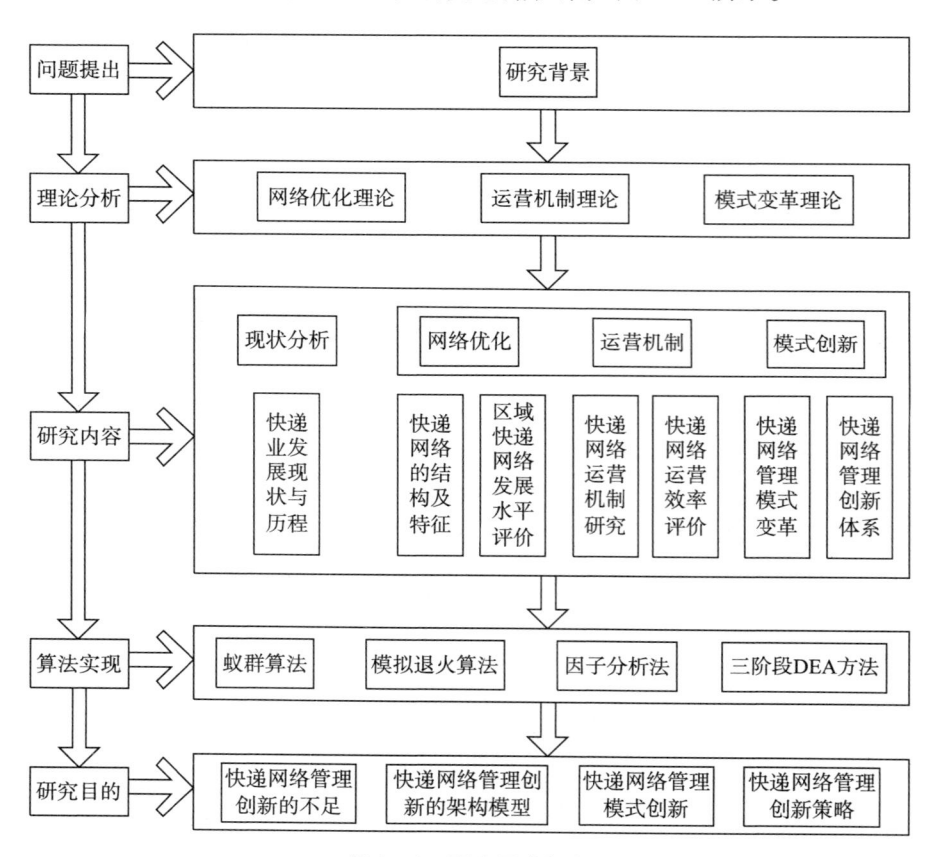

图 1-1 研究思路框架

第二章 快递网络管理相关概念及理论

第一节 相关概念

一 快递

快递是指快递公司收取寄件人的快件,在规定的时间内运送至指定的收件地点并由收件人签收的过程,具有时效性、服务型、安全性、专业化、信息化的特点。《中华人民共和国邮政法》第九章中将快递定义为"在承诺的时限内快速完成的寄递活动"。快递网络是指在交通路线的基础上,合理分布企业的快递集散点和取送点以实现货物顺利流通的网络,是快递业正常运行的物质基础。快递网络的结构、节点的分拣能力以及货物的配送路线规划等都对快递的运输效率产生重要影响。

图2-1体现了快递网络和快递业务的协作过程。寄件客户可以通过电话或者网上下单的方式联系附近快递网点的快递员上门收取快件,或客户自行去区域快递网点寄件。快件到达快递网点后由快递公司打包、粘贴物流单号,等待被邮寄包裹数量累积到一定数目后被统一运送至当地城市的集散中心,快件在集散中心根据相应的目的地城市和快件类型进行分拣,通过配送工具(汽车、高铁、飞机等)运输至下一站。如果快件寄件地址和收件地址没有直接运输的路径,快件将被运输至中转中心进行再一次分拣和转运,然后到达收件城市的集散中心。包裹在终点城市集散中心一般也会进行最后的分拣操作,由快递员驾驶汽车、三轮车等交通工具运送至距收件客户最近的快递网点,这个过程被称为"派送",客户也可以到网点自取。

1. 快递的基本特征

快递的基本特征主要有四点:①快递的特定性;②快递寄递方式的独特性;③寄递过程的时效性;④寄递组织网络的特殊性。

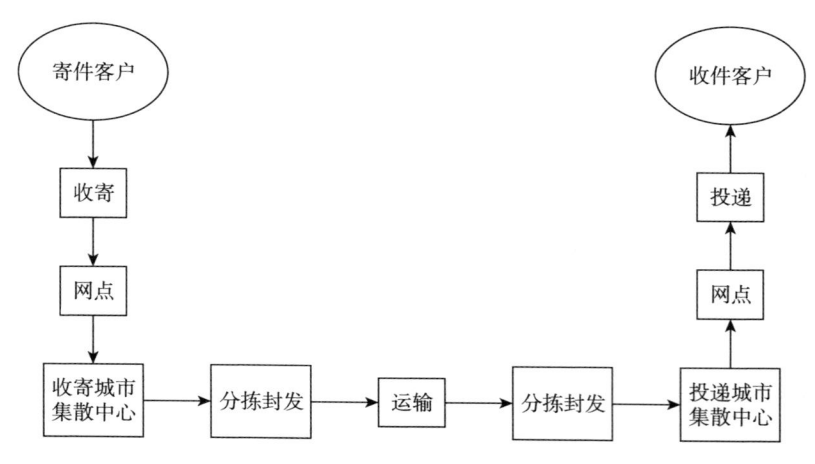

图 2－1　快递网络中快件运送的基本流程

2. 快递的分类

快递大体有三种分类方法，即依据寄递物品的内容、寄递距离的远近以及快递送达时效进行区分，如表 2－1 所示。按照寄递物品的内容，快递分为信函类、商业文件类和包裹类。依据寄递距离，分为国内快递和国际快递，其中国内快递包括同城快递、省内快递和省际快递。根据快递送达时效，分为即日达快递、次晨达快递、标准快递、特惠快递和普运快递。

表 2－1　快递分类及其特征

分类方法	快递类别		特征
按寄递物品分类	信函类		具有个人通信内容的文件
	商业文件		包含商业合同、工程图纸、金融票据等的各类纸质物品
	包裹类		可以安全寄递的货物、礼品及其他物品等
按寄递距离分类	国内快递	同城快递	快件的收发地均在同一个城市
		省内快递	快件的收发地均在同一省内
		省际快递	快件的收发地不属于同一省份
	国际快递		快件在不同国家之间的运送服务
按快递送达时效分类	即日达快递		在指定服务范围和寄递时间内收寄，承诺当日 20：00 前送达
	次晨达快递		在指定服务范围和寄递时间内收寄，承诺次日 12：00 前送达

续表

分类方法	快递类别	特征
按快递送达的时效分类	标准快递	在指定服务范围和寄递时间内收寄，可实时查询快件所在地，最快 2 日内送达
	特惠快递	在指定服务范围和寄递时间内收寄，可实时查询快件所在地，最快 3 日内送达
	普运快递	快递收派员于截件时间前去取件，2~6 日送达

3. 快递与物流的区别

根据中国国家标准对物流的定义，物流（logistics）是指物品从供给地向接收地的流动过程。根据实际的需求，将运输、储存、装卸、搬运、包装、流通加工、配送、信息处理等基本功能有机结合起来。

通过对快递的定义与特征分析可得知，快递和物流都是通过运输实现实体"流动"的过程。但快递与一般概念上的物流在递送的对象和服务的内涵方面都有区别。

（1）递送对象：快递以商务文件、包裹等小型物体为主要递送对象，物流则是以大中型物品为服务对象。

（2）服务方式：快递主要采用"桌到桌""门到门"上门取货、上门送货的服务方式；物流需要客户送货到物流公司，收件客户则到物流公司提货，如上门服务需要另外收费。

（3）收费方式：快递收费一般按公斤收取，费用贵但是速度快；物流收费一般按吨收费，收费便宜但速度缓慢。

（4）时限的要求：快递一般要求承诺在严格的规定时间（一般较短）内完成寄递任务，而物流对时限的要求比快递宽松。

快递与物流的具体区别如表 2-2 所示。

表 2-2 快递与物流的区别

比较内容	快递	物流
所属行业	邮政类服务行业	交通运输业
市场准入	须获取快递业务经营许可证	须获取道路运输经营许可证
业务流程	收派件、分拣、运输、签收	存储、运输
内件性质	禁止寄递危险/禁寄物品	无约束

续表

比较内容	快递	物流
物品规格	小件包裹，任何一边不超过150cm，长宽高总和不超过300cm	无约束
时间要求	越快越好	无约束
收费标准	费用相对高	费用相对低
管理部门	邮政管理部门	交通运输管理部门
执行标准	《快递服务》国家标准（GB/T 27917.1-2011）	物流标准专项规划的相关规定

二 快递网络

快递网络是依附于交通运输网络的一种特殊网络，是由众多的快递枢纽中心、各级中转场、快递网点、运输路线和客户组成，在管理层网络的约束下遵循一定的原则和方式运作的网络体系。快递网络各层级明确，可以抽象概括为物理层、业务层和控制层。以物理层为基础，在业务层的规范下快件得以迅速有序传递，控制层起监督、控制和协调作用，保证快递网络的正常运行。

三 快递网络管理

快递网络管理是指在社会再生产的过程中，运用科学的手段，按照一定的规则对快递网络进行的计划、组织、指挥、协调、控制等一系列活动。

第二节 网络优化理论

我们生活的网络社会，是一个由计算机信息网络、电话通信网络、运输服务网络、物质分派网络等和能源所组成的复杂的网络系统。谢凡荣（2009）提出，对一个网络系统进行有效的计划、管理以及控制，并让该网络系统达到最大的社会和经济效益，这个过程被称为网络优化。

网络优化是运筹学（Operations Research）中的一个经典和重要分支，所研究的问题涉及物资管理、经济管理、工业工程、交通运输、计算机科学与信息技术、通信与网络技术、控制论及军事运筹学等诸多领域。

在网络优化的过程中，最短路问题、最小饱和流问题、最大流问题、最小费用最大流问题、最小费用流问题、最大利润流问题、最大容量路问题等都是一些最基本的问题。国内外有不少学者对这些问题进行了深入的研究，并且取得了很好的成果。例如，在最大流的问题上，国内学者徐周波（2005）和江锦成（2014）分别应用 ADD 算法和 SAPR 算法对其进行求解；而 Dijkstra 算法和 Floyd 算法在求解最短路问题上应用比较广泛。

Thomas（2006）指出最短路问题的基本内容是：若网络中的每条边都有一个基于长度、成本或时间的数值，则找出源点和末点之间总权和最小的路径就是最短路问题，可用来解决最短运输路线计算、车辆路径安排以及厂区的选址和布局等一些现实问题。

1956 年福特和福克逊提出了最大流标号算法，并建立了"网络流理论"。最大流问题（maximum flow problem）是一种组合最优化问题，它的作用是在对设备合理利用的情况下，通过使运输流量最大来提高效率，以达到最好的效果。

钱颂迪（1990）对网络中最小费用最大流问题进行了详细论述。任意一个网络中都存在着路径，而且每段路径都有"容量"和"费用"两个条件的限制。此类问题的研究试图解决一个问题：从起点到终点如何选择路径以及分配经过路径的流量，可以在流量最大的前提下，达到所需的费用最小的要求。

卢虎生等（2003）阐述了在网络优化中，最大利润流是以运输利润最大为目标。一个利润可行流可分解为若干个路流和圈流，相应地该可行流的利润也等于这些路流和圈流的利润之和。

研究网络优化问题的多目标规划模型与算法中，考虑到人的有限理性以及问题的复杂性这两方面因素，往往在追求最优解的时候更趋向于寻找满意解或者有效解。周树发等（2004）以工程网络优化为研究对象，综合考虑工程的质量、工期、成本、资源等多个因素，建立多目标规划模型，以求网络优化的全面性。

第三节　运营机制理论

一　运营机制

运营机制是指影响企业运营的各种因素的结构、功能和相互关系，以及这些因素产生影响、发挥功能的作用过程和原理。企业运营过程中的主体机制是引导和约束与人、财、物有关的各类连续不断的活动的准则和制度。运营过程中各要素的相互作用是进行自我调整的方式，该过程促使企业运营活动更加高效、有序。

二　运营机制基本内容

决策机制。决策机制是企业在持有充分的法人财产权的前提下，对生产、经营等经济活动做出决策的机制。这种机制包括确立决策主体、划分决策权、建立决策组织和决策方式等方面。

激励机制。激励机制实质上是经济利益机制，可以最大程度上调动和发挥企业员工的积极性、主动性和创造性。

约束机制。约束机制是企业通过不断约束和调整自身行为，在不断变化的环境以及约束条件中得以适应，以更好地生存和发展。企业的行为约束机制包括企业内部行为的约束和企业外部行为的约束两个方面。第一个方面主要由企业预算约束、审计约束、责任约束、纪律约束等构成；第二个方面主要包括市场约束、合同约束、法律约束以及一定的行政约束等。

运转机制或循环机制。运转机制或循环机制是使企业的供、产、销三方面顺利进行以及良好运转的机制。企业通过不断调整各项运营管理制度、改进相关决策制度来完善企业运转机制；通过采用生产经营过程中所需要的各种要素来增强企业在各方面的调整能力；通过提高企业对各种危机的应变能力来保持其在外界环境中的稳定性；通过提高企业竞争力来促进企业发展。

三　运营机制的实质

1. 目标性

企业运营机制的目标性由三个层次构成：第一层次是运营目标，是根据企业所有制性质规定的；第二层次是企业发展目标；第三层次为生产中车间、职工必须达到的目标。

2. 激励性

企业的运营和机器的运转一样都需要一定的动力。利益是企业发展的核心，在利益的驱使下企业随之"公转"。

3. 调控性

虽然企业合理化的行为需要良好的社会经济环境、正确的引导以及合理的调节，但是更需要的是严格的调控能力。

4. 客观性

（1）企业是经营机制的载体。企业的经营需通过一定的经营方式和经营活动实现。

（2）企业经营机制是企业内部必然产生的联系，与企业和环境相关联，每个企业都有不同于其他企业的运营机制，而且一个企业在不同阶段运用的经营方式也存在差异，因此其结果也都不相同。

（3）企业经营机制是客观存在且需要被认识的。通过对它的认识和应用来掌控一个企业的兴衰。

（4）企业的内部因素和外部因素以及相关制度决定着企业经营机制能否达到预期效果。

（5）遵守相关经营规律，采用正确、合理的运营方式。

四 传统运营机制与新型运营机制

传统的企业运营机制以行政为驱动力，企业活动按照国家的指令完成，因此可将企业作为行政性的单位。传统的企业运营机制是国家主观上的整治行动，但不是生产力发展的客观需求，因此存在着难以解决的矛盾。

新型运营机制遵从市场经济内在要求，以利益为驱动力，这也是企业运营机制重构的基础。重构运营机制可从决策、激励、约束及运转四大机制入手，对运作主体、运作对象、运作方式及运作结果进行重构。

总而言之，运营机制必须在完全反映其本质的前提下，使企业经营机制的两大调节系统和其各分属机制相互磨合，进而达到合理的、全方位的调节力，企业才能经久不衰。

第四节 模式变革理论

迄今为止，国内外学者对模式变革尚未有一个准确的定义，出现较多的即企业和商业的模式变革。

郑石明（2006）以"商业模式是什么"这一问题为逻辑起点，从零售业的商业模式变革讲起，透视其更迭的内外机理，构建关于"商业模式"的初步概念，传达出一个重要观点——商业模式的变革是企业竞争优势的核心来源。

商业模式变革其实是从商业模式所隐含的各种属性出发对商业模式做出全新的分类。在经济现象与经济理论相互融合的过程中，则用浅显易懂的经济学理论解释商业模式变革，进一步扩充价值链理论的内涵。企业变革是当企业发展缓慢或企业发展产生问题、无法因经营环境的改变而做出变化时，必须做出的企业改革举措。即针对内部层级、生产运营模式以及企业文化，做出与之对应的整改与管理，保证企业的健康发展。

管理变革是一个企业向前发展的重要一步，而管理变革是针对公司整个管理模式、管理方法、管理技巧进行变革。变革的目的是成功转型，但变革往往不一定会达到理想的效果，甚至失败。变革是有风险存在的，但面对同行业巨大的竞争压力、频繁的技术更新、迫切的人才需求，管理变革对于企业来说仍是成功转型、紧跟发展趋势的捷径。企业变革和组织变革是快递网络管理变革的主要内容。

组织变革包含于企业变革，企业的发展是一个螺旋式上升的过程，在企业的生产与运营中，企业资源发生一定的整合与变动，带给企业威胁的同时也提供了发展机遇，因此，企业变革可以通过组织变革来推动。

组织变革（organizational change）是指组织根据企业内外环境变化，及时对组织中的要素（如管理理念、工作方式、组织结构、人员配备、组织文化等）进行调整、改进和革新的过程。组织变革管理，要求组织高管对可能出现的障碍与阻力有清晰的认识。此外，针对不同的实际问题，要高效地提出完善的计划与具体实施步骤，通过变革管理解决问题。

第五节 本章小结

本章首先对快递相关概念、快递的分类以及快递与物流的区别进行阐述，并界定了快递网络的范畴，在此基础上，进一步研究快递网络管理相关范畴。其次通过分析国内外相关研究成果，探究了网络优化中的基本问题，分析了传统运营机制与新型运营机制的区别，梳理了模式变革理论，为后续研究奠定了理论基础。

第三章 快递业发展历程与现状

快递行业是社会生产力发展到一定阶段的产物。古代就存在以政治目的为主、专门为皇帝或国王传递文件信息的信使以及民间驿站的信差等，而现代快递是具有经济和社会效益的一种现代经济交易活动。从世界角度来看，欧美等发达国家快递行业起步较早，发展至今已较为成熟且拥有完备的运营模式。日本虽起步稍晚，但因其经济发展基础较好，在快递发展中形成其特有的发展体系。因此本章选取美国、德国、日本的快递业进行分析，并回顾其发展史。

第一节 快递业发展历程

20世纪60年代快递产业发源于美国，联合包裹服务公司（UPS）是世界上第一家快递企业。快递业由邮政送信业务发展而来，在20世纪70年代末快递服务产业进入我国。1985年中国邮政成立了EMS速递服务公司，开始了国内快递业务，借助以邮政为基础的快递网络和基础设施快速发展。我国的民营快递企业从20世纪90年代初期开始发展，当时市场经济体制逐步确立，企业数量快速增长，市场经济极为活跃，企业间的业务往来也逐渐频繁。同时，随着国内运输网络不断完善，以及运输工具和通信业的飞速发展，特别是对邮件投递服务管制的放松，民营快递企业得以迅速发展。

一 国际快递业发展历程

（一）美国快递业发展历程

目前美国是国际上快递业发展最快的国家，国际快递巨头UPS、联邦快递（FedEx）在全球都具有较强的竞争力。美国快递业发展可以分为四个阶段：第一阶段，发展初期；第二阶段，领头快递企业崛起阶段；第三阶段，铁路快递发展阶段；第四阶段，国际快递发展阶段。

1. 发展初期

快递业发展初期，美国还未形成发达的金融服务网络，快递企业以固定路线快递业务和在已有固定线路上增加运送货物品类为主要经营模式，以此开拓更多客户群体。1848年美国政府调整且制定统一的普通信件资费标准，并通过补贴邮政的方式来实现。

2. 领头快递企业崛起阶段

1890年前后，美国快递业进入了领头企业崛起阶段，因为大量企业涌入快递行业且使得国内几家大型快递企业形成分割国内快递市场的格局，构成了区域性的经营网络。此阶段快递行业竞争激烈，大型快递企业之间通过建立战略合作伙伴关系来避免行业激烈竞争，领头企业崛起为美国快递业的发展注入了新的活力。

3. 铁路快递发展阶段

美国国内铁路网逐步完善，快递业进入了铁路快递标准化运营的阶段，1914年州际商务委员会（Interstate Commerce Commission，ICC）正式规范了旅客列车加挂快递车辆和邮件车辆的使用。1929年，美国铁路运输发展到了黄金时期，几家主要铁路公司利用自身运力优势成立铁路快递公司（Railway Express Agency，REA）经营快递服务。REA依托其铁路运输网络的优势垄断美国快递市场。与此同时通过和电报经营机构合作实现了美国低成本网络的建立，且快递业务量少的地区采取了"一人"营业部经营模式，多式联运展开货物运送，快递业务操作规范和相关制度日益完善。后期，其他运输方式的发展，分散了铁路运输业务量，导致铁路运力锐减，市场结构也随之逐渐转向竞争市场。

4. 国际快递业发展阶段

美国国内快递市场基本确立后，UPS和FedEx进军国际市场，与敦豪国际航空快件有限公司（DHL）、天地快件有限公司（TNT）并列成为全球四大国际快递公司，美国快递业进入国际快递时代。在国际快递发展阶段，快递企业共建多网络运送布局，运输方式随之增多。在多种运输方式中，航空运送成为主要的运输方式。多网络运送布局产生了多种运输方式，多种运输方式共同参与货物运送，使快递运输过程更加复杂。

快递企业多网络共建，需花费大量时间以及人力、物力在信息网络、运输网络和经营网络建设上，新技术不断更新使得应用范围逐步扩大。

而在发展国际快递业务的同时，在海关、航权谈判等领域还存在着一系列问题，还需要得到政府的大力支持。

（二）日本快递业发展历程

日本的快递业崛起源于国内家庭小包裹配送需求的不断增长。运输企业从传统的运输配送转型为"宅配便"的运营模式并快速发展。日本快递以家庭到户快递为主要业务，经营城市末端的物流配送，形成了具有日本特色的"宅配快递"发展模式。虽然日本快递业起步较晚，但随着软硬实力的不断增强，其发展迅速，尤其是快递的自动化和信息化水平较高，位居世界前列。交通网络、交通工具以及完善的服务体系是日本快递业发展必要的外部条件和不可或缺的内在动力。日本快递业在传统物流基础上，开拓的 C2C 快递服务使得快递业飞速发展，也促进了 B2B、B2C 和 C2B 业务的开拓，使快递业的经营范围不断扩大。

在日本快递业出现之前，小物件的包裹寄送主要由国有企业的邮电局和国有铁道业提供的业务来完成，但都存在递送速度慢、业务效率低等缺点。直到 1976 年，日本传统货物运输企业大和运输公司找到了邮电局和国有铁道业存在的弱点，在货物配送和业务服务上找到竞争的缝隙。同年 1 月 20 日，大和运输公司向运输省申请了 C2C 快递营业执照，并把快递业务命名为"黑猫宅急便"，其业务主要针对个人和家庭 30 公斤以下的小行李的运送，快递服务承诺提供任何地点均可"次日配送"。为了促进货物的集聚，扩大快递业务量，大和运输公司先以关东区域为快递服务范围，不断扩大配送区域、增加营业点，搭建货物收集与配送的骨架结构。与此同时，利用米店、酒店、便利店等消费者经常出入的场所作为货物集中的服务网点。

"黑猫宅急便"的成立拉开了日本快递行业的帷幕，大和运输公司以快递的形式进入小型货物市场后，其他运输公司也意识到小型货物的发展潜力，争相加入了以小型货物为代表的快递市场（见表 3-1）。各运输公司之间竞争日益激烈，特别是 1998 年 11 月开始快递业务的佐川急便，参与小货物市场竞争后，业务增长比较显著，并且在 1999 年上半年就超越了第 2 位的日本通运。到 2005 年仍然有 34 家运输公司参与市场的竞争。各大快递公司为了增强市场竞争力，谋求多样化发展和扩大业务服务范围，争相提供最新的满足顾客需求的项目。如大和运输公司

1983年为消费者运输滑雪用具，1984年开设高尔夫用具运输等与普通运输业务相异的新型快递业务，其他快递企业则是依据自己的特点，开发各种递送业务，满足顾客的特殊需求。

表 3-1　日本主要公司从事快递业务时间

公司名称	业务开始时期	快递名称
大和运输	1976年1月20日	黑猫宅急便
日本通运	1977年4月	鹈鹕便
西农运输	1977年11月	袋鼠便
福山通运	1981年6月	福通便
佐川急便	1998年11月	飞脚便

资料来源：各快递公司网站（大和运输 https://www.kuronekoyamato.co.jp/ytc/corporate/history.html；日本通运 https://www.nittsu.co.jp/about/；西农运输 http://www.seino.co.jp/；福山通运 http://www.fukutsu.co.jp/；佐川急便 https://www.sagawa-exp.co.jp/company/）。

各大快递公司还推出了到户快递业务，并且根据客户需求提供了多样化的服务。日本的快递业发展迅速，各大快递企业与邮政的小包裹递送业务展开了竞争。1984年，日本的快递业市场发生变化，各大快递企业"宅配便"的营业数量超过了邮电局的小包裹，并呈持续上升的趋势。而国铁小行李的业务量也由于"宅配便"业务量持续上升而急剧减少且经营出现赤字。1986年，日本铁道民营化转轨中，铁道小包裹的运送业务宣告结束。另外，伴随着网络经济快速发展，1998年6月快递公司推出任意时间段上门配送服务，方便顾客的同时也节省了成本。各快递企业在以满足消费者多样需求为动力的挑战下生存，同时也在机遇中推进行业发展。从1998年开始，网上商店的出现，促使B2C的快递业务量急速增加并将快递业推上了新的台阶。

日本快递行业主要由货物回收网点、营业所和货物集散中心三部分组成网络节点。如图3-1所示，快递企业会选取米店、酒店、便利店等消费者经常出入的场所作为货物收发的网点，为客户提供寄件取件服务，这种设置模式既提高了服务的便利性，又增强了网络节点的紧密性；将营业所、货物回收网点和货物分散中心连接形成快递区域中转站；货物集散中心对货物进行分拣处理并向各地区进行递送，是快递网络的核心。在运输系统中，收集快件、干线运输、配送快件三部分构成了路线运输汽车系统。其中干线运输仅服务于发货和到货的两个集散站，这种模式有效地减少了装卸时间；干线运输以夜间运输为主，避开交通拥挤高峰，以实现"次日达"的服务目标。由密集网点构建的快递网络框架和快速便捷的运输模式共同提高了快递的服务质量。

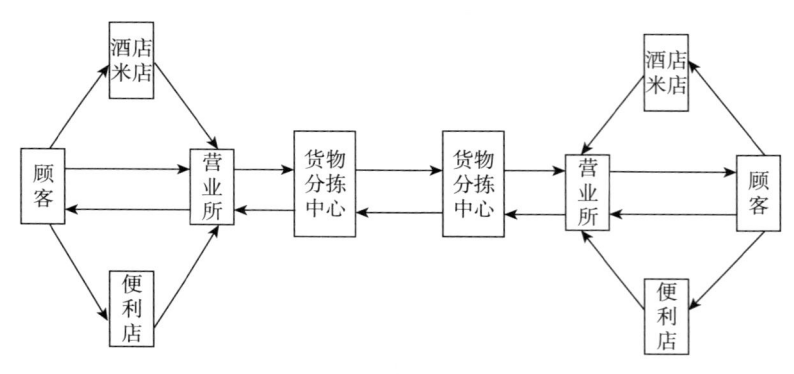

图 3-1 日本快递派发模式

（三）欧洲快递业发展历程

欧盟邮政市场开放于1997年，两部邮政改革法令于2002年6月被通过。邮政改革法令明确要求：①邮政专营范围必须逐步缩小；②基于开放市场的情况，普遍服务继续保持；③根据市场情况及时调整监管环境；④针对提供商建立普遍服务许可制度。德国物流业发达，且物流业规模长期居于欧洲首位，快递业是其发展的重点。

德国拥有全欧洲最密集的运输网络，许多快递企业除了提供日常快递服务外，还提供库存、运输等多项物流业务，同时还注重增值服务。德国快递业已是集电子商务、金融等不同业务于一身的综合性服务业，且已具备集约化、标准化、信息化、多功能化等特征，不再是以往物品运输、寄投的单一运作模式，其主要运输方式为陆运，主要运输工具是货车。德国爱马仕公司既开展快递业务又提供物流服务；DHL针对德国电信公司提供基本快递服务的同时扩展增值服务，该增值服务包括手机零件加工以及其他产品零部件处理更换等。爱马仕公司主要运输工具为集装箱货车，集装箱货车采用桥方式连接。德国极其重视环保，在一些特殊服务中采用自行车运输，特殊服务包括城市之间信使传递等。

为推动快递业迅速、健康发展，德国快递业以实现绿色、便捷、高效益的综合运输网络为目标，采用政府宏观调控和自由竞争相结合的经济制度，称为"社会市场经济"，在绿色环保理念和协调发展的思想指导下，宏观管控公路、铁路等交通基础设施建设。

2018年3月15日，DHL表示，该公司将为芝加哥、纽约和洛杉矶的在线零售商启动24小时和48小时送达服务。该服务在当年年底前扩大至达拉斯、亚特兰大、旧金山和华盛顿，未来将迅速覆盖更多城市。

二 我国快递业发展历程

从古至今，中国快递业经历了翻天覆地的变化。从第一套邮票的发行，到第一份快件代理协议的签订，再到第一家专业快递企业的成立，最后到国内、国际快递企业的兴起，现在快件数量达到数以亿计。分析我国快递业发展历程，可以总结出全国快递发展共历经四个阶段：第一阶段为萌芽阶段（公元前1300~1948年），第二阶段为起步阶段（1949~1985年）；第三阶段为成长阶段（1986~2005年）；第四阶段为上市阶段（2006年至今）。

（一）萌芽阶段（公元前1300~1948年）

从人类出现那一天起，就出现了各种形式的通信活动。查阅相关资料，有甲骨文记载的殷商盘庚时期已出现有组织的通信活动。

秦王朝建立后，通信方式发生了一种革命性的转变，邮亭成为主要通信机构。

唐代全盛时共设驿站1639个，从事邮驿人数达2万余人。

宋代沿用唐代的方法，另增急递铺（急递铺又称急脚递，是一种传送公文的驿传），专门办理紧急军邮。宋代金字牌是一种通信檄牌，其传递速度快于一般急脚递。通信传递组织分为三种：步递、马递和急脚递。

明代与站、递和铺紧密结合的邮驿机构为通政司，急递铺网路与水马驿站相衔接，以县为中心，向四周展开且逐铺相接，最终形成遍布全国的递铺网路。

清代通信以驿递为主体，通过水旱驿路网和急递铺两条渠道进行，"马上飞递"的出现使得驿站的功能发生了重大变化。1878年3月开始收寄普通百姓信件，随后开展海运和陆运进行信件包裹输送，这是中国邮政史上的里程碑。同年7月发行了中国第一套邮票——大龙邮票。

1896年光绪皇帝批准开办国家邮政，在北京正式成立中华大清邮政，至1904年全国各地均有邮政分局，初步形成全国邮政网络，中国近代邮政开启。

1912年中华民国成立，大清邮政更名为中华民国邮政。

1932年3月中华苏维埃共和国邮政总局成立。赤色邮政对信件的邮寄费用做出了相关规定，其中红军指战员和家属之间的信件往来不收取费用，其他人员实行贴票制度，对中华苏维埃共和国邮政总局发来的邮件代收代投。

1935年1月1日，产生于明代永乐年间的民信局全部停歇。1936年，中华苏维埃中央政府、西北内务部商议，成立了中华苏维埃西北邮政总局。

（二）起步阶段（1949～1985年）

新中国成立后，于1949年11月1日成立邮电部，统一管理全国邮政和电信事业。同年12月10～28日，第一次全国邮政会议在北京召开，中华人民共和国邮政被确立为国营经济组织，名称为"中国人民邮政"。邮电部于1952年明确了服务思想，并且在11月19日确立了"迅速、准确、安全、方便"的八字方针。

1978年改革开放后，中国经济的活力不断被激发且逐步融入世界市场。为了更好地进入世界市场，中国需要发展外向型经济，但当时中国并没有能够满足外贸发展需要的送货服务供应商，中国的国外企业也迫切需要便捷、高效的外部联系渠道，在此背景下全国快递业务应运而生。快递业在中国发展是必然的，这取决于改革开放初期的政策以及发展环境。

中国邮政始终以健康快速发展为指导思想，随着改革开放的深入，综合实力逐步提升，形成了覆盖全国的邮政网络。中国邮政于1980年开通国际特快，1984年开通国内特快专递业务，并于1985年成立中国速递服务公司（EMS）。20世纪90年代上半期，EMS几乎是国内快递业务的唯一经营者。EMS与国际快递企业不同的是，在从事国际快递业务的同时也要承担国内快递业务，并且在国内外市场上都占据着重要地位。EMS在中国的国际快递业务领域，相当长的一段时期都保持着50%以上的市场份额。

(三) 成长阶段 (1986~2005年)

1986年，中国颁布了新中国成立以来的第一部邮政法，对邮政专营范围做出了限制。邮政法规定，凡是有信件性质的物品寄递业务均由邮政企业专营，其资费标准由邮政独家掌握。这为中国邮政提供了最有利的宏观政策环境。邮政法的实施，也使得中国快递业在国际上的发展有了法律依据。

随着中国改革开放进程的不断推进，尤其是1992年邓小平同志南方谈话后，中国经济步入快速发展时期。拥有独特优势、合理机制以及理想制造业之地的中国珠三角和长三角地区成为中国外向型经济最活跃的区域。该地区的民营经济随着改革开放的不断推进而日益壮大，在国际分工水平不断提高、国内外市场竞争激烈的背景下，企业对商务文件的时效性、安全性和方便性产生了更高的需求。邮政特快专递服务价格相较国内其他快递企业偏高且网络构成有限、运营模式不够灵活，导致其无法满足企业对商务文件的运送需求，难以承担特快专递的全部业务。

在这种背景下，中国民营快递业应运而生。上海申通和深圳顺丰速运公司是最先成立的民营快递企业，分别于1993年在上海和广东成立。1994年天天快递和宅急送、1999年韵达、2000年圆通等快递企业相继成立。2005年UPS成立独资公司经营在华业务，具体如图3-2所示。由于EMS难以满足企业对快递服务高质量的要求，民营快递企业以极为迅速的方式占领了市场并满足了企业需求，在快递市场地位日益稳定，

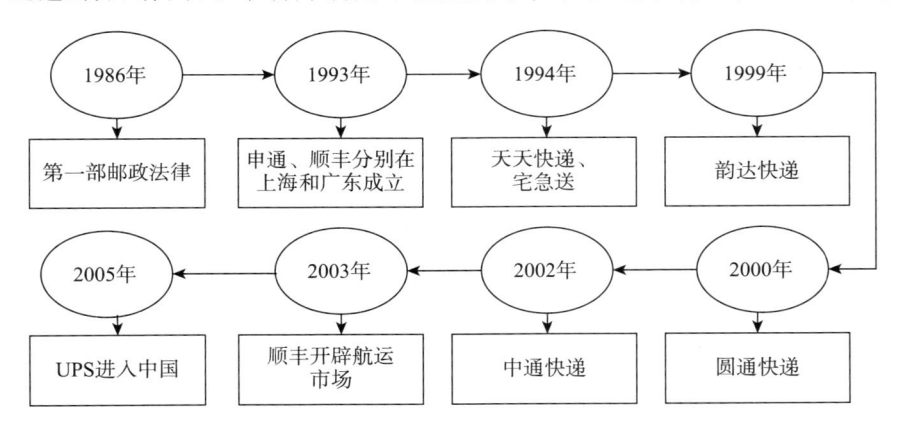

图3-2 成长阶段发展历程

(四) 上市阶段 (2006年至今)

2006年以后，电子商务的发展，极大地推动了快递业的发展，促进了民营快递更快发展，市场占有率不断提升。如图3-3所示，2008~2017年，全国快递业务量快速增长。

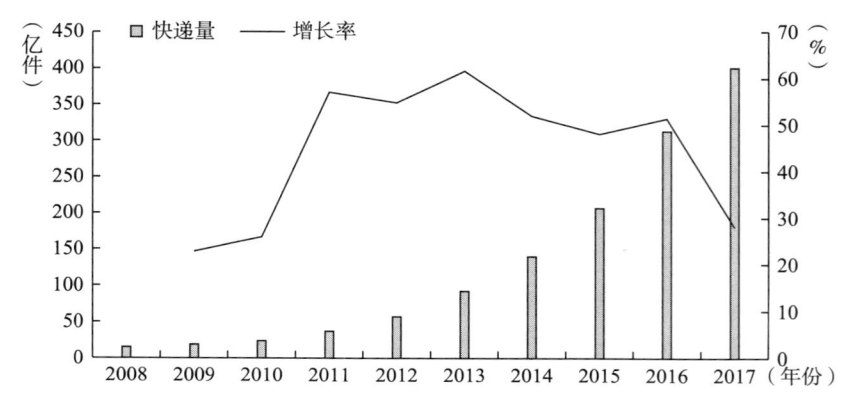

图3-3　2008~2017年全国快递业务量及增长状况

资料来源：相关年份《中国统计年鉴》。

2007年中国快递业业务收入已达380亿元，增长速度高于第三产业平均水平，增长率超过25%。2009~2010年，淘宝开始推出"双11"活动，快递行业得到迅猛发展。2012年12月26日，快递行业通过高铁进行货物运送。高铁时代的到来使得快递业成本减少50%，促进了快递业的飞速发展。2006~2016年，全国快递业务量由10亿件增长到312亿件。快递业务量不断增加，规模总量已跃居世界首位。

2013年，全国快递企业已达8000余家，其中主要快递品牌有20余家。快递业受电商影响发展迅速，电商巨头自建物流快递，网络快递平台出现。快递行业"草莽时代"结束，进入新的发展阶段，"互联网+"成为行业转型发展的最大契机，2015~2016年中国快递行业开始进入资本追逐阶段。

表3-2为目前国内主要的几家快递公司上市的进程，2015~2018年各大快递公司陆续上市。其中申通快递于2015年12月最早上市，随之圆通快递、中通快递等快递公司陆续上市。

表 3-2 主要快递企业上市概况

公司	时间	上市进程
申通快递	2015年12月	作价169亿元,借壳艾迪西上市
圆通速递	2016年3月	作价175亿元,借壳大杨创世上市
顺丰速运	2016年5月	作价433亿元,借壳鼎泰新材上市
韵达快递	2016年7月	作价180亿元,借壳新海股份上市
中通快递	2016年10月	在纽约证券交易所上市,共募集资金14.06亿美元
天天快递	2017年1月	苏宁云商以42.5亿元收购天天快递100%股份,未上市
德邦物流	2018年1月	在上海证券交易所上市

资料来源:东方财富网,2015年12月2日,http://finance.eastmoney.com/news/1349,20151202571373622.html。

第二节 国际快递巨头企业发展现状

以美国、日本、德国为主的发达国家其快递业都经历了漫长的发展阶段,发展至今已有了完备的运营模式。快递行业最早诞生于美国,因此美国的快递业具有典型代表性;日本快递业的起步时间与我国基本一致,但日本经济实力强,快递业发展更为迅速,并形成日本特有的快递运营模式。随着我国综合实力的不断增强,吸引了许多外资企业进入中国快递市场,并通过与国内快递企业合资的方式来实现本土化的战略模式。

一 联合包裹服务公司(UPS)

(一)发展历程

联合包裹服务公司(United Parcel Service,UPS)于1907年成立,总部在美国加州亚特兰大市,是世界上最大的快递公司。UPS始终以打造综合性的服务公司为理念,积极参与本地区以及国外商业发展,在商业发展中有着不可或缺的地位。UPS在航空运输方面发展迅猛,从大面积在美国各个州开展,到最终构建了UPS内部运输机队,这期间仅仅经历30多年时间。

2018年《财富》世界500强排行榜中,UPS排名第138名。2018年UPS创造营业收入718.61亿美元,较2017年增加了9.1%。UPS近几年的营业收入如图3-4所示,从图中可以看出2009~2018年,UPS的营业收入呈现缓慢增长的趋势。

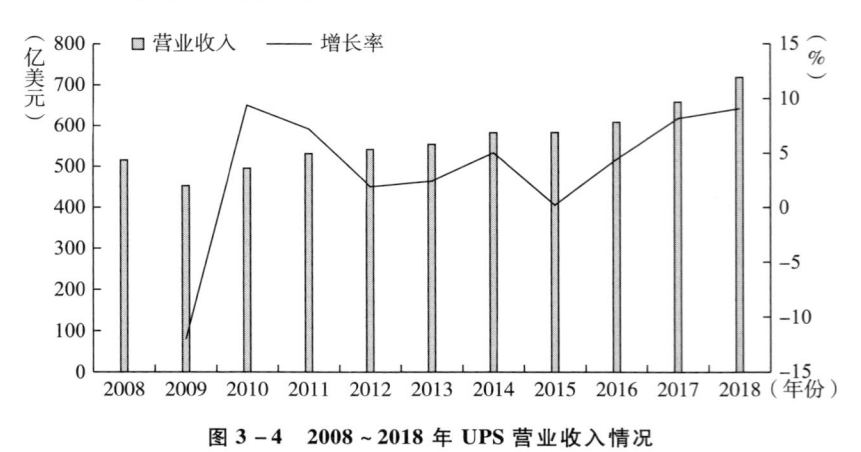

图 3-4 2008~2018 年 UPS 营业收入情况

资料来源：《2018 年〈财富〉世界 500 强排行榜》，财富中文网，http://www.fortunechina.com/global500/143/2018。

航空集散中心负责邮件的集散交换和散件分拣处理，航空通航机场负责辐射范围内各处理中心与机场之间航空运输邮件的集装箱转运装卸，航空发运中心负责进出口邮件的散件分拣处理以及分拣完毕的邮件通过趟车运输至机场，这三个中心构成了 UPS 在美国国内的航空网络。

UPS 之所以成功是因为其拥有自己的机队以及货物运输中互联网技术的应用。UPS 同时也研发出随时可以向客户报告包裹位置信息的驾驶员手持速递资料搜集器（DIAD）。UPS 通过官方网站即时向客户提供快件相关信息。

UPS 在中国主要根据相关公司实际情况提供相应的解决方案，最初是以中外运相互合作的方式进入中国开始发展快递业务。随着中国国内国际快递业务的不断发展，2005 年 UPS 提出开展中国国内快递业务的构想，并通过不断努力将其实现。目前，中国的网络结构为多枢纽轴辐式网络，设有上海、深圳、香港三大国际航空转运中心。

随着经济的飞速发展，UPS 各种运输方式的运费也随之增加。根据官方消息，从 2017 年 12 月 24 日起 UPS 运费平均提高 4.9%。UPS 根据包裹重量收取附加费，如美国国内包裹只要超出 70 磅，就会收取额外附加费 19 美元；从世界各地邮寄给美国国内居民的大包裹附加费为 90 美元。这项规定从 2018 年 7 月 8 日起开始实施。

(二) UPS 在华发展历程及现状

1. UPS 在华发展历程

UPS 于 1988 年进入中国市场，经过 30 多年的发展，目前在中国拥有 33 个城市的营业执照，252 个营业设施，在上海、深圳、香港建立了国际转运中心。其在华发展历程如表 3－3 所示。

表 3－3　UPS 在华发展历程

时间	具体事件
1988 年	UPS 通过与中国对外贸易运输企业第一次合作，打开了中国的快递市场
1996 年	UPS 和中国对外贸易运输企业建立了合资企业中外运北京航空 UPS 国际快递有限公司，并在北京、广州、上海、深圳建立了四个代表处
2001 年	1 月，UPS 航运货机获得飞往中国的直航权。4 月，UPS 的第一架货机从美国直航北京，从此 UPS 的货运飞机能直飞中国，也标志着中美两国直航快递业务的开始
2003 年 1 月	扬子江快运航空公司与 UPS 开始合作，扬子江快运航空公司承担 UPS 建立在上海浦东机场的转运中心的职能，并负责北京、厦门、广州和青岛 4 个中国的主要城市的货物运输，提供航班联运服务
2004 年 12 月	UPS 通过并购中外运北京航空 UPS 国际公司，获得了在中国 23 个地区国际快递业务的独立运营权，其运输服务占中国国际贸易量的 80%
2005 年 7 月	UPS 在上海开始建立国际航空枢纽，同时开展在中国的国内快递业务，并且开始了由美国飞往广州的直航运输服务
2006 年	UPS 正式开通了上海至欧洲的直航服务，分别增开了上海至美国的 3 个航班和青岛至韩国仁川的 1 个航班
2008 年	UPS 在上海浦东国际机场建立的国际转运中心开始投入使用
2010 年 5 月	UPS 在深圳宝安机场建立的深圳航空转运中心正式启用
2012 年 10 月	UPS 开通了从郑州飞往美国安克雷奇国际机场的运输航线。UPS 在郑州开展快递业务，使得郑州成为国际和国内货物的转运集散地
2014 年 8 月	从 2012 年开始，UPS 开展中国国内快递业务，在中国拥有执照的城市达 33 个
2015～2017 年	两次升级的欧洲铁路服务中，UPS 运用多式联运货运方案为客户提供集装箱整箱和拼箱服务，在中国设有郑州、成都、长沙、重庆、苏州和武汉 6 个站点
2017 年 5 月	顺丰宣布与 UPS 战略合作，推出联合品牌的全新产品——经济型国际快递"SF－UPS 直运＋"，并首先推出中国至美国的航线服务，转运时效稳定在 7 个工作日之内
2018 年 5 月	顺丰与 UPS 联合推出升级版"标快＋"服务"SF－UPS 标快＋"，该服务在中国大陆由顺丰提供 1 小时上门取件服务，国际运输和海外派送由 UPS 安排，到欧洲最快只要 3 天

资料来源：联合包裹服务公司官网 https://www.ups.com/cn/zh/about.page。

2. 在华发展现状

中国是 UPS 最重要的海外市场。UPS 在全球布局有 15 个转运中心，其中 3 个转运中心设立在中国，分别为上海国际航空转运中心、深圳亚太航空转运中心和香港航空转运中心。UPS 在中国开展国际快递业务和国内快递业务，前者是业务的重心。每周约有 200 个航班为中国各地与全球市场提供运输服务，UPS 利用其强大的航空优势将中国与全球市场紧密地联系在一起。

当前，UPS 在中国国内的 33 个城市开展除信件之外的国内快递业务，部署了大量的网点，建立了比较完善的快递服务网络和一些基础设施，服务网络覆盖国内 330 多个城市。但 UPS 在中国国内快递市场上仍存在劣势。首先，网络资源不足，中转中心、投递网点、运输车辆都较少。其次，UPS 寄件价格高，与中国本土快递企业低廉的价格相比没有优势，而且宣传力度也不大，国内客户对其了解较少。因此 UPS 在中国国内快递市场上发展缓慢。

二 联邦快递（FedEx）

（一）发展过程

联邦快递（FedEx）成立于 1937 年，是美国快递业发展史上成长最快的公司，总部设在孟菲斯。FedEx 的构思来源于创始人在大学期间"隔夜送达"的想法。FedEx 以客户满意为宗旨，以规定时间配送、及时反馈客户信息为发展保障，提出根据货物是否需要紧急派送来定价的应对措施。FedEx 采用网络式和闭环式的快递运输组织方式来进行货物运送，飞机是主要运输工具，拥有自有飞机 677 架，专业货车 44000 辆。

2018 年《财富》世界 500 强排行榜中，FedEx 居第 155 名，与 2017 年相比提升 25 名。2018 年营业收入达到 654.5 亿美元，较 2017 年增加了 8.5%。FedEx 11 年的营业收入如图 3-5 所示，从图中可以看出 2008~2010 年，营业收入减少，但 2011 年至今，FedEx 的营业收入在不断增长。

FedEx 以缩短货物通关流程为前提，于 1993 年研发出在包裹未到达规定时间但可以提前掌握包裹通关流程手续的电子通关系统。2010 年 FedEx 为了巩固与医药企业的合作，研发了可随时随地查询货物确切位置和某些特殊药品是否低温保存其药性的更高要求的感应装置。FedEx

第三章　快递业发展历程与现状

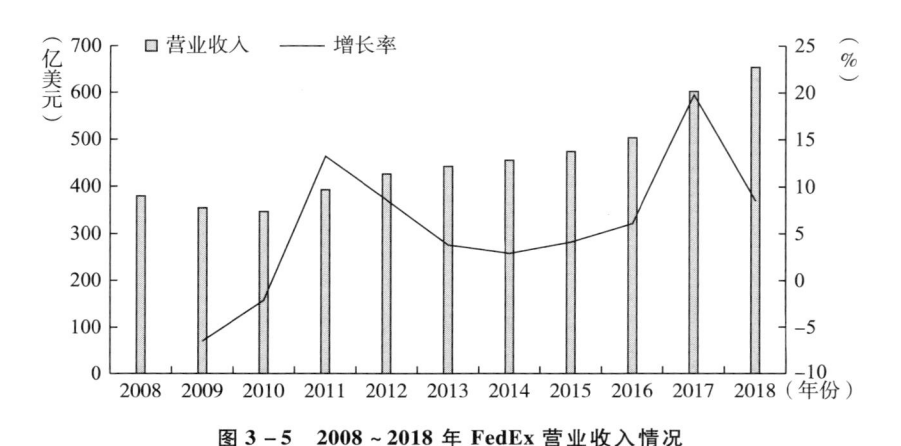

图 3-5　2008~2018 年 FedEx 营业收入情况

资料来源：《2018 年〈财富〉世界 500 强排行榜》，财富中文网，http://www.fortunechina.com/global500/200/2018。

还推出了官方客户端下载服务，为客户提供了查询货物信息和生成票据等服务，同时也开通了便捷的电话服务，为客户带来便利。2016 年，FedEx 收购了荷兰天地快运（TNT），TNT 在欧洲、中东、非洲、亚太及美洲提供陆路及空运服务，是全球最大的快递公司之一。

通过考察，FedEx 认为中国快递业市场有很大发展前景。2007 年开始 FedEx 为中国多个城市和地区提供便捷的快递服务，有些地区甚至可以一日或者隔日将快递送至客户手中。FedEx 在中国为了更好更快地发展，将更多的资金投资在中国输送网络的规划与建设方面，如 FedEx 上海站基础设施的进一步扩建。FedEx 以满足中国客户的需求为前提，2013 年为了满足国际货物输送的要求，扩建了中国北京的口岸操作中心。根据 FedEx 官方消息，自 2018 年 1 月 1 日起 FedEx 开始提高货物运送价格。

（二）FedEx 在华发展历程及现状

1. FedEx 在华发展历程

FedEx 抓住中国市场发展的机遇，从 1984 年开始中国快递业务，通过 30 多年发展，快递业务已经覆盖了中国的 28 个省区市，服务网络覆盖 400 多座城市。FedEx 在中国有 78 家分公司而且这 78 家分公司所在的城市均设有投递点，拥有 9000 多名员工。FedEx 在中国有 5 个服务机场，分别在北京首都、上海浦东、深圳宝安、广州白云、杭州萧山，而且在北京、上海、深圳等城市拥有大规模的口岸操作中心。FedEx 在华发展历程如表 3-4 所示。

表 3-4　FedEx 在华发展历程

时间	具体事件
1984 年	FedEx 和中国代理商进行合作，通过商务航班在中国开展快递业务
1995 年	FedEx 收购了在中美有直航的常青国际航空公司，同年 FedEx 和中国中外运有限公司开始合作并成立了合资企业，正式进入中国快递市场
1996 年 1 月	中国民航总局通过了 FedEx 进出中国的航权申请，并且批准开通了中美两国之间的全货运航线
1997~1999 年	FedEx 与中外运有限公司终止合作，2 年后和天津大田公司成立合资公司，利用大田公司在中国的运输网络和基础设备，一起拓展在中国的快递业务
2006 年 4 月	FedEx 通过收购天津大田集团获得其在中国的国内快递网络，成为第一家在中国运营的外资快递企业，并开始经营在中国的国内快递业务
2008 年 10 月	FedEx 是第一家在中国推出限时服务的快递企业，通过"亚洲一日达"和"北美一日达"的快递服务，成功地建立了其强大的运营网络
2009 年 2 月	FedEx 在广州白云国际机场建立的亚太转运中心开始投入使用，这是 FedEx 在境外最大的转运中心
2010 年 2 月	FedEx 的波音 777 货运飞机首次在中国上海投入运营，实现了上海与孟菲斯的超级运转中心点对点连接，从而增强了 FedEx 公司的国际运输能力。在同年的 8 月、12 月，仅仅间隔 4 个月时间就相继完成了位于上海最大的国际快递地面操作站的扩建与第二架波音 777 货机的投入运营
2011 年 1 月	FedEx 开通了连接印度和位于中国广州的亚太转运中心的全新直航班机
2012 年 6 月	FedEx 完成上海浦东国际机场口岸操作中心的扩建工作
2012 年 11 月	FedEx 第五个国际快递地面操作站在深圳市南山区投入使用
2013 年	4 月，FedEx 将中国区的公路运转中心设立在武汉，使武汉成为全国公路运转枢纽，承担武汉至西安、郑州、长沙、南昌、上海、重庆、成都、广州 8 条公路干线 16 个往返班次的货物分拨与转运业务。7 月，FedEx 完成了北京首都国际机场口岸操作中心的扩建工作
2014 年 1 月	FedEx 在上海设立中国业务分区总部
2018 年 4 月	FedEx 完成了中国广州的联邦快递亚太区转运中心和美国孟菲斯的联邦快递全球超级转运中心的连接业务

资料来源：联邦快递网站 https://www.fedex.com/zh-cn/about/history.html。

2. 发展现状

FedEx 将中国的服务网络与其全球网络相连。目前，FedEx 在中国每周运营超过 220 个航班，包括每周进出广州联邦快递亚太转运中心的 160 多个航班。但中国快递企业迅速发展，FedEx 在中国经营的国内快递业务，面临着压力。以邮政为代表的国有企业及以顺丰和"三通一达"为代表的民营企业在中国快递市场所占份额为90%，网络服务覆盖广泛。由于国内快递业务成本高，网络开发难度大，FedEx在发展中国国内快递市场方面存在明显的劣势。首先，网络建设缓慢，网点也较少。其次，FedEx在中国主要经营国际快递，针对的是对时效性和可靠性要求比较高的高端客户，价格较高。因此与国内快递企业相比，FedEx在中国的国内快递市场没有价格方面的优势。最后，FedEx没有结合中国本土特点，制定适合中国的运作模式和发展战略，导致FedEx在中国快递市场发展比较被动。

三 德国邮政（DHL）

德国邮政（DHL）是全球著名邮递和物流集团Deutsche Post DHL旗下公司，公司名称由Dalsey、Hillblom和Lynn三位创始人姓氏首字母组成。1969年，DHL开辟了第一条从旧金山到檀香山的速递运输航线。DHL致力于提供全球门到门速递服务的运输网络，1970年中后期陆续将航线扩展到南美洲、中东地区和非洲。

DHL航空货运速递公司容纳了被收购的空运特快公司和英运公司，组建可送达全球220个国家和地区12万个目的地的最便捷、最广泛的货物运输网络之一。

DHL于2007年1月26日开始开展中国国内航运，目前已在中国建立了最快捷、最完善的快递服务综合网络。根据最新统计，DHL遍布的国家和地区超过220个，员工超过285000人，货物仓库和集散站等超过450个，每年运输的货物件数超过15亿件。

2018年《财富》世界500强排行榜中，DHL排第119名，较2017年下降了2名。营业收入在2018年达到750亿欧元，较2017年增长了7.2%，如图3-6所示。由于金融危机的影响，2008~2009年，DHL遭受巨大冲击，营业收入减少；2009~2018年，DHL营业收入水平处于平稳的增长与减少的浮动范围内。

四 日本邮政（Japan Post）

日本邮政（Japan Post）始于1871年，日本邮政公社成立于2003年4月1日，以为消费者提供全面、便捷、满意的货运邮寄服务以及储蓄

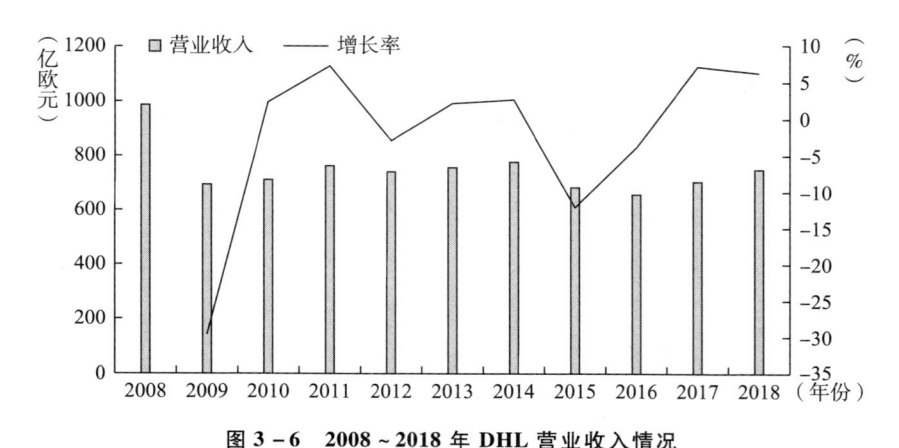

图 3-6　2008~2018 年 DHL 营业收入情况

资料来源：《2018 年〈财富〉世界 500 强排行榜》，财富中文网，http：//www.fortunechina.com/global500/54/2018。

业务等为宗旨，是一个收益与损失都由自身承担的国有公司。2015 年 11 月 4 日，日本邮政上市。

日本邮政面临残酷竞争，特别地，日本邮政与大和运输以及佐川急便竞争激烈。据统计，2013 年各公司占市场份额为大和运输 36.3%、佐川急便 33.9%、日本邮政 11.8%，2014 年日本邮政通过开展快递业务将市场份额提到 13%。

2015 年 2 月，日本邮政集团子公司以 65 亿澳元并购了澳大利亚 TOLL 公司。日本邮政通过借鉴吸收被并购公司的先进技术，凭借获得的已有网络资源建立了超过 1200 家营业网点。同年 4 月，日本邮政依据公司发展状况及长远规划制定了中期经营计划，为邮政业务发展制定了确切目标。

日本邮政推出新服务，邮递员可在配送邮件时承接客户的回信，并将其返给原发信人。这一新服务从 2015 年 7 月 1 日开始实施至 2016 年 6 月末，其服务对象为发信需求量较大的客户。

2015 年 10 月 2 日，申通快递日本分公司"日本申通"与日本邮政股份有限公司签署全面战略合作协议，双方携手为日本国内的中国跨境电商提供跨境 EC 通关及配送"一单到底"的国际物流服务，全程只需 5~7 天。

2018 年《财富》世界 500 强排行榜中，日本邮政排第 45 名，较 2017 年下降了 12 名。2018 年营业收入又有所下降，为 1152.22 亿美元，较 2017 年下降 1.2%。日本邮政 11 年的营业收入如图 3-7 所示，2010

年营业收入达到 2110.19 亿美元。2011~2015 年，营业收入呈下降趋势，从 2014 年起营业收入增长率开始逐渐提升，但总体营业收入还是低于之前的营业收入。

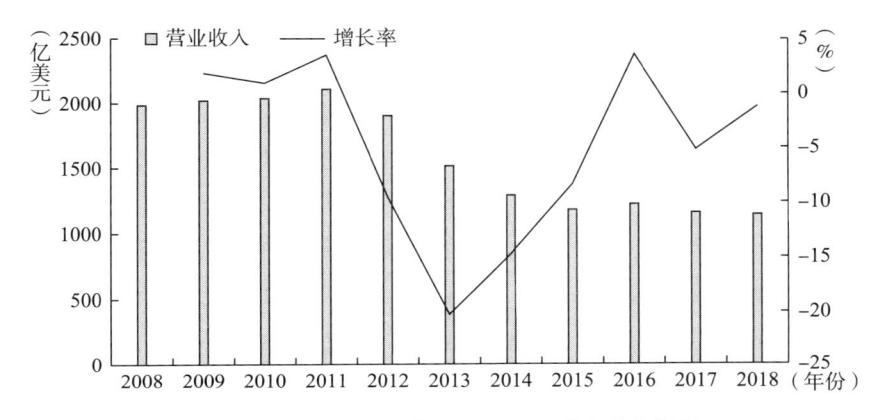

图 3-7 2008~2018 年 Japan Post 营业收入情况

资料来源：《2018 年〈财富〉世界 500 强排行榜》，财富中文网，http://www.fortunechina.com/global500/11/2018。

第三节 中国国有快递企业发展现状

20 世纪 80 年代至今，中国经济飞速发展，随着对外交流、经济贸易的不断扩大，快递行业应运而生。国有快递企业如中国邮政速递、中铁快运和民航快递凭借国有自然垄断资源而发展迅速。

一 中国邮政速递（EMS）

（一）发展历程

中国邮政是一个由中央管理的国有独资公司，全称中国邮政集团公司，主要负责中国内地邮政业务。1985 年 12 月 3 日，成立旗下中国邮政速递服务公司 EMS，为全国第一家专业快递企业。2001 年 8 月 1 日，开办国内快递包裹业务，提供陆运快递服务。作为拥有最大快递网络资源的企业，邮政承担着提供普遍服务的职能。

中国邮政速递业务分布于中国 31 个省份以及港、澳、台地区以及全球 200 余个国家和地区，营业网点超过 4.5 万个。中国邮政为打造全球一流的邮政陆运网络，实施包裹快递业务改革，调整陆运网布局，加快陆运网转型进程，重新规划网点建设和功能定位。2015年中国邮政制定了快递包裹的运营标准，在收寄、分拣、运输和投递等方面进行标准化规定，使得邮政速递整体的运行效率有较大的提高。为全面实施统一运营，各省份的邮政分公司完成省内网络的优化。

中国邮政拥有庞大的运输路网，其中一级干线汽车邮路668条，二级干线汽车邮路2916条，并制定陆运网运行管理机制和办法，提高陆运网质量和水平。

全网共有151套分拣设备，其中包裹分拣机70套，信函分拣机71套，扁平件分拣机10套。2015年中国邮政投入9.2亿元，完成邮件处理中心流水化工艺建设和作业改革，更新了19个邮件处理中心的包裹分拣机。新型包裹分拣机及流水化改造后，全网实行散件化、流水化网运生产新流程，取消邮袋封装方式，实行车等邮件、邮件不落地作业，全网新增分拣机最高日处理邮件401万件，双层分拣机单日分拣量超过47万件。此外，加强31个二级中心局处理能力建设，启动省内地级市处理场地工艺改造，有力地强化了地级市邮件的处理能力。

信息化水平明显提升，新增135台服务器，对客户提供信息反馈与查询，主要系统运行效率显著提升，保障了极速鲜、大件运输、政务专递服务等重点项目运作，高效平稳度过"双11"业务高峰。完善系统安全管理，建设全国中心互联网安全隔离区，全年系统运行完好率达99.7%。

（二）网络结构

中国邮政速递采用的是综合辐射型网络结构，表现为由上至下的网络结构分布形式，它结合了几种基本模型，又称中枢辐射网络结构。中国邮政速递通过邮政在全国各地建立的网点，拥有了强大的快递服务网络。按照空间分布，邮政速递的区域分为七大板块：西南邮政、华北邮政、东南沿海邮政、东北邮政、华东邮政、中部邮政、西北邮政。在此基础上，首先从七大板块中分别确定具有枢纽功能的邮政节点城市。作为全国邮政网络的关键节点，这些城市具有综合交通枢纽的特征，主要负责货物分拨和转运；其次是将省级或干线上的一些枢纽城市，在全局的邮政网络中作为中型的邮政处理中心；最后在各城市节点或者是在下级城市，作为小型的枢纽站进行派件。

虽然邮政速递在全国有着强大的网络资源，但其业务分布不均，快递网点东密西疏，整体呈现由东向西逐渐减少，递送服务质量也由沿海地区向内陆地区梯度下滑。华北地区邮政整体的网络布局不平衡，邮政速递应该增强其网络节点的建设，优化其现有的快递网络，使整体服务网络布局均衡。

二 中铁快运（CRE）

（一）发展历程

1993年中国铁路成立快运部，只针对小型货物进行运输；1997年4月在北京成立中铁快运有限公司；2004年将中铁快运有限公司变更为中铁快运股份有限公司，是一家涵盖电商服务、仓储、整车、金融、冷链、代理报关检验、贸易、国际快件等业务的现代综合物流企业集团，也是目前国内物流行业唯一一家全产业链和现代综合5A级物流企业。

中铁快运以将公司做大做强为发展目标，以安全准时为服务理念，已形成全国各主要大中城市1000多条运输线路和覆盖670余个城市的2030多个营业机构，是国内覆盖范围最广、规模最大的专业快运经营网络。公司依据网络完善和铁路运输安全快速的优势，拥有全国铁路行包运输资源。中铁快运还负责5100西藏冰川矿泉水的一体化供应链服务，增加了西藏人民的就业岗位，缓解了就业压力。中铁快运为了保障包裹及时送达客户手中，每日运行42列特快，严格按照规定每日定时定点定线运输，全年运量超过1300万吨，形成了完善的覆盖全国的铁路快捷运输网络。

2014年中铁快运在北京、上海等经济发达城市开通高铁快运业务。2017年6月，"一带一路"国际合作高峰论坛期间，中铁快运与俄铁及其物流公司合作，建立了中俄跨境电商物流平台。

（二）网络结构

中铁快运的运输通道由铁路运输线路、公路运输干支线和航空运输线组成，铁路、公路和航空是中铁快运快递网络的主要运输方式。其中公路运输弥补了铁路运输的缺陷，而且公路运输可以门到门地运送货物。中铁快运主要分为高铁快运和普通快运，高铁快运的快递网络主要依靠高铁运输，而普通快运的快递网络主要采用普通铁路、公路和航空运输的方式。

中铁快运的快递网络分为两级节点，并将全国划分成七大板块，分别为西北地区、西南地区、华中地区、华南地区、东北地区、华北地区、华东地区。首先是快递网络各板块中最高级节点的区域转运中心，这是中铁快运最大的集散枢纽中心。中铁快运各个区域转运中心负责与之相近经营区域的转运作业，区域转运中心之间直接通过"点对点"的方式相互联系，构成了快递网络的骨干。其次是城市中转中心，是区域中转中心和服务门店之间的转运中心。

中铁快运的快递网络结构是"多枢纽轴辐式"运输网络结构，如图3-8所示，主体框架由全国各个区域转运中心组成，配送网络由城市中转站和服务门店组成，终端取送网络由客户和服务门店组成。多枢纽轴辐式快递网络结构能快速收集到来自各个地方的快件，将其服务门店的快件集中到城市中转站后，再迅速汇集到区域转运中心。这种集结方式可以大大缩短运作时间。

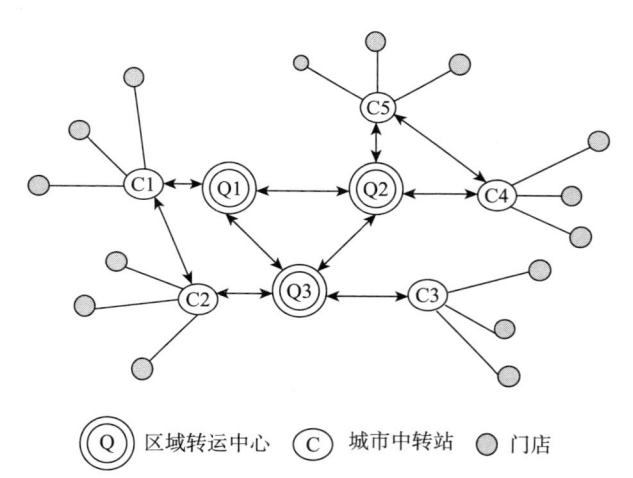

图3-8 中铁快运"多枢纽轴辐式"运输网络结构

三 民航快递（CAE）

1996年，民航快递有限责任公司成立，隶属于中国航空集团公司。民航快递连续13年入选"中国最具价值品牌500强"排行榜。2017年，品牌价值已达125.21亿元。民航快递以诚实守信、客户至上为经营理念，加强品牌、人才和运输网络建设。

民航快递已开通广州、深圳到香港的国际货物直通车，建设了珠江三角洲、长江三角洲以及华北地区的陆运网络中心。凭借国内1578条、国际302条航线资源的独特优势，已在国内大中城市建立网点363个，并逐步形成北京、广州、上海、成都四个生产运营集散中心，为客户提供安全、便捷、准时、诚信、满意的服务。

民航快递以计算机现代管理信息为手段，与信息技术相结合全面推广完善的物流解决方案，在提高经济效益的同时也通过始终如一的坚持与努力为客户带来高质量的物流服务。

2017年民航快递被评为汽车物流行业KPI标杆企业和医药冷链物流最佳服务企业。

第四节　中国民营快递企业发展现状

20世纪90年代初期，我国民营快递企业开始发展，许多快递企业为了抢占市场份额通过采取低价策略和大量发展网点的做法进入快递市场并迅速发展。目前，我国民营快递企业取得了快递市场近70%的份额。中国民营快递企业分为以下三种类型：第一类是直营模式，如顺丰速运，网点直营，运价高，派送快，后台技术强；第二类是自营物流模式，如京东快递，人员配送效率高，服务好；第三类是加盟模式，如申通快递、圆通快递、中通快递、韵达快递等，以最低的成本支撑最低的价格，速度和准确率一般，互相之间竞争非常激烈。

一　顺丰速运

（一）发展历程

顺丰速运于1993年3月26日成立，现已在北京、上海、广州、杭州等17个城市之间开通了部分城市即日到达航空快递服务。顺丰在北京市、天津市以及山东省等地还为客户提供夜晚收件服务。

顺丰采取由上而下分区管理的组织管理模式。组织架构由上而下分别为总部、区域、分部、点部。总部设在深圳，区域为华南、华东、华北、华中、东南5个市场区域，再加上海外，共6个经营本部。

在信息技术应用方面，顺丰为了提高设备自动化水平，与甲骨文股份有限公司（ORACLE）等国际知名企业合作，建立了具备快件流转、信息监控和查询等功能的信息系统。顺丰自成立以来专注于服务质量，加强基础设施建设，在国内外建立了庞大的信息采集、市场开发、物流配送等速运业务机构以及服务网络。

在持续强化速运业务的基础上，顺丰坚持以客户需求为核心，积极拓展多元化业务，如对食品、医药等特殊需求的各类型客户推出一体化供应链解决方案，并提供支付、融资、理财、保价等综合性的金融服务。与此同时，依托强大的物流优势，成立"顺丰优选"为客户提供品质生活服务，打造顺丰优质生活体验。一直以来，顺丰不断创新，为满足不同客户需求而努力。

2015年初，"顺丰海淘"正式亮相。顺丰速运还先后上线"海购顺丰""全球顺"，全面打开欧洲市场。顺丰旗下现在已有"顺丰优选"和"顺丰海淘"两大购物平台，在顺丰App已经可以同时实现快递寄递和网购两类业务。

顺丰速运于2016年2月24日正式更名为顺丰控股，全国范围内设有6个集散中心（北京、上海、杭州、广州、深圳、厦门），其中深圳是最大的集散中心，6个集散中心之间通过航线运输方式完成货物运输。同年12月12日，顺丰取得证监会批文获准登陆A股市场。

2017年6月1日凌晨，顺丰宣布关闭对菜鸟的数据接口。从6月3日中午12时起，全面恢复与菜鸟的业务合作和数据传输。11月20日，三架波音747飞机在阿里巴巴旗下拍卖平台正式开拍，顺丰航空有限公司分别以1.607808亿元和1.620386亿元拍下其中两架飞机，总共耗资3.2亿余元。

2018年3月，民航华东地区管理局向顺丰旗下江西丰羽顺途科技有限公司颁发国内首张无人机航空运营（试点）许可证。2018年3月26日，"中国最具价值品牌100强"排行榜发布，顺丰速运排名第11位。

（二）网络结构

顺丰运输网络从广东地区开始发展，逐步向珠三角、华东地区、华中地区、华北地区等地拓展，其快递网点随之延伸至全国各大城市。2009年顺丰航空开始运营，成为中国第一家自有全货机的民营企业。而杭州作为顺丰在中国的航空运输枢纽中心，其强大的集散能力提升了华东地区快件西进的分拨及空运速度,同时也带动华北、华南地区快件向西南区域的流转。

1. 航空网络的空间结构

目前,顺丰的 52 架货机服务于全国的 36 个城市。考虑到市场需求以及城市航空服务设施的因素,服务城市以东南沿海经济带城市和中西部省会城市为主。顺丰创建了"双枢纽轴辐式"的航空运输网络模式,该模式以深圳、杭州为航运枢纽,辐射全国各大城市,形成国内航线网络。深圳、杭州两地之间采用直达运输模式,以夜航为主的运输模式有效地避开了客流高峰,从而做到"次晨达"的准时性。该运输网络中深圳、杭州两大航空运输枢纽中心每日固定有 5 个航通班,两大枢纽中心与其辐射地区之间根据实际业务量灵活安排运输班次。

如图 3-9 所示,顺丰"双枢纽轴辐式"是"点对点"以及"轴辐"结合的航空运输网络模式。"点对点"的优势在于两地之间不用通过枢纽中心而做到直达,大量节省了运输时间;缺点是需要增加班次来满足"点对点"的需求,经济成本较高。"轴辐式"的优势在于具有经济规模效应,缺点是需要通过航空枢纽点进行中转,效率较低。顺丰"双枢纽轴辐式"的航空运输网络模式采用两种结合的方式,既提高了效率又能实现经济规模效应。此运营模式虽有一定的优势,但具体如何量化航线班次以实现经济时效最优化还需深入研究。

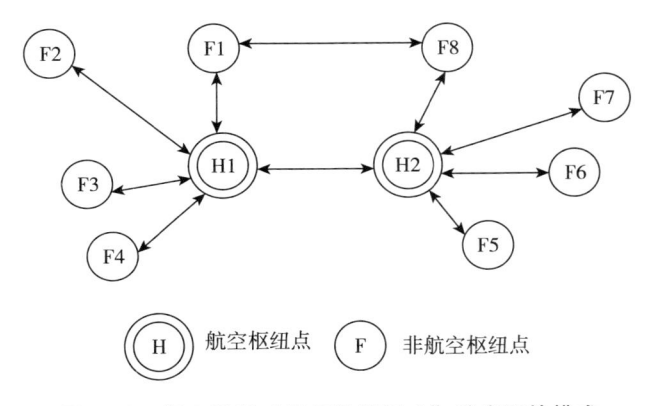

图 3-9 顺丰速运"双枢纽轴辐式"航空运输模式

2. 顺丰速运的地面网络

顺丰速运地面运输网络是"多枢纽轴辐式",呈现为枢纽的集散中心城市之间相互联系，而枢纽与城市中转场之间通过"轴辐式"的形式利用干线通道连接起来。目前顺丰在全国已形成了分别以沈阳、北京、上海、广州、成都、武汉、西安等城市为中心的东北地区、华北地区、华东地区、华南地区、西南地区、华中地区、西北地区七大区域集散网。每个区域的枢纽城市起着集散货物的作用，为区域的核心，货物通过分拣配送依次被送到城市中转场、门店，如图 3-10 所示。

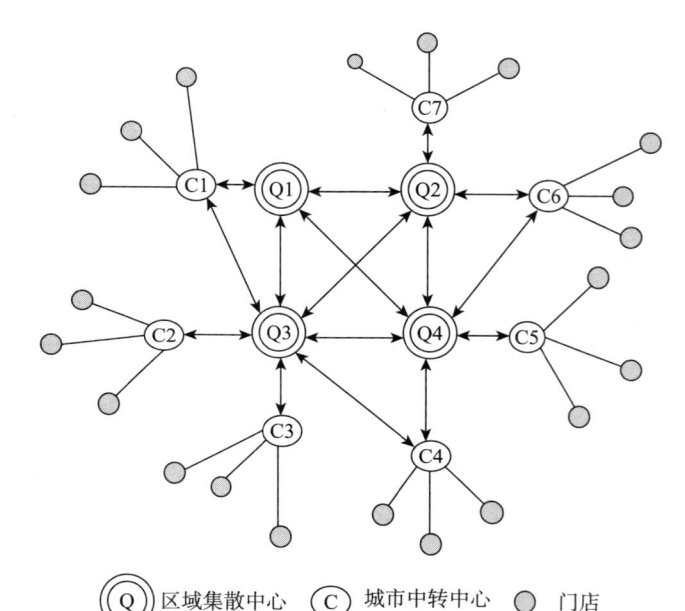

图 3-10 顺丰速运"多枢纽轴辐式"地面网络

二 京东快递

（一）发展历程

1998 年 6 月 18 日，京东快递于北京成立。京东物流配送覆盖面积广，在全国范围内拥有 263 个大型仓库、6780 个配送站和自提点以及 9 个"亚洲一号"大型智能化物流中心。

2007 年，京东开始建设自有的物流体系，可以根据顾客时间安排送货，尤其是京东自营商品配送时间迅速。如客户晚上 11 点之前下单，第二天早上就可送达；或者上午 11 点之前下单，当天下午就可送达。

京东自建物流提高了仓与仓之间调拨速度，使包裹送达客户时间大大缩短。京东物流在做好自身发展的同时，也为合作伙伴提供一体化供应链解决方案、商家数据服务、跨境物流服务等全方位的产品服务。

京东应用技术创新开发环保材料，以打造绿色物流为目标，应用大数据、人工智能和智慧供应链准确分析产品销量以及掌握货物配送等各个环节的实时信息。

京东做好自身发展的同时，全面推进地方特产销售等模式，进行电商扶贫工作，2016 年实现扶贫农产品销售额近百亿元。京东拥有强大的运输网络和完善的物流基础设施，依托网络、供应链和基础设施能力，缩短了输送时间，节省了成本，提高了运营效率。

(二) 网络分布状况

京东是自营式电商企业，以配送速度快、服务质量高而广受好评。京东商城的自营物流体系设立于 2007 年，并于两年后在上海设立海圆迈物流。此后陆续建立了覆盖全国的物流配送体系。2010 年京东在上海投资建设的"华东物流仓储中心"是迄今为止全国最大的物流仓储中心。京东商城在北京、上海、广州、成都、沈阳和西安设立了六大物流中心，并以六大物流中心为核心，辐射周边 300 多个重点城市，建立城市配送站，形成覆盖全国的京东自营物流配送体系。京东物流配送系统和设施不断完善，配送速度和质量也在不断提高，其中配送服务包括自提柜、无人机、极速达等。近年来，京东无人机在西安、北京等地投入运营，自提柜也广泛分布于各个网点，次日达服务更是覆盖全国 248 座城市。根据京东官网所提供的数据，截至 2017 年，京东快递网点数量分布如表 3－5 所示。

表 3－5 京东快递网点数量分布

单位：个

省份	数量	省份	数量	省份	数量
北京	403	山东	95	贵州	27
江苏	226	河南	87	甘肃	26
广东	222	湖南	85	吉林	19
河北	142	辽宁	77	海南	18
浙江	130	安徽	77	黑龙江	17

续表

省份	数量	省份	数量	省份	数量
陕西	124	内蒙古	48	宁夏	11
上海	121	福建	46	云南	9
山西	115	重庆	44	青海	9
湖北	110	天津	43	新疆	3
四川	100	广西	35	西藏	1

资料来源：2017 年京东官网 https://www.jdl.cn/unroute/map。

图 3-11 呈现的是京东快递在全国各区域的网点分布情况。其中华北地区网点数量为 751 个，华东地区网点数量为 695 个，华中地区网点数量为 282 个，华南地区网点数量为 275 个，西南地区网点数量为 181 个，西北地区网点数量为 173 个，东北地区网点数量为 113 个。

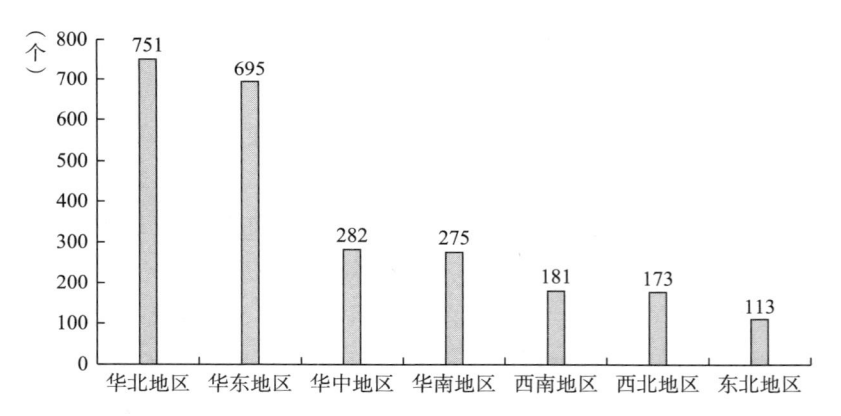

图 3-11　京东快递网点区域分布

资料来源：2017 年京东官网 https://www.jdl.cn/unroute/map。

京东快递网点覆盖了全国地级以上所有城市，由于经济发达、地势平坦等原因，京津冀、苏浙沪、长三角、珠三角为网点密集区，而在云贵高原、西北地区、东三省地区的网点分布则较为稀疏。

三　申通快递

（一）发展历程

1993 年国内最早经营快递业务的申通快递成立，经过 10 多年发展就已形成全国范围内的自营速递网络，成为国内快递运输网络中规模最大的民营快递企业。公司以民族品牌发展为中心，将信息技术作为创新发展基础，不断完善网络运行体系，在快速发展的经济推动下全面进入电子商务物流领域。申通快递有自己独特的管理方式，特别是对分拨中心以及集散件中转场实行直接管理，通过专业的服务和严格的质量把控来推动快递的发展进程。

申通快递投入巨资研发包括订单数据采集系统、称重计费系统、客户投诉系统等在内的功能强大的"申通 E3 快递软件系统平台"。中国快递行业在激烈竞争中迅速发展，申通快递认识到继续经营已有的快递服务会在竞争中日趋没落，所以开始拓展第三方物流、仓储、代收货款以及国际件等新业务来巩固自身在快递行业中的地位。

2017 年，为实现智慧物流，申通快递投入大量的自动分拣、扫描、称重、计泡设备，尤其是在义乌、郑州、天津、临沂，"小黄人"分拣系统投入应用，一时成为"网红"，为中国快递技术革新增添了亮丽色彩。在快递行业绿色环保方面，申通快递率先推出环保芯片袋，相较于一次性编织袋，新的环保袋具有防水耐磨、降低破损、循环利用、节约成本、环保材质、统一规范等诸多优点。

截至 2017 年 8 月，除西藏地区外，申通快递全网转运中心均实现了环保袋的使用。每天有 18 万只环保袋在全网循环使用，这也意味着每天节约 18 万只一次性编织袋，一年就是 19.71 亿只。申通快递以实际行动践行低碳环保、绿色发展的理念。

根据官方最新消息，截至 2018 年 1 月，申通快递拥有独立网点及分公司 1899 家，乡镇网点 15000 余家，在岗职工 30 万人，在全国范围内形成了完整、健全的自营快递网络。

（二）网络分布状况

申通快递网点基本覆盖全国地级以上城市，尤其是在苏浙沪地区，基本实现了无盲区派送。官网所示网点类型皆为地区公司总部。根据 2017 年申通官网所提供的数据，申通快递网点数量分布情况如表 3-6 所示。

图 3-12 呈现的是申通在全国各区域的网点数量。其中华东地区网点数量为 581 个，华中地区网点数量为 379 个，西南地区网点数量为 376 个，华北地区网点数量为 326 个，西北地区网点数量为 314 个，华南地

区网点数量为 190 个，东北地区网点数量为 181 个，港澳台地区网点数量为 2 个。

表 3-6 申通快递网点数量分布

单位：个

省份	数量	省份	数量	省份	数量
湖北	149	广西	93	重庆	57
河北	143	新疆	91	上海	55
河南	127	江西	90	吉林	37
云南	124	黑龙江	85	青海	28
四川	110	贵州	81	宁夏	20
山东	108	甘肃	81	天津	4
山西	108	江苏	79	海南	4
湖南	103	安徽	78	西藏	4
浙江	101	福建	70	北京	3
陕西	94	内蒙古	68	香港	1
广东	93	辽宁	59	澳门	1

资料来源：2017 年申通官网 http://www.sto.cn/Service/CustomerService?active_li=2&active_span=23。

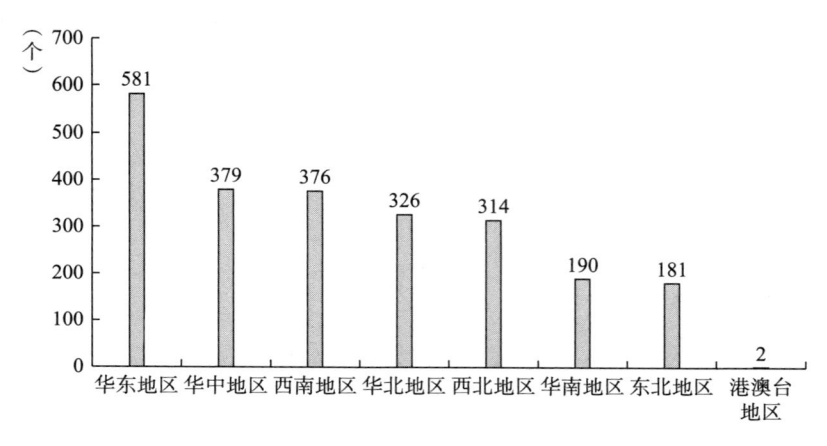

图 3-12 申通快递网点区域分布

华东地区 581；华中地区 379；西南地区 376；华北地区 326；西北地区 314；华南地区 190；东北地区 181；港澳台地区 2。

资料来源：2017 年申通官网 http://www.sto.cn/Service/CustomerService?active_li=2&active_span=23。

由于西部偏远地区经济落后，人口密度小，导致网点收取费用高、耗时长，因此西部偏远地区的网点分布稀疏。快递网点的分布与交通网络的分布也有密切的关系，沿海城市作为经济枢纽和交通枢纽，人口密集，网点分布也最为密集。

四 圆通速递

（一）发展历程

圆通速递于 2000 年 5 月 28 日成立，是中国集速递、航空、电子商务等业务于一体的快递服务公司。历经 20 年的发展，已成为一家集团化、品牌化、网络化的大型企业集团。圆通把"圆通速递——中国人的快递"作为奋斗目标，圆通的服务宗旨是"客户要求，圆通使命"。

圆通成立于上海，后来随着国内市场的飞速发展，业务量不断增加，网点拓展至整个长三角地区（江苏、浙江等），进而进入华东及华中地区，网点分布也由此扩展。

圆通速递以独特的视角推出国内 12 小时次晨达、24 小时次日达、36 小时隔日上午达、签单返还、代收货款等多种满足顾客需求的快递服务，同时立足于国外开展国际电子商务业务，将圆通的服务网络延伸至全球。目前，圆通业务范围遍及内地 31 个省份、香港以及全球 200 余个国家和地区，营业网点超过 4.5 万个。

2010 年底，标志着圆通向集团化迈出坚定步伐的上海圆通蛟龙投资发展（集团）有限公司成立。圆通在不断发展的过程中，扩大企业规模，加强企业合作，发展电子商务，提高服务质量，在竞争中寻找机遇，寻求发展。

2018 年圆通在泰州、扬州、金华、温州、南昌、长沙、贵阳、大连、长春 9 个二、三线城市开通 B 网业务，并实现业务覆盖全国 1000 多个城市。2018 年 3 月 26 日，"中国最具价值品牌 100 强"排行榜发布，圆通速递排名第 36 位。

（二）网络分布状况

圆通速递在全国范围内拥有自营枢纽转运中心 60 个，终端网点超过 24000 个，快递服务网络已覆盖内地 31 个省份和香港，地级以上城市已实现全覆盖，县级以上城市覆盖率达到 93.9%。根据 2017 年 12 月 31 日圆通官网所提供的数据，圆通速递网点数量分布情况如表 3-7 所示。

表 3-7　圆通速递网点数量分布

单位：个

省份	数量	省份	数量	省份	数量
广东	237	陕西	128	新疆	94
河北	199	湖北	118	福建	89
四川	185	辽宁	117	重庆	83
浙江	182	贵州	116	甘肃	80
山西	177	黑龙江	116	天津	64
山东	172	广西	114	海南	36
河南	167	江西	114	青海	26
云南	153	吉林	112	宁夏	21
湖南	135	北京	104	西藏	7
上海	134	内蒙古	103	香港	1
江苏	130	安徽	102		

资料来源：2017 年圆通官网 https://www.yto.net.cn/express/service/querysupport/branchsearch.html/。

如图 3-13 所示，圆通在华东地区网点数量为 923 个，华北地区网点数量为 647 个，西南地区网点数量为 544 个，华中地区网点数量为 420 个，华南地区网点数量为 387 个，西北地区网点数量为 349 个，东北地

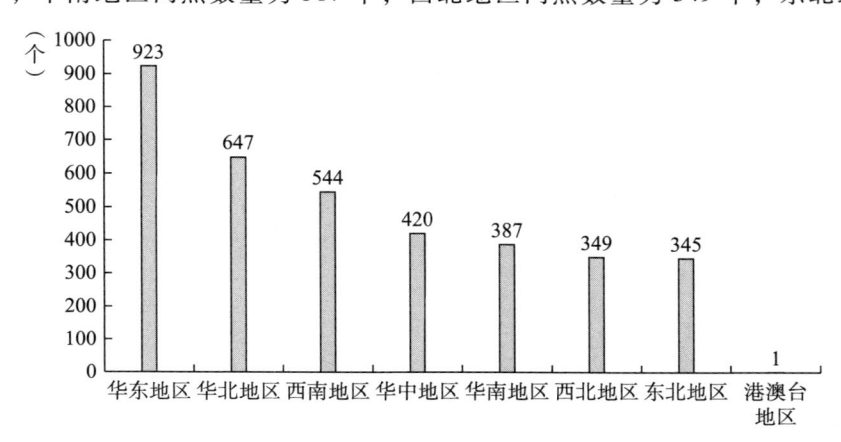

图 3-13　圆通速递区域网点分布

资料来源：2017 年圆通官网 https://www.yto.net.cn/express/service/querysupport/branchsearch.html/。

区网点数量为345个,港澳台地区网点数量为1个。圆通在西部的新疆、青海等地区网点分布较少。

圆通在全国的网点覆盖率呈现由中部向东、西部递减的趋势,总体表现出经济越发达、人口越密集,网点分布越密集的特点,经济的发展水平与人口的密集程度也是快递网点发展的重要原因。

五 中通快递

(一) 发展过程

2002年5月8日,一家集快递、物流、电商、印务于一体的大型集团公司——中通快递成立。公司注重硬件设备的建设,于2010年投入运营中通"总部基地",秉持"以人为本、诚信经营"的理念,不断壮大和发展。快递业市场竞争愈加激烈,中通创新开拓市场,竭诚为客户提供安全、快捷、周到的服务。

近年来中通投资力度不断增大,创造了大量就业岗位和财税收入,推动了中国经济持续健康发展。中通快递投资100亿元建设大型分拨中心、电子商务中心等来加速货物中转。随着中国市场的不断开放,国际快递巨头进军国内快递市场,快递业利润率不断下降。与此同时,在国家政策的支持下,快递行业市场广阔,为民营快递企业提供了机会。中通快递在这样的机遇和挑战下,严格实行限时、及时送货,规范操作。

中通快递自主研发的快件信息系统已投入使用,同时通过自动机械化操作进行分拣和装配,提高配送的效率。对于配送路线,通过不断调查及更新来优化路线,提高服务质量。通过大投入、大建设,推动中通大发展。中通快递起步最晚但发展最稳健,全网业务量突破2000万件。

截至2017年12月31日,中通快递拥有员工超过30万名,服务网点约为2.9万个,转运中心82个,网络合作伙伴超过950家,干线运输车辆超过4800辆,干线超过2000条,网络通达97.97%以上区县,乡镇覆盖率超过85.24%。

(二) 网络分布状况

中通快递现已成为中国民营快递企业中业务规模较大、发展较快的快递企业。根据中通官网所提供的数据,截至2017年12月31日,中通快递网点数量分布情况如表3-8所示。

表3-8 申通快递网点数量分布

单位：个

省份	数量	省份	数量	省份	数量
广东	410	辽宁	201	新疆	126
浙江	374	内蒙古	184	甘肃	120
河北	356	福建	179	天津	110
云南	350	上海	151	广西	97
黑龙江	330	安徽	150	重庆	91
山西	313	贵州	149	青海	54
陕西	254	江西	147	海南	49
四川	233	吉林	146	宁夏	39
山东	225	湖南	139	西藏	34
河南	219	湖北	138	台湾	1
北京	202	江苏	136		

资料来源：2017年中通官网 https://www.zto.com/express/expressWebsite.html。

图3-14呈现的是中通在全国各区域的网点数量。华东地区网点数量为1362个，华北地区网点数量为1165个，西南地区网点数量为857个，东北地区网点数量为677个，西北地区网点数量为593个，华南地区网点数量为556个，华中地区网点数量为496个，港澳台地区网点数量为1个。

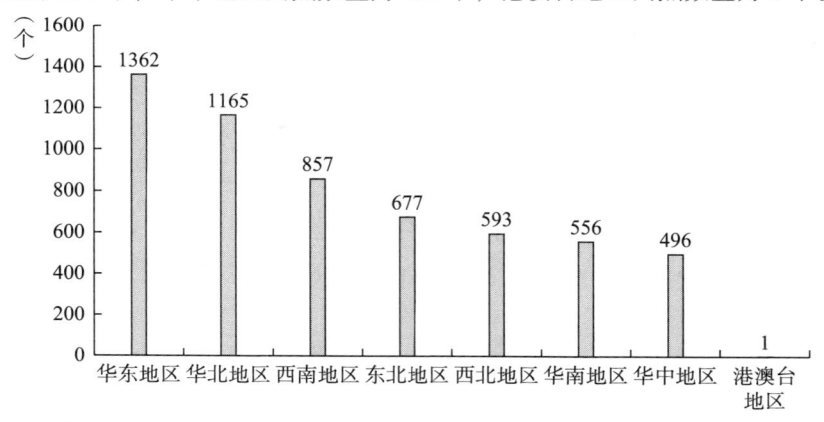

图3-14 中通快递网点区域分布

资料来源：2017年中通官网 https://www.zto.com/express/expressWebsite.html。

珠江三角洲位于广东省中南部、珠江入海口处，是中国参与经济全球化的主体区域，科技发展迅速且交通便利。在珠江三角洲，中通快递网点分布密集。长江三角洲以上海为中心城市，南京、杭州为副中心城市，形成繁荣的区域经济，也是交通枢纽的汇聚点。中通快递在上海起步早、发展快，故浙江省、上海市等城市网点分布密集。

六　韵达快递

（一）发展历程

1999年8月，国内知名民营快递快运品牌企业韵达快递成立。韵达快递以"为客户创造价值、为社会创造财富、为员工创造就业"为发展宗旨，不断拼搏创新，服务范围覆盖内地31个省份及港澳台地区，并在全国建设70余个转运中心和40000余家营业网点。

韵达快递强化管理快件运输的每一个环节，对包裹实时追踪，以便客户随时查询快件运输信息，且在内部推行快件揽收中转和派送每个环节的"服务承诺"制度，特别采用科技化手段实施远程视频监控。2013年开通更加便利客户寄件和收件的短信提醒服务，同时继续在全国范围内加强方便客户收寄快件的门店建设。

2015年6月6日，韵达、顺丰等共同投资创建深圳市丰巢科技有限公司。2016年2月28日，韵达快递宣布与中国平安、东方富海、云晖投资等金融投资机构实现战略与资本的共同合作。

2017年10月，韵达正式对外发布2017年第三季度财务报告。数据显示，2017年第三季度实现营业收入25.29亿元，同比增长35.89%；实现归属于上市公司股东的净利润4.28亿元，同比增长34.02%；基本每股收益为0.35元，同比下降5.41%。

2018年3月，"中国最具价值品牌100强"排行榜发布，韵达快递排名第37位。

韵达快递将进一步强化主动服务理念，为广大客户提供更优质、更贴心、更便利的快递服务。

（二）网络分布状况

韵达快递在全国建设了70多个分拨中心，铺设了近2500条陆运主干线和600余条陆运支干线，航空直发线路800余条。40000余家营业网点遍布全国，通过安全、快捷的服务成为民营快递公司的中坚力量。截至2017年12月31日，根据韵达官网提供的数据，韵达网点数量分布情况如表3-9所示。

表3-9 韵达快递网点数量分布

单位：个

省份	数量	省份	数量	省份	数量
江苏	4926	上海	1650	云南	643
广东	4121	陕西	1495	新疆	401
浙江	3854	黑龙江	1443	甘肃	379
福建	2448	四川	1317	天津	331
河南	2411	江西	1249	内蒙古	279
安徽	2378	辽宁	1067	海南	246
山东	2005	重庆	1650	宁夏	131
北京	2005	湖南	1495	青海	70
湖北	1989	贵州	1443	香港	60
山西	1976	吉林	1317	西藏	59
河北	1675	广西	1249	台湾	3
				澳门	1

资料来源：2017年韵达官网http://www.yundaex.com/cn/fuwuwangdian.php。

韵达快递在全国各区域的网点数量如图3-15所示。各个区域的网

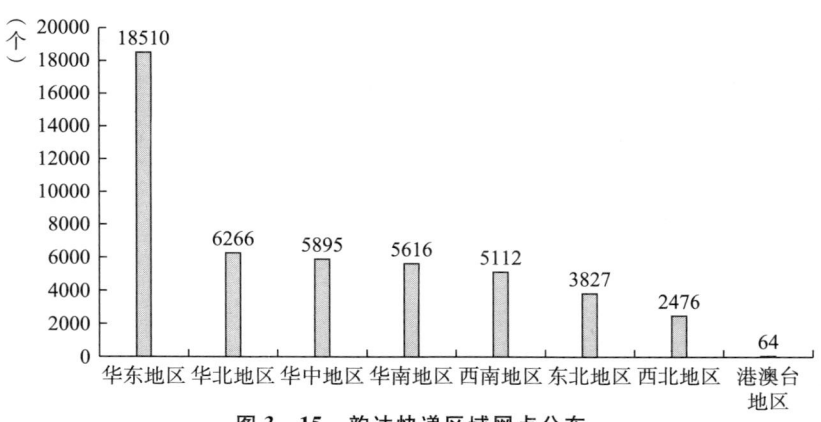

图3-15 韵达快递区域网点分布

华东地区 18510
华北地区 6266
华中地区 5895
华南地区 5616
西南地区 5112
东北地区 3827
西北地区 2476
港澳台地区 64

资料来源：2017年韵达官网http://www.yundaex.com/cn/fuwuwangdian.php。

点数量、网点的分布根据地区的经济状况以及人口密度进行考量。因此，珠江三角洲、长江三角洲及中心城市网点分布密集。西部地区人口密度较小，交通便利程度低，高成本的费用造成客户量少、网点分布少。

第五节　快递业发展启示

一　国际快递企业发展优点

产品创新是快递企业高速发展的根源。例如，大和运输公司1983年为客户运送滑雪用具，1984年开设高尔夫用具运送等与普通运输业务相异的新型快递业务。其他快递企业也依据自己的特点，推出了独具特色的递送业务。DHL为德国电信公司提供基本快递服务，同时也为其提供扩展的增值服务，该增值服务包括手机零件加工以及其他产品零部件处理更换等。

寡头市场是企业扩张和占领市场的重要手段。当美国快递业竞争激烈时，通过收购或者协议并购其他快递公司的方式解决当前发展问题，这样市场结构逐渐发生变化，从多公司市场竞争转变为寡头市场竞争。从日本快递业发展来看，2005年，快递市场占有率达84.4%的大和运输、佐川急便和日本邮政三大公司垄断了快递市场，形成了寡头市场。

信息化是快递企业重要的投资方向。随着多种运输方式参与快递企业的运输过程，快递企业的营运变得日趋复杂。随着消费群体对快递服务的高要求，需要进一步提升快递服务质量。日本大和运输公司就是通过在货物分拣中心引入大型自动分拣机械，从而提高了工作效率。德国快递业则具备集约化、信息化、网络化等特征。

建立战略合作关系，建设经营网点。REA通过与电报经营机构Western Union合作实现了低成本全国网点建设；日本大和运输建立了30万余个基础网点，将家庭主妇常去的消费场所和便利店（24小时营业）作为给客户送货之前的货物集中服务网点。

二　我国快递业发展存在的问题

目前，在我国快递业发展过程中存在诸多问题。我国经济快速增长，对快递业务需要增加，各种中小型民营快递企业迅速发展，但没有形成一个完整的体系，快递市场尚未统一，从而我国快递行业处在"多元混合"状态，缺乏突出的领先企业，大多数企业采用低成本竞争战略。

从资源投入角度分析，我国快递企业仅仅是通过增加廉价劳动力来应对业务扩张的需求，并没有通过科学的新型管理模式和新兴的信息技术来降低运营成本。许多快递企业在业务扩张的同时，并没有完善企业的用人制度，导致人员流动性大，造成业务专业技能培训成本的提高。从企业的管理层面来看，高端人才十分紧缺，导致快递企业发展后劲不足。快递企业未能形成健全的专业技能培训体系，直接影响快递的服务质量。快件的延误、损毁和丢失对快递企业品牌造成重要影响，极不利于快递企业在市场中的竞争与发展。

从企业扩张的角度分析，国内许多快递企业都采用加盟的发展模式，导致快递市场准入门槛过低，国内快递企业数量爆炸式增长，综合质量明显下降。在众多快递企业中，具有品牌影响力的不超过25家。本书对其中最知名的9家快递企业进行分析，发现快递企业的盲目扩张导致服务水平下降，降低了品牌竞争力，在国际市场上仍处于劣势地位。国内快递企业在无法保证服务水平的前提下，仅仅是通过价格手段来扩大市场占有率，造成快递行业利润降低，服务质量逐渐下降，导致快递行业问题日益突出。

在国际快递业务方面，国内快递企业相较于国际快递企业发展差距很大，以我国国有企业中国邮政EMS和发展较快的民营企业顺丰速运为例，如表3-10所示。首先是综合实力较弱，尤其是航空领域的运输能力远不及国际快递企业。这直接导致我国快递业务在国际市场上竞争力不足。

表3-10 国内外快递企业服务能力比较

快递企业名称	总部	服务范围	运输能力	营运设施
UPS	美国亚特兰大	全球220多个国家和地区，覆盖北美和欧洲的任何地址	自有飞机237架，租用飞机41架，106024辆运输车	全球1990个营业网点，15个空运转运中心
FedEx	美国孟菲斯	全球220多个国家和地区	650架飞机，约4.7万辆运输车	全球1200个服务站，12个转运中心

续表

快递企业名称	总部	服务范围	运输能力	营运设施
DHL	德国波恩	全球220多个国家和地区	超过250架飞机，8万辆运输车	3000多个服务中心和35个国际转运中心
中国邮政EMS	中国北京	全球200多个国家和地区，国内31个省份的所有市县乡	9架全货机，2万余辆投递车	营业网点超过4.5万个，在南京建立大型集散中心
顺丰速运	中国深圳	中国内地及港澳台地区，美国、日本、韩国、新加坡、马来西亚、泰国、越南、澳大利亚	15架自有货机，1.2万多辆运输车	国内外9100多个营业网点

资料来源：各快递企业官网。

通过对国际快递企业发展历程与优点的分析，结合我国快递企业发展历程中所存在的问题，可得出以下启示。

（1）积极引入先进的信息技术。在民营快递企业中，有代表性的顺丰速运有着全国统一的服务热线供客户直接下单、咨询。先进信息技术的引入，可以为客户提供安全的快递服务，降低运营成本，提高客户满意度，增强快递企业竞争力。

（2）加强分拨中心建设。2015年主要快递企业加强分拨中心建设，新建扩建一批流水线。如中国邮政速递EMS华中邮件处理中心、圆通速递西北转运中心、京东贵阳"亚洲一号"物流中心等分拨中心正式投入运营。优化作业流程，增加自动化、半自动化分拣设备配置比例，提高了快件处理能力。

（3）创新末端投递方式。快递企业加强末端配送模式探索，顺丰速运、圆通速递等企业以"顺丰家""妈妈驿站""快递+便利店"等形式丰富末端配送网络。圆通速递和中通快递等加强城市网点标准化进程，提高服务标准化程度，深化末端战略合作。快递企业通过共建方式强化末端服务能力，顺丰速运、申通快递、中通快递等公司联合成立了深圳市丰巢科技有限公司。部分快递企业利用第三方网点延伸末端网络，增强终端服务能力。

（4）外部环境的有利影响。随着快递业务规模扩大和市场竞争加剧，快递业对资本的需求增加，社会资本通过对快递企业股权投资（注资）方式进入快递领域。如阿里巴巴联手云锋基金对圆通进行战略投资，华平投资、高瓴资本、渣打和红杉资本投资中通快递……社会多元资本进入快递领域为快递业扩大再生产提供资金支持。随着国内网购客户的消费需求和消费观念升级，跨境电子商务的规模和交易量迅速增长，发展潜力巨大。跨境电商的蓬勃发展，为快递企业的发展注入了新活力；快递跨境寄递功能的发挥，影响和制约着跨境电商的发展。跨境电子商务与快递业共同组成了跨境电商贸易的生态系统。

（5）制造业是快递业发展的重要需求基础，快递业是制造业转型升级的重要服务支撑。快递业服务制造业，有利于实现功能整合和服务延伸，加快向综合型快递物流运营商转型，有利于制造企业降低成本，提升效率，加快结构优化，由大变强。快递服务制造业正在加快推进，中国邮政速递 EMS、顺丰速运等快递企业与大型制造企业建立了长期稳定的战略合作伙伴关系。快递企业积极入驻工业园区，为制造企业提供近距离、全方位、一体化服务。

第六节　本章小结

本章主要研究快递业发展历程、国际快递企业和我国国有及民营快递企业的发展现状。本章选择了发展较为完善的几家国际快递企业，对其发展历程和在华发展现状进行分析总结，同时梳理了当前我国快递业市场以及主要快递企业的发展程度和快递网络建设水平等。最后系统地对比分析了国际快递企业和我国快递企业的发展现状，探究了我国快递企业发展进程中存在的问题以及具有的优势。

第四章 快递网络结构及特征

快递网络是一个统一的整体，而组织合理、管理科学、运转高效、控制协调的快递网络结构是快递企业运营和发展的基础。网络结构模式的选择及其相应的特征对推动快递网络优化具有重要的战略性意义。本章首先对快递网络的组成和拓扑结构进行详细的介绍，并进一步研究快递网络结构特征及快递交通流特征，为后续章节奠定基础。

第一节 快递网络结构

快递网络是交通网络的一种特殊形式。将区域中转中心、城市中转场、服务网点以及各级网路在统一的管理和调度下，遵循某种运行规则组织起来，旨在将快件运送到客户手中。在网络中，节点表示城市，边表示节点之间的运输投递干线。由节点和运输路线组成的快递网络拓扑结构包含两种基本形式，即全连通（Fully-connected，FC）快递网络和轴辐式（Hub and Spoke，HS）快递网络。

一 快递网络组成

快递网络主要由区域中转中心、城市中转场、服务网点、运输路线（网路）和客户五个部分组成（见图4-1）。以区域中转中心为大脑、城市中转场为神经枢纽、以省会级城市干线为大动脉、以地市级城市为血管并形成向下辐射的毛细血管。由于快递企业的实际运作中，增加了位于末端的自取网点、社区服务站和快递自提柜（如菜鸟驿站、邮政网点、丰巢等），所以从区域中转中心到快递网络末端的网络节点可以分为四级。

（一）区域中转中心

区域中转中心具有快递集散、分拣、转运、配送的功能，主要是对跨省或者本地的快件进行处理，分拣和转运到其他网点或城市中转场，

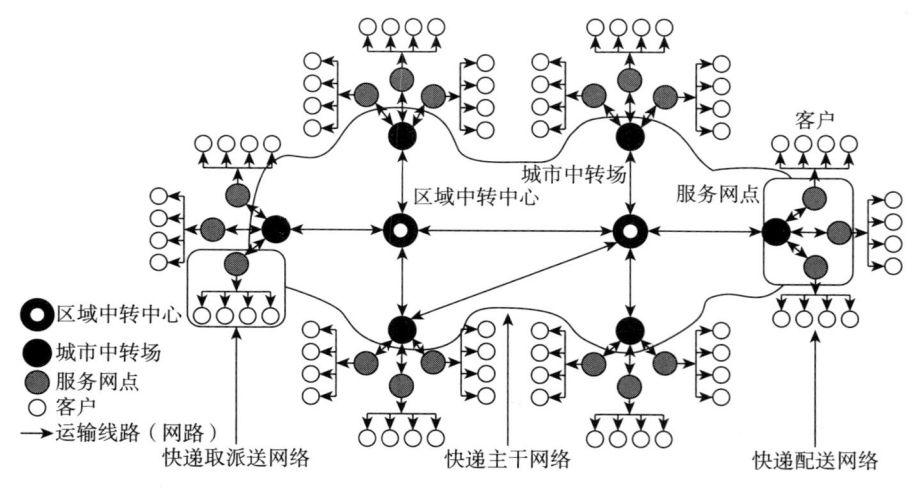

图 4-1 快递网络整体结构

实现快件快速位移,确保各种运输方式高效衔接,它是快递网络中的重要节点,起着至关重要的作用。区域中转中心一般布局在跨省高速公路附近的交通枢纽地区,又称区域分拣中心或区域集散中心。选址通常考虑该区域的社会经济环境、交通状况、货物需求量和与其他快递节点衔接等因素。

(二)城市中转场

城市中转场是快递网络中的集散节点,主要负责对某一城市区域的快件进行收集、分拣、分拨及配送至下属相应的快递服务网点,常被称作城市分拣中心、城市转运中心、城市集散中心等。同时,还具有服务网点、为其周边地区的客户提供直接送货服务的功能。快递企业对中转场的机械化、智能化以及信息化水平要求较高。每个地区中转场的规模和工作效率都不尽相同,依据主次划分,将中转场划分为三个等级:一级、二级和三级中转场。不同等级中转场的服务范围和处理快件的能力有很大差异,其中一级中转场的服务范围更广,处理能力更优,负责与之相连的包括多个二级中转场以及其他网点。快递网络运输的层次性取决于城市中转场的疏密程度。在区位选址方面,通常需要将交通条件、货物流向、运营效率、边际成本、城市规划和地方政策、与其他城市中转场的连接等因素整合在上级节点的覆盖范围内。

（三）服务网点

服务网点是为客户提供取送服务的网点，在整个快递运营网络中位于始端和末端位置，服务网点分布在快递企业可服务的范围之内，可以实时获取客户的信息以及需求。每个服务网点不仅要完成从客户手中揽件的工作，还要完成将快件派送至客户手中的任务。服务网点的选址要考虑所在区域的道路交通状况、地理位置信息、人口分布情况以及各类成本等因素。

（四）运输路线（网路）

快件在运输的过程中，承载快件的运输工具在节点（服务网点、城市中转场、区域中转中心）之间行驶的路线即为运输路线。其中运输方式主要包括铁路运输、公路运输以及航空运输，不同级别的运输路线所使用的运输工具也会有所差异。运输路线在快递网络中起着连接各个节点的作用，和各节点共同构成一个整体的快递网络。按照连接节点的不同，将运输路线分为两层，第一层为一级网路，指中转中心同一层级之间的运输路线，如中通在全国设立了60多个区域中转中心，各中心之间多使用大型货车进行高速公路运输或采用航空运输；第二层为二级网路，指城市中转场之间的运输路线，利用城市快速干道或高速公路等进行铁路运输及汽车运输。连接城市中转场与服务网点之间的线路为支线，常使用小型货车或其他便捷的交通工具。

（五）客户

客户是指快递取送网络中的起始客户和快递配送网络的终端客户。在竞争极其激烈的时代，客户对快递的服务要求越来越高，既要有准确的快递送货管理规程，又要减少快件的运输时间，从而提高快递网络的效率。客户是整个快递网络的基础，有效地收集包裹，跟踪和分析每一位客户的相关信息，满足每一位客户的不同需求，并在较短的时间内，合理地完成客户的沟通服务，提升客户对快递服务的满意度，是快递网络有效化运营和管理的最终目标。

二　快递网络拓扑

（一）常见的网络拓扑

网络拓扑是指快递网络要素及它们之间的连接方式。以几何学中最基本的两种元素"点"和"线"分析网络系统结构中各个端点相互连接的方式、方法和形状。如图4-2所示,网络根据其拓扑结构的不同,分为总线型拓扑、星型拓扑、环型拓扑、树型拓扑、网状拓扑,快递网络都是由这些基本网络演化发展而来。各种类型网络拓扑的优缺点如表4-1所示。

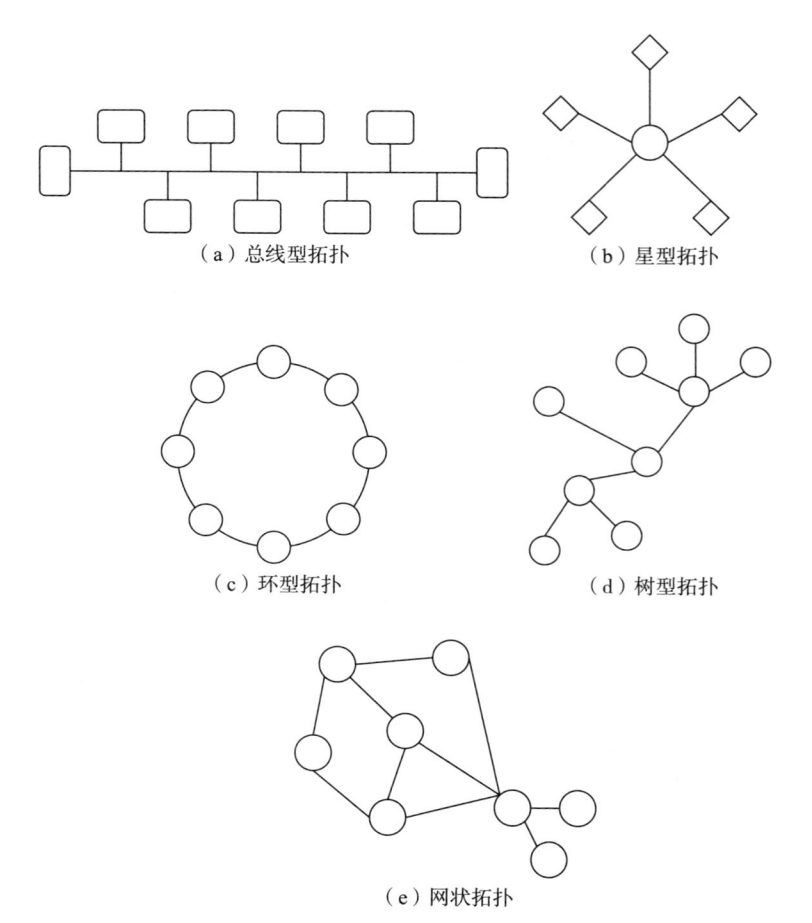

(a) 总线型拓扑

(b) 星型拓扑

(c) 环型拓扑

(d) 树型拓扑

(e) 网状拓扑

图4-2 常见网络拓扑结构

表4-1 常见网络拓扑优缺点

拓扑名称	优点	缺点
总线型拓扑	结构简单,容易进行构建,整体性能较为显著。任何一个节点都可以双向运输	总线路故障易于导致整体网络结构瘫痪

续表

拓扑名称	优点	缺点
星型拓扑	结构灵活,易于构建和管理。通过中央节点对周围的节点进行控制,当该结构中某一节点发生故障时,易于查出并且对整体结构不会产生较大影响	节点负担较重,线路使用效果较差
环型拓扑	结构简单,建立的网络便于管理,各节点处于同一等级	方向单一,节点过多,影响运输效率
树型拓扑	节点支持双向运输,运输灵活且成本较低,适用于具有主要或次要级别的分层管理系统	难以集中化控制,若出现故障,不易找出问题所在
网状拓扑	结构复杂多样,节点连接具有任意性和无序性,每个节点的连接线可以是一条或者多条。适用于业务量较大的系统	建设成本较高,结构较为复杂,难以集中化控制

(二) 快递网络拓扑

快递网络拓扑是由基础的网络拓扑演化而来。由于国内快递企业数量众多且层次不一,所以无法研究所有的快递网络拓扑结构。这里主要是基于国内某大型快递企业。该企业拥有健全的快递服务系统和庞大的网络体系,且与国内其他快递企业的运营管理相似,可以引以为鉴。

1. 快递数据的采集

快递网络具有时空动态性且结构复杂,需要运用大量的真实数据来进行分析。本书获取到的某快递企业的快件信息如表4-2所示,涵盖了快件收件、分拣、分拨、装卸搬运及派送的时间和地点。在数据筛选、清洗和整理之后,得到该企业在全国范围内的物流节点(区域中转中心/城市中转场)分布以及节点之间的连通情况。此数据在时间上具有小时级别的分布,在空间上具有城市级别的跨度,能全面地反映快件在运输过程中的时空动态特性,从而分析出快递网络的拓扑特性。

表4-2 快递物流信息格式

日期	时间	快件状态	当前地点
2018年10月17日	17:23:39	【西安长安路】已揽收	西安市
2018年10月17日	18:41:39	快件离开【西安长安路】已发往【西安】	西安市
2018年10月17日	19:57:24	快件已经到达【西安中转】	西安市
2018年10月17日	20:09:54	快件离开【西安中转】已发往【东莞中心】	东莞市

续表

日期	时间	快件状态	当前地点
2018年10月19日	03：17：42	快件已经到达【东莞中心】	东莞市
2018年10月19日	03：53：19	快件离开【东莞中心】已发往【惠东】	惠东县
2018年10月19日	09：26：01	快件已经到达【惠东】	惠东县
2018年10月19日	10：09：50	正在派件……	惠东县
2018年10月19日	13：25：36	快件已在【惠东】签收，签收人：匿名	惠东县

对于获取到的快递数据，需做如下一些说明：①此配送网络可抽象为无向网络。不考虑配送方向，无论快件是从节点 A 到节点 B，还是从节点 B 到节点 A，只默认节点 A、B 之间存在配送路线。②此配送网络可抽象为非加权网络。不考虑城市间的配送量，即不考虑边的权重大小。③不考虑快件在城市间的运输方式，仅考虑节点间是否有连线，即城市之间是否有配送路线，有则连通，无则不连通。④不考虑快件配送的时间和成本等因素，也不考虑快递企业的运营效率等因素。

2. 快递网络拓扑构建及分析

通过对快递数据进行筛选和整合，汇总所有节点间的连接拓扑，建立整个快递网络的拓扑结构，以此分析快递网络的拓扑特性，研究不同拓扑特性对快递交通流的影响。

首先，对数据进行初步筛选。当节点与节点间的快递量大于标准阈值时，则确定两点之间存在"边"，同时快递量的大小决定了边的权重。其次，节点之间具有双向性，即节点 A 可以到节点 B，节点 B 也可以到节点 A。此时，快递网络 G 可被视为加权双向网络，表示为 G =（V，E），其中 V 代表节点集，E 代表边集，V 中的任意一个节点都至少有一条 E 中的边与之对应。

运用软件 Gephi 的 ForceAtlas 2 布局生成的快递网络 G 如图 4-3 所示。图中节点是快递数据所涉及的地级市，边是快件的实际配送线路。节点的大小表示节点的度，度大的节点集中在网络的内层，度小的点则被离心在网络的边缘。核心层的节点基本上是全连通结构，多为区域中转中心，是快递网络结构的核心。位于骨干层的多为二、三级城市中转场，与核心层之间的节点（常为省会城市）是部分连通的，与骨干层之外连接的节点数目较少。瓶颈节点表示过渡节点，一些节点只有通过瓶

第四章 快递网络结构及特征

颈节点与外界联系。例如甘肃省的省会兰州，交通方便，与外界存在多种运输方式，甘肃省的其他地级市（如敦煌、凉州等）都需要依赖这个瓶颈节点将快件运送出去，如果该瓶颈节点出现问题，那么整个甘肃省的快件运营就会受到影响。

此快递网络拓扑主要是星型拓扑、树型拓扑及网状拓扑三者融合的混合式拓扑。在区域上常采用树型拓扑，从区域中转中心到城市中转场，再到服务网点，最后到客户。层次化管理有利于责任分担，结构清晰明了。分层次节点与节点之间常采用星型拓扑，有利于集中化控制，如城市中转场到各服务网点。此外，各节点到终端客户常采用网状拓扑，动态性强且具有随机性。同时，网状拓扑的优化也是减少成本、缩短运输时间、提高快递网络运营效率的关键。

此外，图4-3反映出快递网络的两种典型结构：全连通快递网络和轴辐式快递网络。

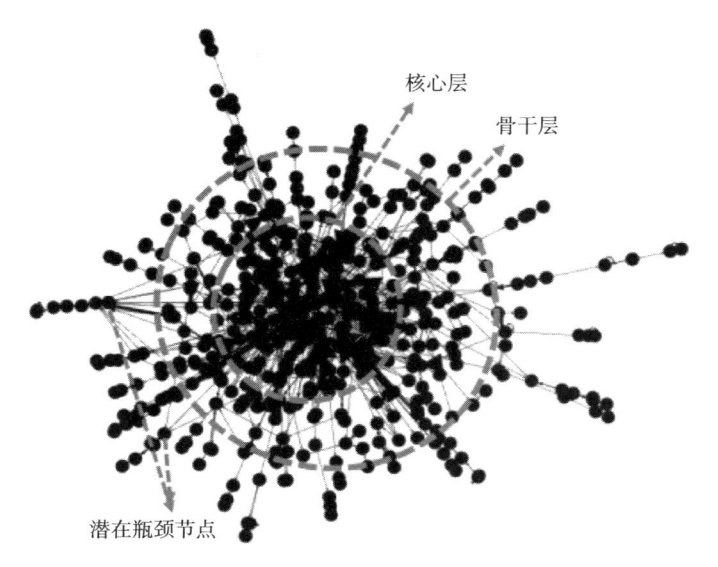

图4-3 快递网络拓扑

三 全连通快递网络结构

以快递网络拓扑为基础，进一步对快递网络结构进行研究。图4-4为全连通快递网络结构，图中"节点"为快递服务可以覆盖到的城市点，节点与节点之间的线段表示这两个城市之间的运输路线。

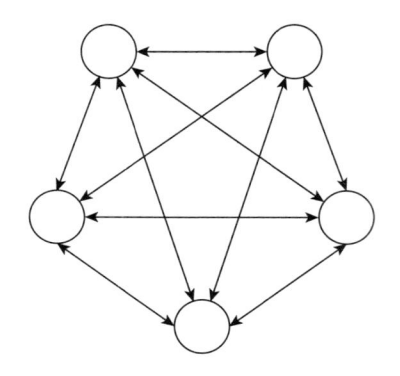

图 4-4　全连通快递网络

全连通快递网络是一种完全图网络。任意一个节点的快递未经任何中转即可到达目的节点，任意两个城市之间都有直达路径，消除了中转过程，提高了配送效率，也具有随机性和任意性。全连通快递网络的制约性在于网点数量和运输量。当服务网点数量较多时，虽然不需要计划运输路线，且运输的时效性得到了保证，但运输成本会增加，满载率得不到保证，不利于运输路线的管理，如航空快递。因此，全连通快递网络只适用于服务网点数量较少，且具有一定规模运输量的快递网络。

四　轴辐式快递网络结构

轴辐式快递网络，即存在中转形式的快递网络结构。快件流向不再是直达式，而是从始发地运送到枢纽节点，至少经过一次中转，再从枢纽节点运送到目的地。枢纽节点在整个网络结构中起到了至关重要的作用，不仅完成了不同节点之间的运输服务，减少了网络中的运输线路，同时也分担了核心节点（如全国性集散中心）的压力，使整个网络更加稳定。

轴辐式快递网络的网络形态取决于各节点之间的连接状态。标准的轴辐式快递网络有两个假设条件，一是非枢纽节点之间不直接连接，二是所有枢纽节点之间相互相连。轴辐式快递网络可依据枢纽节点的数量，分为单枢纽轴辐式快递网络和多枢纽轴辐式快递网络。单枢纽轴辐式快递常出现在交通不便利的地区，如西藏、新疆；多枢纽轴辐式快递则是目前快递网络的主要发展方向。如图 4-5 所示，在大型或中型城市设置中转枢纽，投递线路就在枢纽之间建立连接，而转运中心直接与其附近的枢纽中心相连接，快件也可直接通过这些枢纽传送至各地。轴辐式快递网络的优点在于可以有效地解决全连通网络存在的运输线路过多、无法保证满载率、浪费运输资源的问题。通过中转枢纽点进行统一转运，虽然转运能力和效率可以得到提高，但整个快递网络对中转枢纽自身处理快件的能力和效率要求极高，中转枢纽点易成为快递网络结构中的瓶颈节点。

(a) 单枢纽轴辐式快递网络　　　　(b) 多枢纽轴辐式快递网络

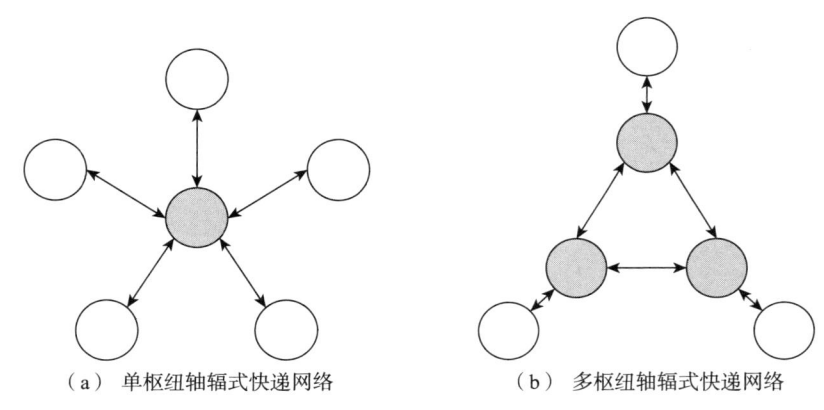

图 4-5　按枢纽个数分类的轴辐式网络

根据各节点与枢纽点之间的分配关系，多枢纽轴辐式快递网络可以分为单分配轴辐式快递网络和多分配轴辐式快递网络。单分配轴辐式快递网络是指各节点仅与一个枢纽点相连，多分配轴辐式快递网络是指各节点至少与一个枢纽点相连，如图 4-6 所示。

(a) 单分配轴辐式快递网络　　　　(b) 多分配轴辐式快递网络

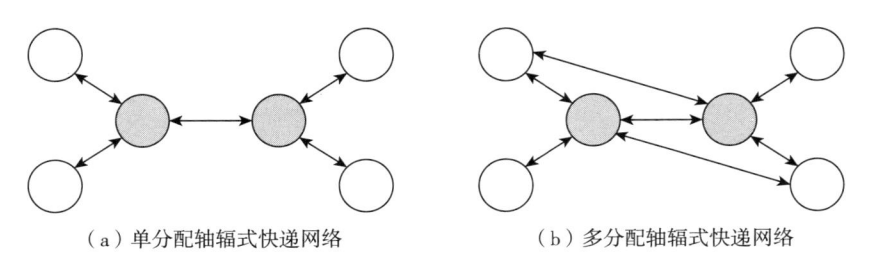

图 4-6　按分配关系分类的轴辐式快递网络

美国联邦快递（FedEx）在 19 世纪 80 年代首次尝试使用轴辐式快递网络。通过中转形式运输，提升了运输资源的利用率，降低了运输次数和成本。由于联邦快递对轴辐式快递网络的成功应用，其他快递企业争相效仿，使快递网络中的主要运输形式纷纷转化为轴辐式网络结构。随着快递运输方式的不断成熟，快递网络的形式逐渐从单一的全连通网络结构或轴辐式网络结构，转化为整合两种结构的混合式拓扑结构（见图4-7），枢纽节点之间采用全连通的连接方式，普通节点之间既可以相互连接也可以与枢纽节点直接连接。

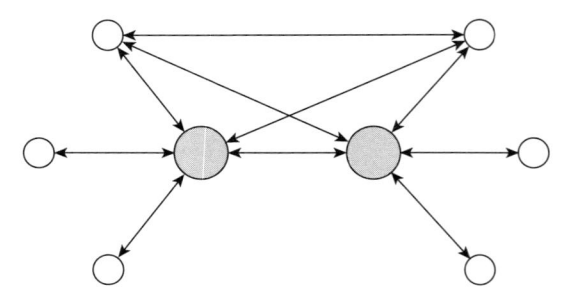

图4-7 全连通-轴辐式混合快递网络

例如，某大型快递企业在陕西省的快递网络中（见图4-8），西安为该网络的一级中心节点，各地级市为二级节点，各县为末端节点，绝

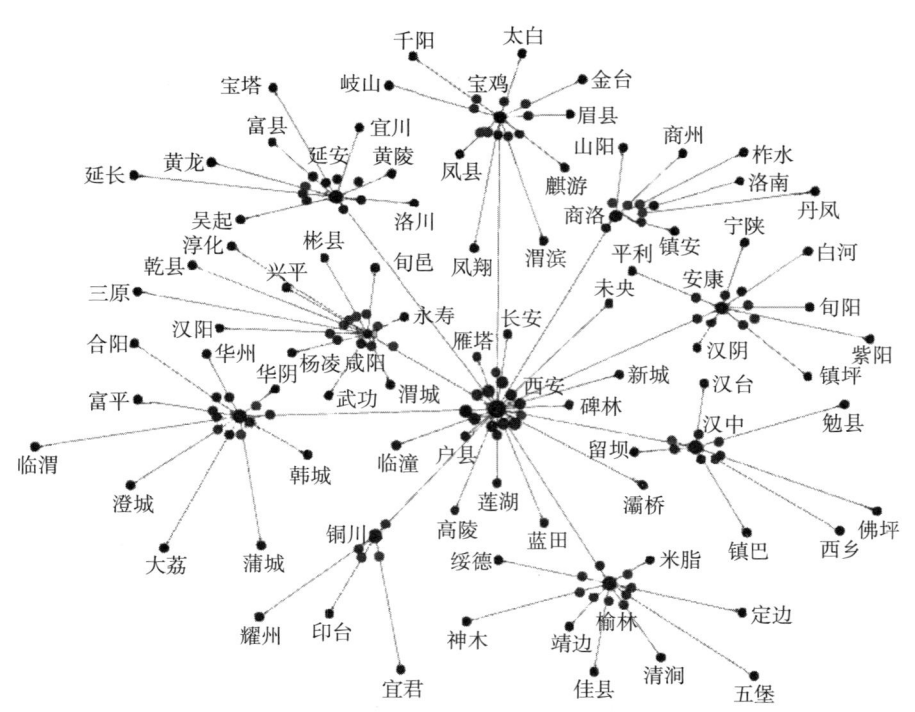

图4-8 陕西省某快递网络结构

第四章 快递网络结构及特征

大部分乡镇没有节点，网络结构呈混合轴辐式。同时，轴辐式快递网络和全连通快递网络均由星型拓扑结构演化而来。为了满足不同星型拓扑网络之间的快递需求，在各星型网络之间形成边，在枢纽节点之间产生连线，轴辐式快递网络由此形成。为了满足星型拓扑网络内部的快递需求，普通节点与中心节点之间产生连线，从而形成全连通快递网络。

第二节　快递网络结构特征

一　主干网络特征

主干网络在城市快递交通运输中起"通"的作用，以交通功能为主、服务功能为辅，要求通过的快递车辆快而多。主干网络在快递网络中起到至关重要的作用，具有以下特征。

（一）主干网络具有双向性

双向性是指任何一条运输路线既可以从节点 A 到节点 B，也可以从节点 B 到节点 A，且两点间不一定只有一条线路，节点间的快件运输可以有多种运输方案的选择。快递网络的运输路线使用率达到最高，有利于节约主干网络资源。

（二）主干网络具有共享性

交通网整体发展便利，已满足了各地区人们对方便出行的需求。从深度结构来看，两种快递网络结构下的交通路网都具有双向性，但共享程度有很大区别。

在全连通快递网络结构下，每一条运输路线的共享程度不高。一条运输路线通常只连接两个节点，且整个网络中运输路线的数目不少于节点的数目。这说明此结构下任意节点间可以直接运输，无须中转。同时，任何一条边的失效都不影响整个网络的正常运行，节点与节点之间配送时间较短，具有可靠性高和低延时的优点。

轴辐式快递网络结构下，每一条运输路线的共享程度都很高。主要表现在三个方面：第一，多个节点共用一条运输路线，路线的利用率高；第二，易于拓展分支，使结构更加庞大；第三，易于隔离故障，如果某一分支出现故障，隔离这一分支将不影响整个系统。

(三) 主干网络的资源分布不均

从深度结构来看，网络分布呈现严重不均匀态势。

一方面，全连通快递网络结构下，交通路网密集度较小，常体现为枢纽节点之间的运输线路。而轴辐式快递网络结构下的交通路网密集度较大，且范围更广。如图4-9所示，节点相对较大的为枢纽节点，枢纽节点之间常用全连通快递网络结构连接，节点间具有最强的可达性。而轴辐式网络多呈现为普通节点与枢纽节点的连接，而普通节点之间不直接相连。

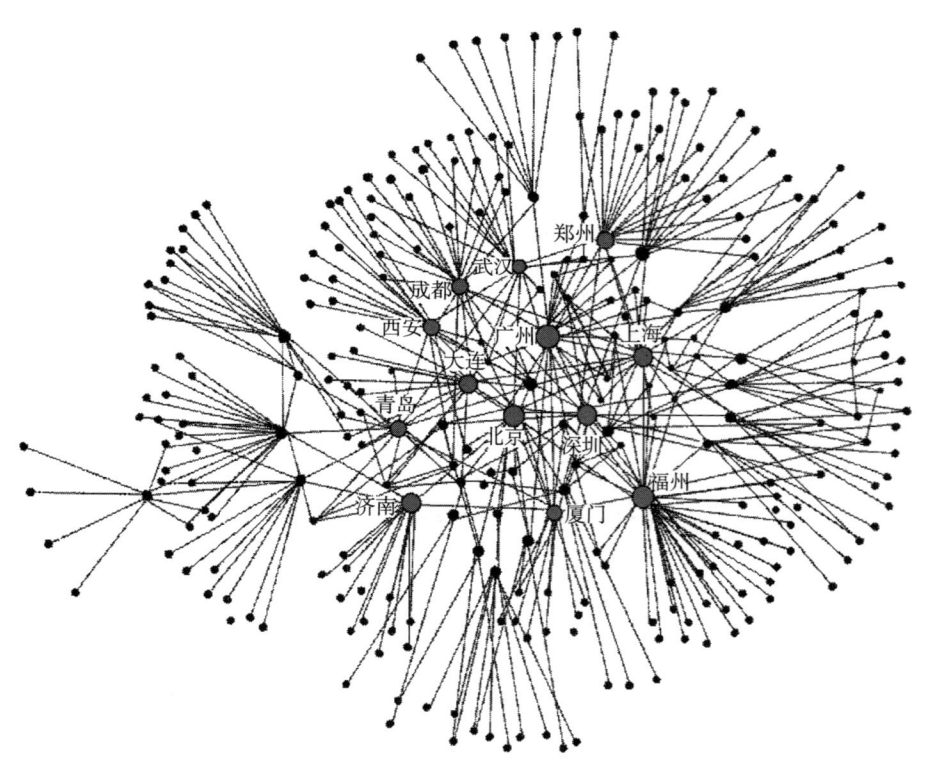

图4-9　某企业快递网络拓扑结构

另一方面，从表4-3可以看出，两种结构具有相同的特征，即不同区域公路网和铁路网基础设施资源分布极度不平衡，表现为东部＞中部＞全国＞西部。其中东部的公路网密度是西部的5倍多，是中部的1.9倍，是全国平均公路网密度的2.9倍；东部的铁路网密度是西部的4.3倍，中部的1.5倍，近乎达到全国平均铁路网密度的2.5倍。

表4-3 全国路网密度统计

区域	公路里程（公里）	铁路里程（公里）	公路网密度（公里/百平方公里）	铁路网密度（公里/万平方公里）
全国	4773469.00	126970.00	49.72	132.20
东部	1555323.00	39524.00	146.50	327.28
中部	1273951.00	35546.00	76.29	212.86
西部	1944222.00	51900.00	28.26	75.45

综上所述，全国各区域交通网络发展水平和基础服务能力差异较大，其中东部地区远领先于中部地区和西部地区，在运输服务能力和网络覆盖范围方面都具有明显优势。而西部地区公路网密度只达到全国平均水平的57%、东部地区的19%；铁路网密度也只有全国平均水平的57%、东部地区的23%。因此，相比全国平均水平和东部地区发展水平，西部地区仍落后较多，需要根据实际情况，进一步发展基础设施建设。

（四）主干网络具有规模经济效应

网络流量的集中能够反映规模经济效应。规模经济是指采用某种给定的技术，对于任意产品，不考虑产品规格，若平均成本在产量范围内降低，就可认为存在规模经济，相反则不经济。各节点之间的运输承载量存在一定的差异性。

对轴辐式网络结构而言，快件一般汇集于相应的枢纽，再通过枢纽向目的地运输，充分发挥该路段的运能，网络中的干线因而获得运输的规模经济效应。同时，减少了其他路段设施设备的投资、运营和维护费用。同时，将不同方向的快件汇集到一起后可采用更大的交通工具进行运输，使满载率大大提高，进而降低单位运输成本。

相对于轴辐式网络结构，全连通网络结构的规模经济效应需要提升。实际情况中，单条线路的需求量较少，通常达不到满载率，因而增加了运输成本，浪费了运输资源。同时，全连通网络结构下分支的拓展中，无法轻易开辟距离更短、成本更低的新运输线路，快递业务量也就无法提升。

例如，在图4-4中，该全连通网络有5个节点、10条运输路线，且总运输路线较长，需要配备至少1个交通工具。而对于图4-5（a）的单枢纽轴辐式快递网络来说，运输路线只有 5 条，总运输路线相对较短，同时运输工具至少需配备 5 个。

二 节点特征

快递网络结构中节点的选址、数量、服务水平等基本情况，对能否高效承担并完成地区快递业务，以及满足客户及时送达的需求至关重要。目前，在快递网络基础设施还不够完善的情况下，节点的承担能力、依赖性及控制能力是评价快递网络结构的直接指标。

（一）节点的承担能力不同

在全连通快递网络结构中，由于节点没有明确的主次之分，节点大多为枢纽节点，数目相对较少，所以各个节点的承担能力相差不大，负担较小。在轴辐式快递网络结构中，很明显地区分了普通节点与枢纽节点，有助于按不同层级将有限的资源合理分配到各节点上，从而充分利用资源。其中，个别节点的承载力大，负担重，如果出现故障，则整个网络会受到影响。

例如，轴辐式网络结构中的枢纽节点包括区域中转中心和城市中转场。区域中转中心是区域内的一个集网点管理、货物储存、货物报关、货物分拣、货物打包、货品配送等功能于一身的综合信息处理中心（如华南，一般以广州为枢纽中心，区域内辐射海南、广西、广东等）；城市中转场是区域内交通发达、快递企业相对集中、快递线路丰富、货物中转方便的节点（如东莞虎门）。枢纽节点承担了整个区域的快件量，若出现货物囤积、枢纽点超负荷运转等情况，将会降低快递网络的整体运作能力。

轴辐式网络结构中的普通节点为服务网点，其承担能力表现为以下两个方面。

1. 单位网点服务人口密度越来越小

图 4-10 显示，2012~2017 年，全国快递服务网点人口密度越来越小。2012 年全国平均每十万人共用 6.9 个快递服务网点，到 2017 年平均每十万人快递服务网点个数上升到 16 个，这个现象表明单位快递服务网点服务人口数量下降，从而使人均服务能力得到提升。这一下降趋势未达到稳定状态，说明快递网点的服务水平还不够完善，服务能力还有待

进一步提升。

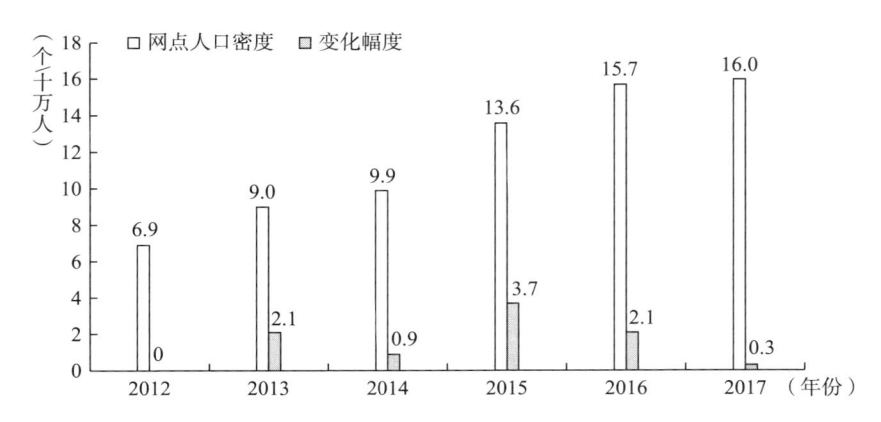

图 4-10 2012~2017 年全国快递服务网点人口密度及单个
网点服务面积变动情况

2. 单位网点服务面积减小

图 4-11 显示了 2012~2017 年全国快递服务网点面积密度变动情况，可以看出单位快递网点服务面积逐年减小的同时，单位面积内的服务网点数量也在增加。2012 年，全国平均每 1000 平方公里拥有 9.9 个快递服务网点，单个网点服务面积达到 100 平方公里，服务覆盖面积大，造成服务能力无法满足地区客户的需求，影响客户满意度和企业的服务质量。截止到 2017 年，全国平均每 1000 公里拥有 24 个快递服务网点，平均每个网点服务面积缩小到 42 平方公里，网点密度增大，服务能力进一步提升。

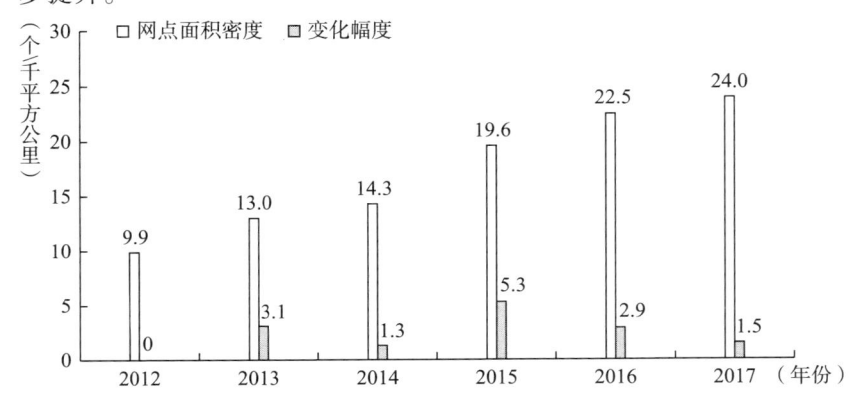

图 4-11 2012~2017 年全国快递服务网点面积密度变动情况

(二) 节点的资源分布不均

全连通快递网络结构与轴辐式快递网络结构都具有节点资源分布不均的特征。东部的节点资源占优，中西部相比各有优劣。表 4-4 显示了 2018 年全国 31 个省份快递网点服务的基本情况，从服务人口密度来看，东部地区明显占优。排名前 10 的地区有 4 个属于东部，分别是浙江、福建、北京、广东，平均每十万人拥有快递服务网点数量超过 20 个，高于平均水平。其中浙江省达到 46 个，位居第一，但河北每十万人拥有快递服务网点数只有 13 个，全国排名末位。西部省份比较稳定，基本在平均值上下波动。中部地区这一数据则比较跳跃。综合来看，以单位网点服务人口密度衡量地区网点服务水平，则东部地区水平高于西部地区，西部地区稍微优于中部地区。

表 4-4 2018 年全国各区域快递网点服务水平

省份	快递网点人口密度 （个/十万人）	快递服务网点面积 （个/千平方公里）
北京	25	331
天津	16	204
河北	13	52
山西	18	43
内蒙古	20	4
辽宁	16	48
吉林	17	25
黑龙江	16	13
上海	20	744
江苏	19	142
浙江	46	245
安徽	17	75
福建	26	83
江西	16	44
山东	15	93
河南	15	85

续表

省份	快递网点人口密度（个/十万人）	快递服务网点面积（个/千平方公里）
湖北	24	76
湖南	15	49
广东	22	140
广西	16	34
海南	19	50
重庆	22	240
四川	24	42
贵州	23	47
云南	19	23
西藏	35	1
陕西	22	41
甘肃	18	11
青海	18	2
宁夏	22	23
新疆	15	2
平均值	20	97

从快递服务网点面积来看，密度越大，业务覆盖程度越高。从这一角度来看，东部地区具有明显优势。排名前10位的地区有8个隶属于东部，分别是上海、北京、浙江、天津、江苏、广东、山东和福建。其中上海市单位面积内建有快递服务网点数量高达744个，远高于排名第二的北京市的331个。中部地区这一数据相对稳定，西部地区则明显低于平均水平。因此从快递服务网点面积的角度来看，东部地区快递服务水平高于中部地区，中部则优于西部地区。

(三) 节点的控制能力存在差异性

在全连通快递网络结构中，节点的控制能力较弱，节点之间的依赖性较低，每个运营节点直接与自己的下属节点存在运输关系，运输线路繁多，管理困难。节点的承载能力相对平均，如果网络中某一节点或边发生故障，很容易将其隔离开来。

在轴辐式快递网络结构中，节点的控制能力较强，节点之间的依赖性较高，各节点只需与某一枢纽中心站建立联系即可，枢纽中心站具有部署、分拣、调配等功能，可以有效控制和管理快件的运输流向。

运用 Gephi 统计模块对数据集进行分析，结果如图 4-12 所示，可以有效地识别节点的控制能力。具有较强控制能力的节点为重要节点，它比网络中的其他节点更能影响网络的结构和功能。重要节点的数量非常少，但是它可以迅速扩散影响网络中的大多数节点。例如，某快递网络的重要节点遭受蓄意破坏时，整个快递网络会受到影响，不能正常运作；微博是一个庞大的网络体系，拥有众多粉丝量的微博用户即重要节点，其发表的微博能快速传遍整个网络，产生巨大的影响。这表明，重要节点在网络结构和功能上影响之深。

ID	Pagerank
成都中转	0.010081
北京	0.00973
东莞中心	0.008341
广州中心	0.008092
深圳中心	0.008007
蚌埠中转部	0.007919
西安中转	0.007372
武汉中转部	0.006907
上海	0.006875

（a）PageRank 下的节点重要性

ID	Betweenness Centrality
广州中心	10848.845238
深圳中心	5959.728571
东莞中心	5249.975
无锡中转部	4395.269048
杭州中转部	4218.007143
泉州中转部	4127.007143
福州中转	3845.75
武汉中转部	3837.275
郑州中转	3419.42381

（b）介数中心度的节点重要性

ID	Closeness Centrality
成都中转	1.0
蚌埠中转部	1.0
芜湖中转部	1.0
上海浦东中心	0.833333
南昌中转部	0.8
衡阳中转	0.8
天津中转部	0.777778
沈阳中转	0.75
厦门中转部	0.666667

（c）亲密中心度的节点重要性

ID	Harmonic Closeness Centrality
成都中转	1.0
蚌埠中转部	1.0
芜湖中转部	0.916667
上海浦东中心	0.833333
南昌中转部	0.9
衡阳中转	0.880952
天津中转部	0.75
沈阳中转	0.722222
厦门中转部	0.625

（d）离心中心性的节点重要性

图 4-12 快递数据集的节点重要性

PageRank、介数中心度（Betweenness Centrality）、亲密中心度（Closeness Centrality）、离心中心性（Harmonic Closeness Centrality）被广泛地应用于节点重要性的度量中，是研究复杂网络中诸多节点重要性的指标。

PageRank 一列的值反映各个节点的重要性，如图 4-12（a）所示。节点的 PageRank 值越大，代表该节点的重要性越高。图中采用降序排列，可以看出"成都中转"在此数据集中重要性最高，是整个数据集快件运输的重要组成部分。

介数中心度是指网络中所有节点对的最短路径数（一般情况下一对节点之间存在多条最短路径），某点的介数中心度越大，经过该节点的最短路径数越多，代表着该点对其他点的控制能力越强，这个节点就越重要。如图4-12（b）为介数中心度的降序排名，可以看出指数最高的为广州中心。

亲密中心度是指网络中任意一节点，到其他各节点的平均最短距离，即某个点与整个网络上其他点的接近程度，即联系的快与慢。节点之间的最短距离是指任意两点之间通过的最少节点数。如图4-12（c）为亲密中心度的降序排名，指标值越大，表明该节点的影响及服务范围越广。

离心中心性是指任意一节点作为起始节点到距离其最远节点的距离。网络的中心节点通常是网络半径等于离心中心值的节点。若节点的离心中心值越接近网络半径，就越靠近网络的中心。如图4-12（d）为离心中心性的降序排名，该快递网络所有节点的离心中心性大于0的比例为63.198%，说明只有少部分节点处于该网络的边缘。

第三节　快递交通流特征

快递交通流反映了快件运输的实时状况，是指在选定时间段内，通过对快递物流信息的收集和整理计算，得到的通过道路某一地点、某一断面或某一车道的快递交通实体数。一条快递信息为一个单位的交通流，也称为快件流量。快递企业在一段时间内的快件流量为快递业务量。

快递交通流包含车辆运行特征、时序动态特征以及空间动态特征。快递交通流是一个随机数，不同时间、不同地点的快递交通流都有变化。通过快递车辆的运行情况可以反映快递运输过程的动态特征。快递交通流随时间和空间而变化的现象，为快递交通流的时空分布特征，展现了快件流量的运行规律和特征。对交通流进行分析不仅可以优化快递企业的运营、网络以及运输路线，而且可以在满足顾客需求的基础上提高企业自身优势。

一　车辆运行特征

（一）车辆运行模式差异化

目前快递企业的车辆运行模式主要有两种：直营制和加盟制。顺丰为直营制模式，"四通一达"（申通、圆通、中通、百世汇通、韵达）为直营制模式＋加盟制模式。车辆运行模式不同，快件在中转中心和服务网点之间的揽派模式也不同。

直营制快递企业的车辆运行模式见图4-13。快件运输车辆由总部进行统一管理调配。所有快件都要经过转运中心的分拣、分拨，再转向下一个目的地。转运中心的建设、改造和扩建已成为国内快递公司进一步扩大规模、提高网络运营能力的重要举措。转运中心直营化程度显示了总部对路由网络的管控力和对寄递效率、服务质量的控制力，各企业均在积极推进转运中心的直营化。目前，圆通有转运中心82个（直营60个），申通有转运中心82个（直营48个），中通有转运中心74个（直营68个），韵达转运中心（54个）均为直营制。

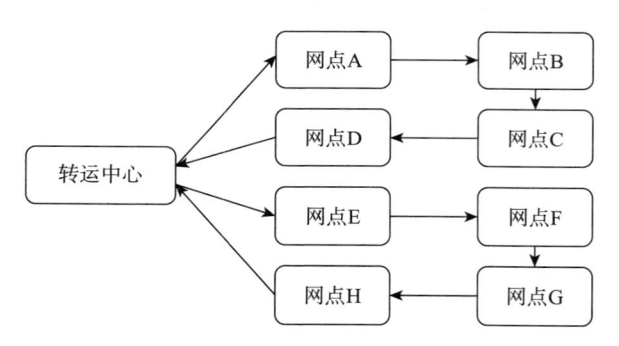

图4-13　直营制快递企业车辆运行示意图

加盟制快递企业的车辆运行模式见图4-14。其基本特征是将快件从网点配送到转运中心。快件运输车辆部分由总部管理，部分由网点管理。网点车辆每天按照固定时间段前往转运中心取送件。

此外，为保证快件的及时性，直营制快递企业在实际过程中也存在网点车辆直接到转运中心取送件的形式，如顺丰速运。直营制的最后一公里派送与加盟制相同，都采用快递车进行揽派；快件数量多或体积较大时采用厢式客车揽派。

第四章　快递网络结构及特征

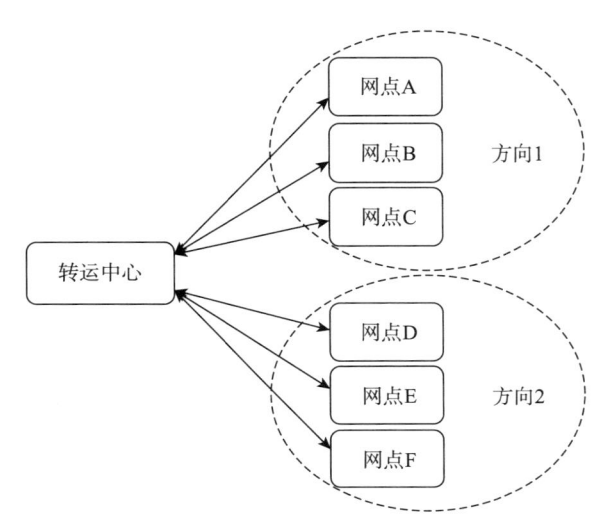

图 4-14　加盟制快递企业车辆运行示意

(二) 车辆运行时间多样化

1. 车辆进出高架道路

如图 4-15 所示，快递车辆一天内在高架道路上的出行有四个明显的高峰。6：00~7：30 是网点车辆集中到分拨中心取件的时间段、9：00~11：30 为城市第一波送件高峰、13：00~14：00 为城市第二波送件高峰、18：00~22：00 为各网点车辆到分拨中心送件并返回的时间段。

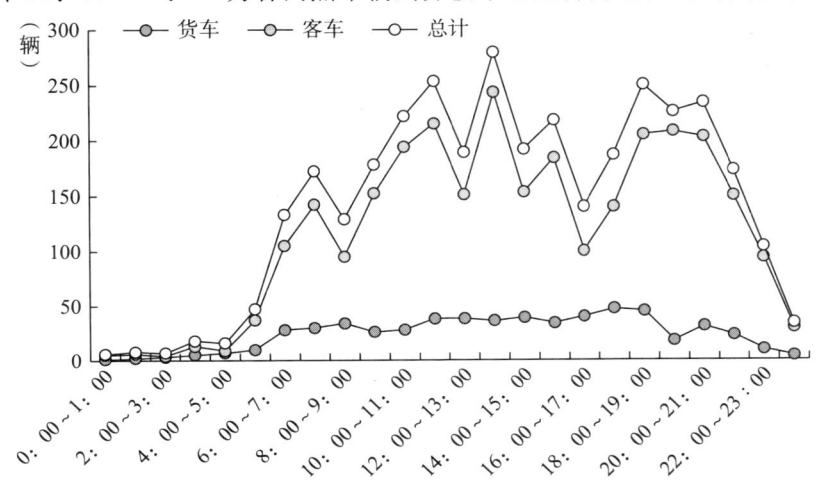

图 4-15　快递车辆高架道路出行分时段车次

以西安市为例，交通流量分布方面如表4-5所示，西安路网以"两轴"（东西五路、南北大街）、"三环"（一、二、三环路）、"八射线"（太乙路、太白路、咸宁路、华清路、太华路、朱宏路、大庆路、昆明路）为核心。目前西安环线中，南部环线（包括南二环10.79公里和南三环20.1公里）距离小于北部环线（北二环10.47公里和北三环21.7公里），而南部地区（包括高新区、城南居住区和长安区等）是西安经济最发达、人口密度最大、产业集群度最高的区域，并且已成为西安最为拥堵路段。绕城高速北段快递车辆的车流量最大，主要是因为民营快递企业的配送中心大多集中在这里，且城市周边的高速公路是通往城市的主要配送渠道。此外，南二环和东三环流量也较大，南二环快递散点众多，东三环为快递车辆往返于分拨中心与城市南北部的主要通道。

表4-5 西安环线交通概况

环线	长度（公里）	开通年份
二环	34.04	2003
三环	89.7	2008
绕城高速	88	2003
外环高速	270	2019

2. 车辆进出中心城

从网点分布来看，西安市80%以上的网点在中心城内（即二环内），分拨中心一般位于外环线外。快递企业网点车辆每天在固定时间段内前往分拨中心取送件，即产生进出中心城交通流量。加盟制快递企业分拨中心每天的取送件分为三个时间段：9：00~10：00为第一次取送件，10：00~15：00为第二次取送件，18：00~00：00为第三次取送件。从时段上基本错开市内早晚交通高峰。直营制快递企业车辆由总部统一管理，为保证配送的时效性，总部对车辆进行实时调配，进出中心城无固定时段。由此可以看出，加盟制车辆日进出城次数低于直营制车辆进出城次数，加盟制车辆进出城时间上没有直营制车辆灵活。

二 时序动态特征

时序动态特征分为长期和短期两个基准。长期的快递交通流是以年、

第四章 快递网络结构及特征

月为单位。主要有以下两个方面。

(一) 快递交通流逐年增大，呈指数上升趋势

首先分析快递流量在时间序列情况下的分布规律，分别以年和月级别的时间粒度进行分析。如图 4-16 所示，图中左轴为年快递业务量，右轴代表业务量同比增长率。2010~2018 年，快递业务总量连续 9 年增长，快递网络交通流逐年增加，这也与快递业宏观发展环境越发成熟相吻合。以 2010 年为分界点，2010 年以前的快递业务量均不足 25 亿件，快递业务量和增速相对较小。2011 年开始快递业务量增幅较大。其中，2012 年快递业务量首次突破 50 亿件，2015 年超过 200 亿件，2018 年更是超过了 500 亿件达到 507.1 亿件，增长率为 26.6%。从目前的发展环境来看，未来几年快递业务量还将持续上升，快递网络交通流继续增大，并且增幅保持在较稳定水平，直到触及电商的"天花板"。

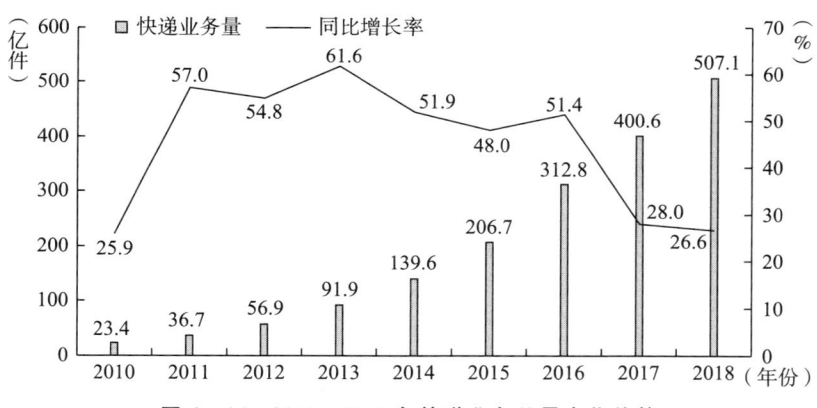

图 4-16 2010~2018 年快递业务总量变化趋势

年人均快递业务量的变化也从微观层面反映了快递交通流的时间动态特性。如图 4-17 所示，图中右轴为人均快递使用量。可以看出 2012~2018 年连续 7 年人均快递使用量逐渐增加，且涨幅逐年上升。人均快递支出呈现上升趋势。微观层面与宏观层面的结论一致，都反映了快递交通流的增大趋势。

(二) 年度分布呈三段式结构

交通流量在月时间粒度上的分布如图 4-18 所示。对比分析 2015~2018 年月度快递业务量的变化情况，可以明显地看出快递交通流在一年

图 4-17 2012~2017 年人均快递业务量变化趋势

的时间尺度上有相似的变化规律——呈三段式分布，中间上升两端下降。2 月是快递业务量最小的时间段。3~11 月的快递业务量整体呈上升趋势，其中 3~8 月稳中缓慢上升，9~11 月明显上升，在 11 月达到峰值，12 月快递业务量则有所下降。

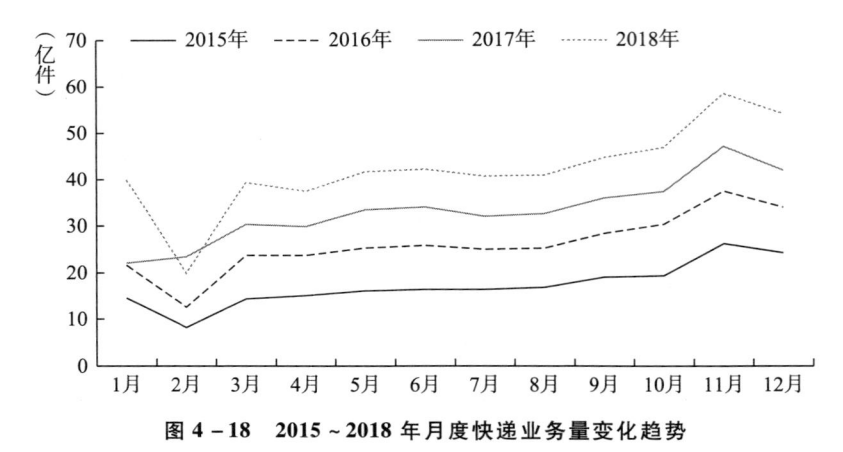

图 4-18 2015~2018 年月度快递业务量变化趋势

每年 2 月快件流量最小与春节假期有关，春节假期是一年中最长的假期。在此期间，一方面许多快递企业停止运送快件，另一方面由于人口流动，一部分人不方便收件。而每年 11 月快件流量达到峰值，有两方面原因：一是主观原因，每年"双 11"快递量暴增，人们的网上购物活动异常活跃；二是客观原因，11 月的快递业务对电子商务的依赖程度较高。

短期快递交通流是指在一天中分为三阶段，即自由流时间段、过渡时间段以及拥堵时间段，分别对应一天中的松散时间段、一般时间段和高峰时间段。不同时段的车辆行驶状况具有差异化，具体如下。

（1）自由流时间段

此阶段的快递车辆较少，快递交通流的密度从零开始缓慢增加，但始终相对较小，车辆可以快速行驶而不用担心其他车辆的影响，从而缩短运输时间，按时送达货物。

（2）过渡时间段

此阶段的快递车辆明显多于自由流时间段，快递交通流密度在不断增加，但快递车辆速度受到了限制，需要注意道路上的其他行驶车辆。同时，交通流密度会持续增加，直到达到一定的数值，快递车辆速度才会有所下降，道路上的交通流会趋于缓慢。因此，此阶段在设计快递运输路线时，需要宏观考虑道路上的整体交通流状况，应选择交通流密度较低的路线。

（3）拥堵时间段

此阶段的交通流密度最大，车辆的行驶速度逐渐变慢，交通流量会继续下降。随着交通流密度的不断增加，达到一定拥堵程度时，车辆几乎处于静止状态，交通流量接近于零，车辆在道路上延误的时间不断增加，不利于及时完成配送任务。因此，在制定初始路线时，有必要注意这种情况，避免车辆在不恰当的时间行驶到拥堵路段。

三　空间动态特征

对于快递交通流的空间动态特征，以下从三个层面进行说明，包括快递业务量的城乡分布、路段上的分布和区域分布。区域快递业务量的分布又将逐级进行分析，充分挖掘快递交通流的空间分布特征。

（一）城乡分布

由于城乡经济发展、生产活动和生活水平的不平衡，城乡之间的快递交通流存在显著差异。由于农村快递业务量有限，农村公路的快递交通流远远小于城市道路的快递交通流，但农村快递市场仍然是大有可为。目前，只有邮政 EMS 可以发货到村，其他快递公司则是在镇上建设快递网点，收件人需要自己到镇上取快递。顺丰和京东会提前与收件人沟通，如果收件人不愿意自行提货，如一些大型家电等，才会进行上门派送。然而，对于一些特别偏远的村庄，一两个小件不会每天进行派送，而是同一地区快件量达到一定数值时才会进行派件。

（二）路段上的分布

由于路网中各路段的等级、功能和位置不同，各路段在同一时间的快递交通流有很大的不同，城市出入口快递流量也存在显著差异。早高峰时段出城方向的快递流量为60%~70%，晚高峰时段则是入城占比比较高。

例如，西安市的城市道路建设，采用"两轴、三环、八线"的模式。如表4-6所示，明城墙内的道路长度远远不及市区内，密度却是最大的。由此可见，西安市各路段存在差异性，规划快递运输路线时需做相应的调整。

表4-6　西安市区、二环线内及明城墙内道路现状

位置	主干道 长度（公里）	主干道 密度（公里/平方公里）	次干道 长度（公里）	次干道 密度（公里/平方公里）	道路网 长度（公里）	道路网 密度（公里/平方公里）
明城墙内	17.14	1.31	8.10	0.62	104.12	7.95
二环线内	68.19	0.90	43.52	0.57	370.93	4.87
市区内	99.60	0.53	119.18	0.64	1009.6	5.40

（三）区域分布

1. 异地快递业务量占比持续提升，且增速最快

首先分析快递业务量的结构组成。如图4-19所示，2018年，全国快递业务量中异地快递业务量占比最高，为75.3%，同城业务量次之为22.5%，最后是国际/港澳台快递业务量，只占2.2%；业务收入占全部快递收入的比例分别为67.5%、19.7%和12.7%。

2018年同城快递业务量为114.1亿件，增长率为23.1%；快递业务收入达到905.76亿元，增幅为23.46%。与2017年业务量增速的25%和业务收入增速的30%比较，增速明显放缓。

异地快递业务仍然占据主导地位。2018年异地快递业务量为381.9亿件，同比增长27.5%；快递业务收入3103.7亿元，增幅为23.5%。相较于2017年业务量占比的74.8%，2018年占比75.3%，呈现一定增长。

随着社会经济的不断发展，国际及港澳台地区的快递业务也在不断

增长。2018年国际及港澳台的快递业务量完成了11.1亿件，增长34%；快递业务收入585.7亿元，增长10.4%。

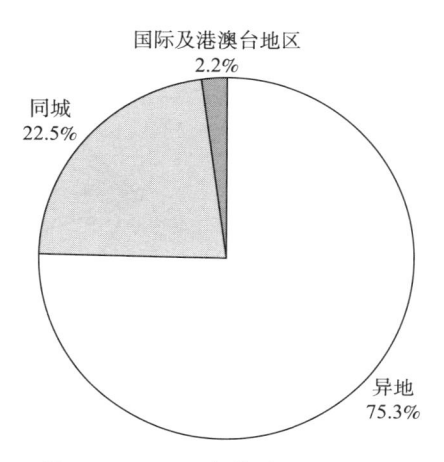

图4-19　2018年快递业务量结构

2. 快递业务占比东西部差异较大

如图4-20、图4-21所示，采用Fast Unfolding布局下的快递数据，国内快递业务量前四位的区域中转中心，分别是广州中转中心、成都中

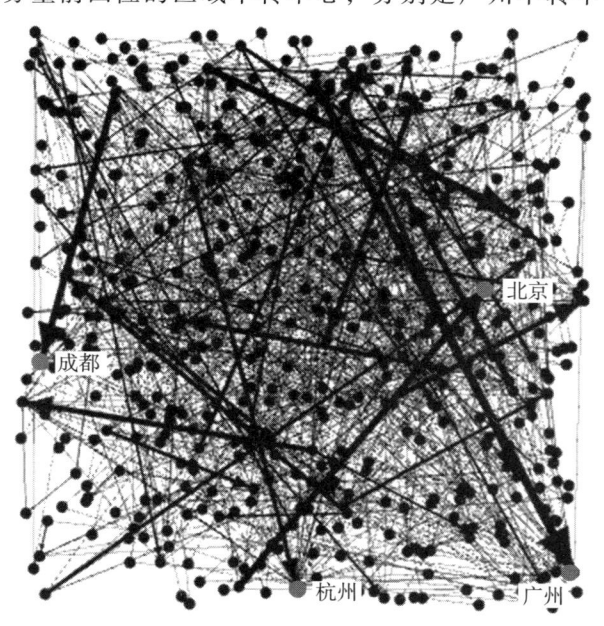

图4-20　Fast Unfolding布局下的快递网络拓扑

(a) 广州中转中心

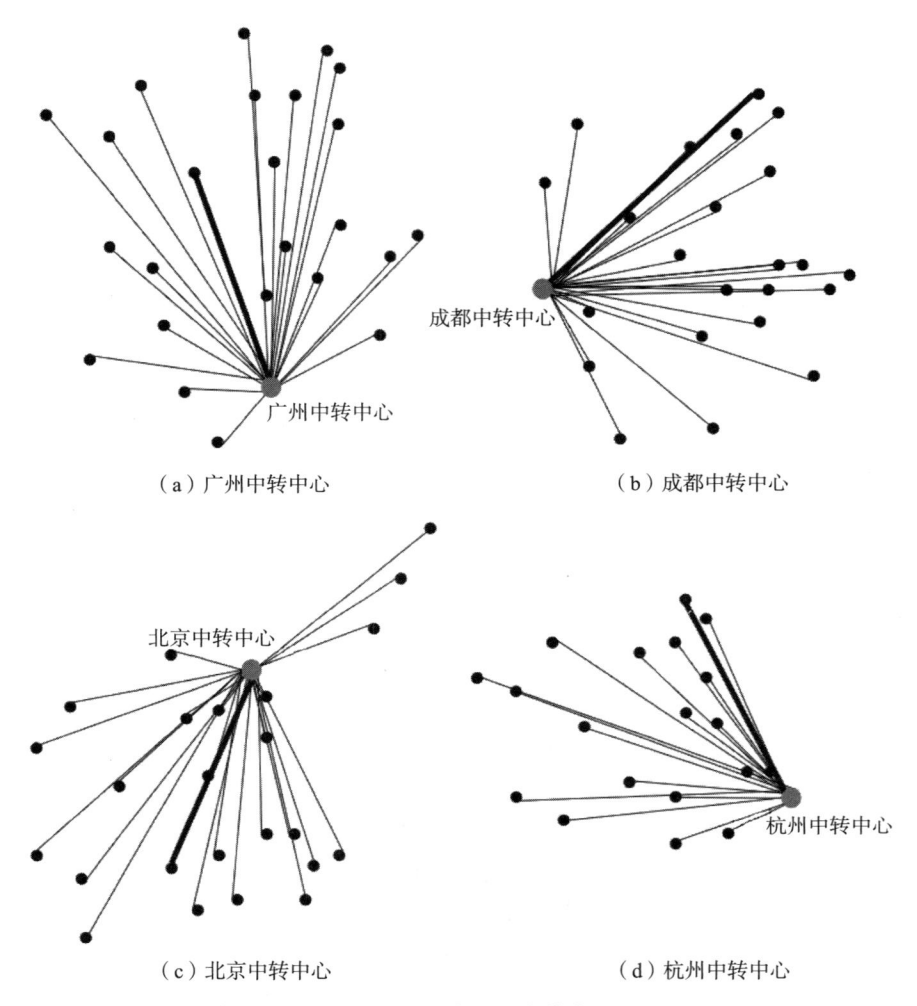

(b) 成都中转中心

(c) 北京中转中心

(d) 杭州中转中心

图 4-21 四大区域中转中心

转中心、北京中转中心及杭州中转中心。其中，东部地区占主要部分，西部地区占比较少。此外，该快递网络涵盖了国内大部分地区，运输路线非常复杂。不同地区的网点密度存在较大差异，东部地区比较密集，而西部地区相对稀疏，东部地区节点数目远远多于西部地区。由此可以对比地区间的社会发展水平与经济活力。

3. 西部地区快递业务量及业务收入同比增长率上升最快

2018 年，东、中、西部地区快递业务量和业务收入均有所增长。全年东部地区快递业务量完成 405.2 亿件，年增长 24.7%；快递业务收入

4830.7亿元,增幅为20.5%。中部地区快递业务量完成62.4亿件,年增长34.1%;快递业务收入676.3亿元,增幅为26.3%。西部地区快递业务量39.6亿件,年增长35.6%;快递业务收入531.4亿元,增幅为29.2%。同东部和中部地区比,西部地区快递业务量和业务收入增长率上升最快。说明随着经济的发展,西部地区居民逐渐通过电子商务等方式参与到快递业中,开发西部市场将是未来电商和快递业的重要任务。

4. 北上广浙苏五省市业务量占比近七成

如表4-7、表4-8所示,2018年全国快递业务总量507.1亿件,增幅为26.6%。快递业务量前五名的省市分别为广东、浙江、江苏、上海、北京,其快递业务量合计占总体的65.4%。

表4-7 2007年和2018年我国部分地区快递业务总量和人均排名

2007年总量		2018年总量		2007年人均		2018年人均	
地区	位次	地区	位次	地区	位次	地区	位次
上海	1	广东	1	上海	1	金华	1
广东	2	浙江	2	广东	2	广州	2
北京	3	江苏	3	北京	3	杭州	3
江苏	4	上海	4	江苏	4	深圳	4
浙江	5	北京	5	浙江	5	东莞	5
山东	6	福建	6	山东	6	上海	6
福建	7	河北	7	福建	7	北京	7
四川	8	河南	8	四川	8	苏州	8
河北	9	四川	9	河北	9	揭阳	9
河南	10	湖北	10	河南	10	嘉兴	10
辽宁	11	安徽	11	辽宁	11	台州	11
湖北	12	湖南	12	湖北	12	泉州	12
天津	13	辽宁	13	天津	13	宁波	13
湖南	14	江西	14	湖南	14	温州	14
黑龙江	15	天津	15	黑龙江	15	南京	15
陕西	16	陕西	16	陕西	16	无锡	16
安徽	17	广西	17	安徽	17	武汉	17
江西	18	云南	18	江西	18	成都	18
云南	19	山西	19	云南	19	郑州	19
重庆	20	黑龙江	20	重庆	20	天津	20

表 4-8 2018年分省快递企业业务量和业务收入情况

省份	快递业务量（万件）	同比增长（%）	快递收入（万元）	同比增长（%）
全国	5071042.8	26.6	60384253.8	21.8
北京	220875.6	-2.9	3310328.2	9
天津	57576.7	14.7	874555.6	14.6
河北	174136.2	45.9	1807779.7	42.9
山西	30332.9	24.5	385467.2	28.5
内蒙古	15182.3	37.6	299100.7	24.8
辽宁	65363.7	27.1	879726.8	29.3
吉林	22637.5	28.8	377131.5	23.9
黑龙江	30177.2	30.2	464325.9	29.5
上海	348648.8	11.9	10202806	17.4
江苏	438935.4	22.1	4808932.1	17.8
浙江	1011050.7	27.5	7793024.1	16.6
安徽	112322.4	30.1	1110120	23.9
福建	211613.4	27.4	2066842.1	27.6
江西	61929.5	41.5	670877.1	36.4
山东	218701.1	44.4	2283960.8	33.9
河南	152631.6	42.1	1529449.7	31.9
湖北	135307.7	33.6	1437737.2	20.8
湖南	78932.6	33.4	804691.3	25.4
广东	1296195.7	27.9	14117279.4	23.1
广西	48101.1	51.5	615000.7	37.1
海南	7107.1	20.1	163135.3	28.5
重庆	45795.4	39.3	580358.4	29.7
四川	145991.7	31.8	1671575.4	31.1
贵州	21193.7	34.3	404531.8	29.9
云南	33999.1	49.3	471438.1	30.9
西藏	725.8	27.9	24297.1	18.6
陕西	56876.5	24.3	673078.9	19.4
甘肃	8911.6	23.7	188515.3	27.3
青海	1897.2	30.9	47871.9	23.3
宁夏	6771.3	82	81303	19.9
新疆	11121.4	23	239012.4	26.1

西部地区业务量规模最小,但部分省份的快递业务量增幅较大。2018年快递业务量排后8名的省份中西部省份占7个。宁夏快递业务量同比增长率排名第一,涨幅超过80%;云南和广西涨幅超过40%;贵州、内蒙古、青海以及四川涨幅均超过30%;西藏、甘肃、新疆和陕西涨幅超过20%,尤其是西藏,从2017年-22.7%的增长率变成了27.9%。虽然西部地区产业发展规模和经济发展水平相对滞后,但快递业务量的涨幅较大。

中部省份快递业务量同比增长率均超过20%,整体发展势头良好,但业务量仍然较低。

从快递业务收入来看,东部地区是快递业的支柱。2018年快递业务收入排前8名的省份均处东部地区,业务收入合计占全部快递业务收入的比重超过77%。

5. 一线城市及隶属广东、浙江、江苏地区的城市快递业务量排名高

如表4-9所示,2018年快递业务量前5名的城市多为一线城市,如广州、上海、深圳、杭州等;此外包括新一线城市在内的15个一线城市均排在前35名。除一线城市之外,排前50位的城市大多数集中在广东、江苏、浙江三个地区。例如东莞市、广州市、揭阳市、惠州市、佛山市、汕头市、中山市隶属于广东省;南通市、徐州市、常州市、宿迁市、扬州市隶属于江苏省;金华市、温州市、台州市、嘉兴市、绍兴市、湖州市隶属于浙江省。这也与分省快递业务量排名的情况相吻合。

表4-9 2018年快递业务量前50位城市情况

排名	城市	快递业务量(万件)	排名	城市	快递业务量(万件)
1	广州市	506447.8	9	成都市	104785.4
2	金华市	366123.2	10	泉州市	97247.4
3	上海市	348648.8	11	揭阳市	95962.0
4	深圳市	320825.6	12	武汉市	92636.3
5	杭州市	258910.0	13	温州市	91485.0
6	北京市	220875.6	14	宁波市	78474.8
7	东莞市	133853.6	15	南京市	76634.5
8	苏州市	124563.0	16	台州市	70312.4

续表

排名	城市	快递业务量（万件）	排名	城市	快递业务量（万件）
17	郑州市	68246.3	34	保定市	35530.9
18	天津市	57576.7	35	临沂市	33324.6
19	汕头市	57480.8	36	沈阳市	31208.1
20	嘉兴市	53787.6	37	厦门市	30310.2
21	石家庄市	52268.3	38	湖州市	30069.4
22	无锡市	51181.9	39	南昌市	27718.2
23	佛山市	47657.0	40	惠州市	27408.7
24	合肥市	47287.7	41	徐州市	26250.9
25	重庆市	45795.4	42	南宁市	25097.6
26	长沙市	44408.0	43	廊坊市	24482.2
27	济南市	43195.5	44	常州市	22811.4
28	绍兴市	41993.7	45	昆明市	22367.4
29	福州市	40904.9	46	哈尔滨市	21684.8
30	西安市	39944.9	47	宿迁市	20800.4
31	南通市	39362.0	48	潍坊市	18902.2
32	青岛市	38323.4	49	扬州市	15459.5
33	中山市	36025.8	50	大连市	15349.3

6. 少数地区承载了多数的快件流量

快递业务量集中在少数城市。由图 4-22 看出，快递业务量排名前 11 的城市依次是广州、金华、上海、深圳、杭州、北京、东莞、苏州、

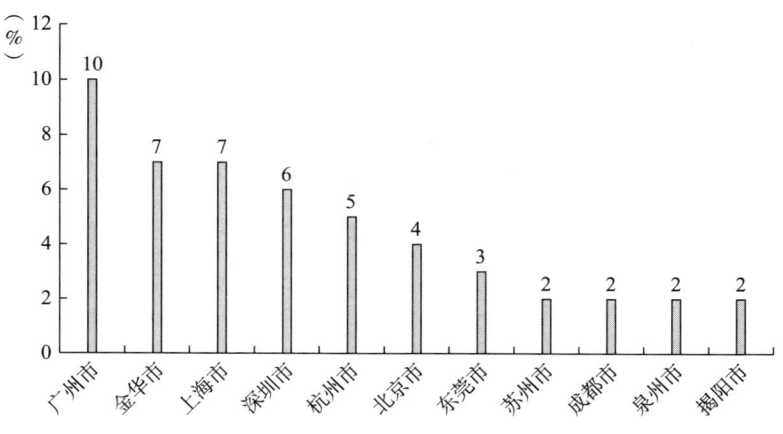

图 4-22 快递业务量占比累计频度

成都、泉州和揭阳，其快递业务量合计超过了总体的50%。在空间分布上，快递交通流多表现为集中分布，即少数地区承担了大部分的快递业务，其中东部地区占主导。

综上所述，快递交通流在时空动态特征上具有一定的规律特征：首先，快递交通流在时间动态趋势上呈指数增长；其次，快递交通流在空间动态趋势上为集中分布，即少数区域占主导。

第四节　本章小结

本章梳理了快递网络结构及特征。首先，借鉴以往学者的研究成果，基于快递网络组成部分，构建快递网络拓扑，梳理快递网络结构，通过分析表明快递网络包括全连通网络和轴辐式网络，呈现小世界无标度的特征。其次，分析快递网络的结构特征，进一步研究快递网络的区域结构，论证了快递网络基础设备分布不均衡的特点。最后，对快递交通流的特征进行分析。结果表明，快递交通流在年的时间尺度上呈现三段式分布特征，并且逐年高速增长。此外，各区域快递交通流量差异较大，少数地区承载了大多数的快件流量。结合快递网络的结构特征以及地区经济发展水平，厘清交通流差异的原因。

第五章 基于智能算法的快递网络优化研究

快递网络的优化问题，是指在管理层网络的约束下，整体优化物理层网络各网点间的配送路线。根据快递企业"限时配送"与"低碳经营"的特点，发现节点间的配送路径和碳排放量与快递网络的结构有关，改变快递网络结构将影响配送成本和环境成本。同时，智能算法对大规模网络优化有显著的作用，因此，通过智能算法对快递网络进行优化，可以有效地处理快递运输线路的问题。

第一节 网络优化算法概述

一 基本算法介绍

目前，有很多算法可以应用于网络优化，主要分为两种形式：精确式算法和启发式算法。

（一）精确式算法

精确式算法是指可以求得最优解的算法，常见的有网络流算法和动态规划方法。这种算法的特点在于优化对象规模逐步增加，计算量随之增加。因此，该算法适用于解决规模较小的优化问题。此外，由于精确式算法是由数学方法推导形成，容易出现指数爆炸的问题。因此，在实际应用中更多使用启发式算法，以缩短求解时间。

（二）启发式算法

启发式算法通过对现实世界的观察、实验分析及以往经验进行归纳和推理，并通过分析问题，选择适合的模型和算法来求解。对已确定的可行解，可以利用某种启发式的信息进行修改，经过多次迭代得到最优可行解。实际生活中的网络优化问题大多属于 NP（多项式复杂程度的非确定性）问题，即规模较大，难以在短时间内获得最优解。因此，常采用启发式算法来解决这类问题。启发式算法分类如下。

1. 传统启发式算法

常见的有两阶段法、节约法、扫描法等传统算法。传统算法从单一点开始搜索,需要花费大量时间才能达到全局最优的梯度信息。由于其有限的针对性和约束的复杂性,这些算法对于解决诸如本地化问题的实际应用、经济优化、结构优化问题和工程设计问题不是非常有效。

2. 现代启发式算法

现代启发式算法也称作元启发式算法,常应用于工程领域,其特点为:①具有简单性、灵活性,并且易于实现;②具有随机性,不需要主次分明或梯度信息;③可以有效避免局部最优问题;④无学科限制。

元启发式算法的原理是根据自然界中的生物或物理现象构建算法模型,以解决复杂的现实世界优化问题。主要分为四部分(见图 5-1):演化式算法、物理式算法、种群算法以及人算法。演化式算法是受自然界中进化规律的启发而形成的。从随机生成的群体开始进行搜索,该群体在后续世代中进一步演化。此方法的优势在于,优秀的个体总是结合形成下一代个体,从而使群体在迭代过程中被优化。最受欢迎的基于演化的启发式算法是遗传算法(GA)、模拟达尔文进化论、进化策略(ES)、遗传编程(GP)和差分进化算法(DE)等。

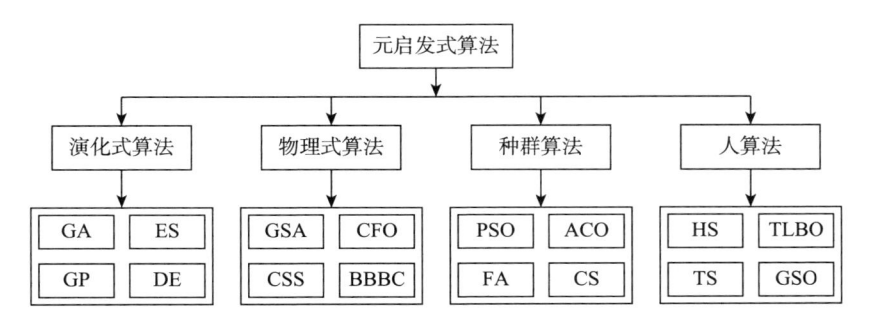

图 5-1 元启发式算法的分类

物理式算法是模拟宇宙界的物理规则。其中最有名的算法是模拟退火算法(SA)、引力搜索算法(GSA)、中心引力优化算法(CFO)、带电系统搜索(CSS)及大爆炸算法(BBBC)等。

种群算法是模仿动物行为的群体技术。最著名的算法有粒子群算法

(PSO)，受鸟类社会行为的启发产生。其主要原理是利用粒子在搜索空间内的运动来寻找最优解。另一种著名的基于群体的算法是蚁群算法（ACO），它是模仿蚂蚁寻找食物及最近路径的行为而产生。此外还有萤火虫算法（FA）及布谷鸟搜索算法（CS）等。

人算法是通过数学推导、算法合成形成的新算法。常见的有和声搜索算法（HS）、教与学算法（TLBO）、禁忌搜索算法（TS）及群搜索算法（GSO）等。

常见的启发式算法优缺点如表5-1所示。

表5-1 常见启发式算法优缺点

算法名称	优点	缺点
遗传算法	覆盖范围广，有利于全局优化；群体中的多个个体可以并行处理，降低陷入局部最优解的风险，可高效随机搜索	参数优化存在一定难度，容易过早收敛，局部搜索能力弱
禁忌搜索算法	在迭代求解过程中可以接受劣解，局域探测能力较强	全局探索能力较差，运算时间长，无法确保求的是最优解
模拟退火算法	求解速度快；初始值具有较强的鲁棒性，简单、通用且易实现	优化过程较长；适用于求解小规模问题
蚁群算法	具有较强的并行搜索能力，个体间有信息交流，能够促进求得最优解	算法复杂，需要较长的搜索时间；优化时易出现停滞现象；容易陷入局部最优
粒子群算法	算法简单，搜索速度快，适用于实值型问题处理	容易陷入局部最优；不适用于离散型问题
蝙蝠算法	参数设置少，操作简单，运行周期短，便于求解大规模车辆路径问题	易陷入局部最优，过早收敛
萤火虫算法	参数少，易实现，效率高，全局搜索能力很强	往往会存在多峰值、多极点的状况，过早收敛，陷入局部最优

二 算法选择

（一）选择蚁群算法的依据

蚁群算法（Ant Colony Optimization，ACO），即蚂蚁算法，被用作寻找最优路径。蚁群算法由 Marco Dorigo 于1992年提出，算法的发明源于蚂蚁个体在寻找食物时主动发现最短路径的过程。蚁群算法属于仿进化算法，在许多方面具有优势。经过与其他算法对比后发现，蚁群算法在参数的优化上比其他算法更精确有效。

蚁群算法具有自组织性、并行搜索能力、正反馈性、鲁棒性的特点。

(1) 自组织性

在系统工程中，组织的两大分类分别是自组织和他组织。二者的差异在于其组织的指令来源是系统内还是系统外。自组织的指令来源于系统内，他组织的指令来源于系统外。如果在系统获得时间和空间的过程中没有受到外界的干预，则系统是自组织的。简单来说，自组织指的是在系统熵减小的全程没有受到外界的干预。蚁群算法的求解过程就是最好的体现。一开始，蚂蚁对于解的寻找是没有顺序的，但是当经过数次迭代循环后，蚂蚁个体之间通过信息素来传递最短路径的信息，从而激发更多的后续蚂蚁朝着最优路径靠拢。这个寻找最优路径的过程是从无序到有序的。

(2) 并行搜索能力

由于个体蚂蚁寻路过程是独立的，相互之间是依靠信息素来传递信息，因此属于多层次的系统。开始寻找最优路径时每个蚂蚁在不同点同时进行独立的路径寻找，所以蚁群算法具有一定的可靠性，以及很强的全局搜索能力。

(3) 正反馈性

在现实的蚂蚁找寻食物的过程中，可以看出蚂蚁之所以可以找到最短的路径，很大程度上依赖于最优路径上的信息素浓度。信息素浓度的增长是一个正反馈过程。在初始阶段，各个路径上的信息素浓度是一样的，在系统中任何一点小波动都会对路径上的信息素浓度产生影响。算法的原理是通过在最优路径上留下浓度最高的信息素，吸引后续的蚂蚁到该路径上。这个正反馈过程可以让最优路径上的信息素浓度不断增长，最终使整个系统朝着最优解的方向进化。正反馈性是蚁群算法的精髓，正因为它的存在才让算法能够持续不断进化。

(4) 鲁棒性

与其他算法相比，蚁群算法不需要初始路线，因为蚂蚁的寻优过程可以不靠初始路线而独立进行，同时在寻优的中途不需要人工进行干预。而且其参数设置简单，便于对其他组合优化问题进行求解。

(二) 选择模拟退火算法的依据

模拟退火算法（Simulated Annealing，SA）为物理式启发式算法，其优势在于将局部搜索拓展到全局搜索。其灵感来源于热力学中的退火过程，通过缓慢降低温度参数，在不断的迭代过程中计算出一个近似最优解。通过给定的概率公式选取邻域中目标值相对较小的状态来求解，可以看作理论上的全局优化。

模拟退火算法擅长于解决许多传统方法无法解决的一些优化问题，如组合优化问题、NP 难问题等。该算法的优势在于可以应用于多维数、复杂程度高的问题。同时，模拟退火算法可用以求解不同的非线性问题，对于不可微或者不连续函数的优化，不仅求解效率高、寻优能力强，而且求得的解的质量很高。

模拟退火算法最主要的特点是能够找到全局最优解且收敛速度较快，通过多次迭代过程求得当前最优解。模拟退火算法的本质在于外层循环可以有效维持对温度的调节，保证温度达到设定值时的解为全局最优解。因为当初始温度足够高而下降速度足够慢时，算法通过进行全局的搜索，采用 Metropolis 抽样准则来不断选择或抛弃一系列新解，得到全局最小解即最优解的可能性大大增加。概括地讲，该算法相对于其他相近算法而言，求解速度快，应用广泛，操作简单，隐含并行性，对目标函数没有任何约束。

第二节　基于蚁群算法的快递网络优化研究

一　蚁群算法

(一) 蚁群算法的模型

（1）状态转移概率模型

$$p_{ij}^{k}(t) = \begin{cases} \dfrac{\tau_{ij}^{\alpha}(t)\eta_{ij}^{\beta}(t)}{\sum_{r \in allowed_k}\tau_{ij}^{\alpha}(t)\eta_{ij}^{\beta}(t)}, & j \in allowed_k \\ 0, & otherwise \end{cases} \quad (5-1)$$

α——启发因子，代表之前路径的重要程度，它的大小反映了蚂蚁在之后的循环中选择其他蚂蚁走过路径的概率。

β——期望因子,代表能见度的重要性,它决定了启发信息在蚂蚁寻找路径过程中受重视的程度。

$allowed_k$——代表蚂蚁 k 下一次循环中可以挑选的城市。

（2）信息素更新模型

$$\tau_{ij}(t+1) = (1-\rho)\cdot\tau_{ij}(t) + \Delta\tau_{ij}$$

$$\Delta\tau_{ij} = \sum_{k=1}^{m}\Delta\tau_{ij}^{k} \qquad (5-2)$$

其中：

$$\Delta\tau_{ij}^{k} = \begin{cases} Q/L_k, & \text{蚂蚁 } k \text{ 在本次循环中经过城市 } i \text{ 和 } j \text{ 之间} \\ 0, & \text{otherwise} \end{cases} \qquad (5-3)$$

ρ——信息素挥发系数，$(1-\rho)$——信息素残留因子；

$\Delta\tau_{ij}^{k}$——循环过程中路径 (i,j) 上的信息素增量，初始值为 4；

$\Delta\tau_{ij}^{k}$——第 k 只蚂蚁留在路径 (i,j) 上的信息量；

Q——信息素浓度，影响算法的收敛速度；

L_k——循环过程中第 k 只蚂蚁走过路程的长度。

（二）蚁群算法的求解思路

蚁群算法在物流网络的优化中最典型的算例是 TSP 问题（旅行商问题），通过数次迭代从而求得最短路径。

在用蚁群算法解决 TSP 问题时，假设 N 只蚂蚁只能在各个节点间移动。每个蚂蚁的转移概率通过两个参数决定：第一个是信息素质，也被称为信息素的轨迹；第二个是可见程度，也叫先验值。

信息素的更新主要有两个原因：第一个是挥发，指的是路径上的信息素浓度会随着时间的流逝而逐渐减少，和自然界中物质的挥发意思相似；第二个是加强，也就是在蚂蚁走得多的路径上信息素的浓度相应增高。

蚂蚁下一阶段的行动目标是通过"轮盘赌"来实现的，主要意思是通过目前节点上的信息来确定接下来到达相应节点的概率。通过数次迭代后慢慢靠近最优解。

每当蚂蚁找到一个解之后就会自动评价该解的优化度，同时将评价后的信息存储到对应的解空间里。具体的算法流程如图 5-2 所示。

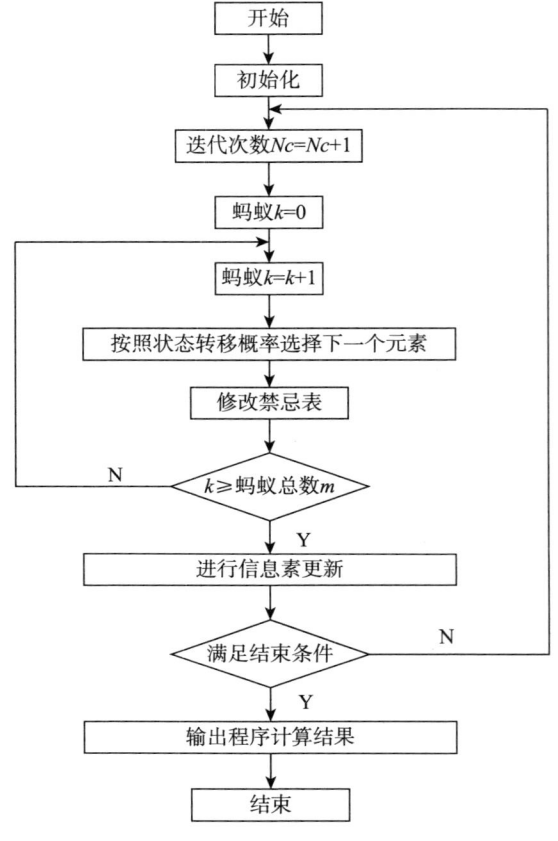

```
开始
  ↓
初始化
  ↓
迭代次数 Nc=Nc+1 ←──────────┐
  ↓                          │
蚂蚁 k=0                      │
  ↓                          │
蚂蚁 k=k+1 ←──┐               │
  ↓          │               │
按照状态转移概率选择下一个元素  │
  ↓          │               │
修改禁忌表    │               │
  ↓          │               │
k≥蚂蚁总数 m ─N─┘             │
  ↓Y                         │
进行信息素更新                 │
  ↓                          │
满足结束条件 ──N──────────────┘
  ↓Y
输出程序计算结果
  ↓
结束
```

图 5-2 蚁群算法流程

（三）蚁群算法的改进

在蚁群算法的改进方面精英策略的蚁群算法（Ant System with Elitist Strate-gy）应用最早。该系统的特点在于算法运行过程中，即使已经找到了最优解，其他蚂蚁仍然寻找最优解，每一次迭代都会额外增加最优解的信息素量，直到求得全局最优解。此改进算法可以帮助加强收敛性，但是存在一定的缺陷。因为在初次得出最优解后，蚂蚁会倾向此最优解，在进化过程中，解的总质量提高了，但是彼此间的异同会被缩小，这会对后续的选择概率造成一定影响，最终会导致寻优的过程远离最优解，同时也会阻碍对最优解的探索。

最大-最小蚂蚁系统（Max-Min Ant System）。特点是对寻找最优解循环的充分利用。每一次迭代，系统只对一只蚂蚁的信息素进行更新，导致最优解有可能是当次迭代得到的，也可能是整个迭代完成后得到的。在寻优的全程会对每一只蚂蚁的路径做信息素更新的处理，从而有利于避免搜索终止。

最优－最差蚂蚁系统（Best-Worst Ant System）。该系统的改进不仅加强了蚁群算法在全局范围内的寻优能力，还引导蚁群算法的理念不断向着最优方向演化。此改进算法的初衷就是加大最优解的权重，同时降低最差解的权重，它可以做到进一步加大最优路径与最差路径的信息素浓度差异，便于之后蚂蚁的寻找范围靠近最优解附近。

二　仿真结果分析

（一）问题描述

假设邮政配送中心向多个需求点配送邮件，且所有车辆在完成配送任务之后都要返回到配送中心。已知所有需求点的位置和邮件量，每辆车的载重量一定，默认邮车配置相同且有足够的邮车数量。要求合理安排车辆行驶路线，使总运距最短（运费最低），碳排放最少且车辆数最少。行驶途中不考虑外界变化，邮车以70公里/小时的速度匀速行驶。各交接点之间的距离可以认为是成本，即将成本问题转化成了邮路问题。

以陕西省邮政的三条汽车干线邮路（西安—潼关、西安—洛川、西安—韩城）为例，如表5－2所示。

表5－2　陕西省三条邮路基本情况

邮路名称	邮路顺序	总里程数（公里）
西安—潼关	西安→渭南→华县→华阴→潼关→西安	367
西安—洛川	西安→耀州→铜川→宜君→黄陵→洛川→西安	471
西安—韩城	西安→合阳→如意→龙亭→芝川→韩城→西安	534

陕西省邮政网络调度中心以西安为起点，分别向韩城、潼关和洛川三个方向运送邮件。表5－3为沿途所涉及的14个交接点的距离和坐标，以2007年出版的1∶90万比例尺陕西省地图为例，坐标原点为地图左下角，单位为厘米，在Matlab中的分布如图5－3所示。

表 5-3 沿途交接点坐标及距离

交接点编号\交接点名称	交接点编号	X轴坐标	Y轴坐标	0 西安	1 合阳	2 如意	3 龙亭	4 芝川	5 韩城	6 渭南	7 华县	8 华阴	9 潼关	10 耀州	11 铜川	12 宜君	13 黄陵	14 洛川
西安	0	413	337	0														
合阳	1	534	456	234	0													
如意	2	534	465	254	14	0												
龙亭	3	545	470	264	20	10	0											
芝川	4	560	474	271	40	17	7	0										
韩城	5	562	485	286	55	32	22	15	0									
渭南	6	470	365	81	130	143	164	157	173	0								
华县	7	495	367	140	130	144	164	159	173	27	0							
华阴	8	530	375	178	162	176	196	191	205	60	38	0						
潼关	9	545	372	205	190	204	149	219	233	88	66	38	0					
耀州	10	415	416	102	176	212	232	227	219	125	93	65	27	0				
铜川	11	410	414	124	180	194	214	209	223	130	150	182	211	22	0			
宜君	12	430	475	167	193	260	280	275	272	196	216	248	277	65	43	0		
黄陵	13	445	498	203	275	288	309	304	246	225	245	277	306	101	79	36	0	
洛川	14	461	520	243	304	317	210	187	176	254	274	306	335	141	119	76	40	0

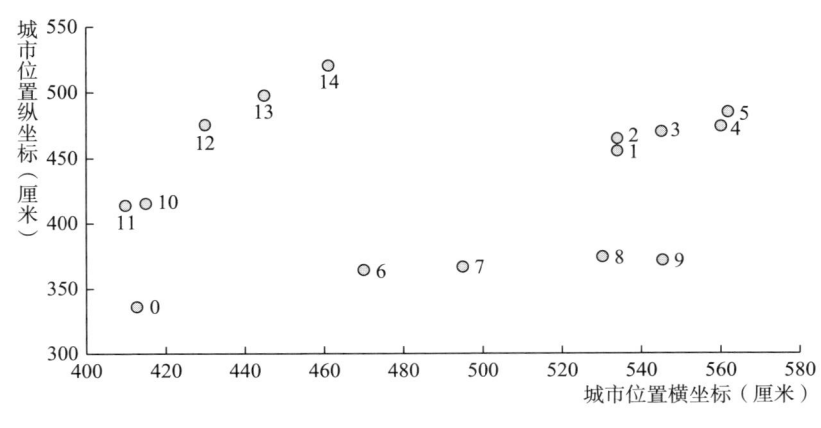

第五章 基于智能算法的快递网络优化研究

图 5-3 沿途交接点分布

碳排放成本主要是指排放成本，邮件配送过程涉及的碳排放量主要是车辆行驶过程中消耗的能源所产生的排放量。公式为：

$$碳排放量 = 碳排放系数 \times 燃料消耗量$$

燃料消耗量由运输距离和载货量等因素决定，即单位距离燃料消耗量 P 可以表示为由邮车载货量 X 所影响的线性函数。若车辆的最大载重量为 Q，设快递车辆满载时单位距离的燃料消耗量为 P^*，空载时单位距离的燃料消耗量为 P_0，a、b 为系数，则：

$$P_0 = a Q_0 + b \tag{5-4}$$

$$P^* = a(Q_0 + Q) + b \tag{5-5}$$

整理可得：

$$a = \frac{P^* - P_0}{Q} \tag{5-6}$$

因此，单位距离燃料消耗量 $p(X)$ 可以表示为：

$$P(X) = P_0 + \frac{P^* - P_0}{Q} X \tag{5-7}$$

所以，从地点 i 运送 Q_{ij} 的邮件至地点 j 所产生的碳排放量为：

$$E = e_0 P(Q_{ij}) d_{ij} \tag{5-8}$$

其中，e_0 为 CO_2 排放系数。碳排放成本 = 碳税 × 碳排放量，设碳税为

C_0,则碳排放成本为:

$$C = C_0 \sum_{k=1}^{k} \sum_{i,j=0}^{n} x_{ij}^k e_0 P(Q_{ij}) d_{ij} \qquad (5-9)$$

参数设定值见表5-4。

表5-4 参数设定值

参数	参数值
满载时单位距离燃料消耗量 P^*	0.377L/km
空载时单位距离燃料消耗量 P_0	0.165L/km
CO_2 排放系数 e_0	2.63kg/L
碳税 C_0	0.0066g/kg·km

(二) 蚁群算法求解过程

(1) 初始化参数

算法第一步是初始化相关参数,设蚂蚁数量为 m、信息素挥发因子 ρ、信息素重要程度因子 α、启发式重要程度因子 β、信息素释放总量 Q、迭代次数初值 $iter = 1$、最大迭代次数 $iter\_\max$。

(2) 构建解空间

每只蚂蚁 k ($k = 1, 2, \cdots, m$) 被随机分配到不同的起点,根据公式 (5-3) 得出下一代访问城市,一直到访问完所有城市。

(3) 更新信息素

首先,计算出各蚂蚁的路径长度 L_k ($k = 1, 2, \cdots, m$),并记录当前最优解。其次,根据公式 (5-4) 和公式 (5-5),更新各城市之间的信息素浓度。

(4) 判断是否终止

若当前迭代次数<最大迭代次数,即 $iter < iter\_\max$,则令 $iter = iter + 1$,清空当前记录的各蚂蚁的路径,并返回执行步骤2;否则,终止循环,输出最优解。

(三) 蚁群算法仿真结果

根据表5-3中的数据,运用Matlab 7.0对邮路1、邮路2和邮路3进行优化仿真。从图5-4可以看出,经过100次迭代之后,蚁群算法趋于稳定，表明此时邮路的最短距离接近最优。

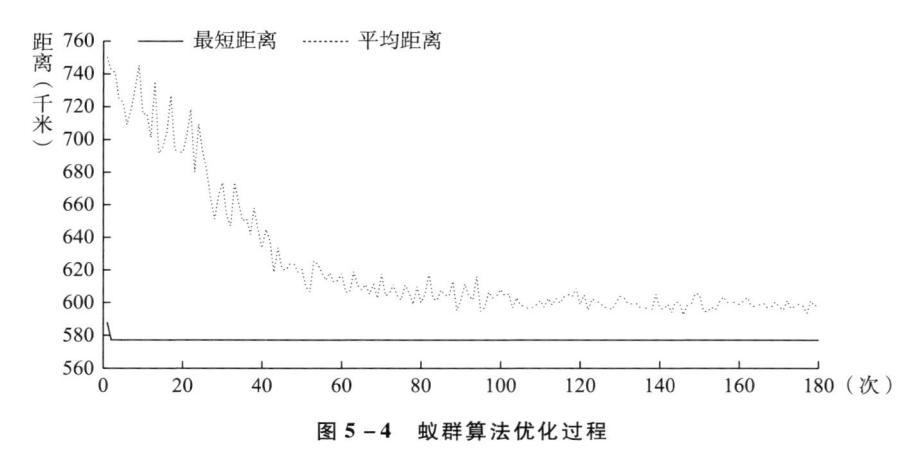

图 5-4 蚁群算法优化过程

从图 5-5 可以看出，蚁群算法的最优解是将现有的三条邮路整合成一条新的邮路，具体邮车调度路线如下。

邮路 1：0—6—7—8—9—1—2—3—4—5—14—13—12—10—11—0

即：西安—渭南—华县—华阴—潼关—合阳—如意—龙亭—芝川—韩城—洛川—黄陵—宜君—耀州—铜川—西安。

邮路总里程为 577.17 公里，共产生碳排放 377.70 千克。

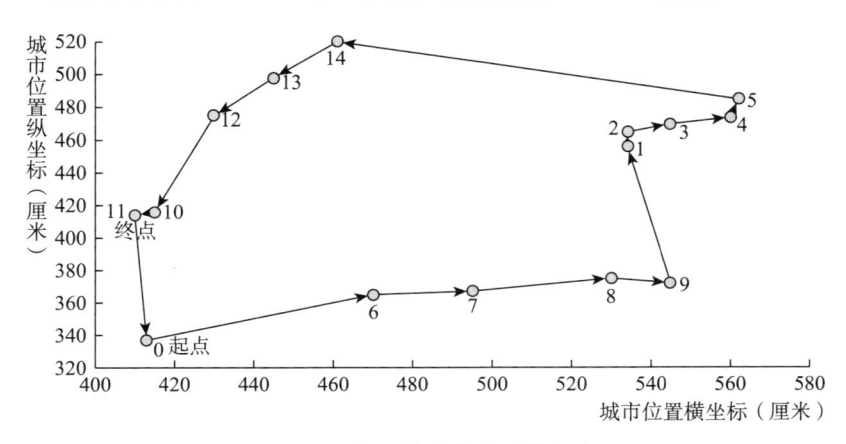

图 5-5 蚁群算法优化后的邮路

实验结果表明，蚁群算法可以有效地处理快递网络的优化问题，优化后的邮路距离缩短了 794.83 公里。

第三节　基于模拟退火算法的快递
网络优化研究

一　模拟退火算法

模拟退火算法是一种适用于在全局范围内寻找期望值高的区域，并求得最优解的启发式算法。模拟退火算法最早由 Kirkpatrick 等人提出，他们认为物理退火过程是一个不断迭代优化的过程，与组合优化问题具有异曲同工之妙，故而以物理退火思想为基础，结合 Monte Carlo 迭代策略，设计了用于解决组合优化问题的算法，称为模拟退火算法。

模拟退火算法的物理退火过程包括以下三部分。

（1）升温过程

升温过程旨在将物体的温度不断升高，处在高温下的物质为无序态，表现为强烈的粒子热运动。升温过程中为了使粒子偏离平衡位置，增强粒子的热运动。当温度足够高时，固体转化为液体，从而促使系统原有的非均匀状态转换为均匀状态。

（2）等温过程

计算过程中存在与环境换热而温度不变的封闭系统，在迭代过程中存在系统自发性变化，且总是朝能量减少的方向运行，当能量达到最低值时，系统处于平衡状态。

（3）冷却过程

此过程旨在减弱粒子热运动，使得能量降低，从而得到晶体结构。整个过程包含两个方面：一个是退火过程，通过缓慢降温使物体温度不断降低，逐渐达到平衡有序的状态，直到能量最低时为基态；一个是淬火过程，指的是降温速度过快，导致能量不能降到最低的过程。

其中，升温过程对应算法的初始温度设定，等温过程采用 Metropolis 准则平衡系统，冷却过程旨在调整、控制参数的稳定降低。该算法适应度函数为能量的变化，最优解为能量最低态值。Metropolis 准则为该算法解决全局最优的核心，在一定程度上接受劣解，避免算法陷入局部最优。

(一) 模拟退火算法的数学模型

材料的状态可以用粒子的能量大小来表示，通过借助 Metropolis 算法构建的数学模型如下所示。

（1）设材料在状态 i 下的能量为 $E(i)$，接受外部温度 T 的影响时，从状态 i 到状态 j 时按如下规律转变：

若 $E(j) \ll E(i)$，则接受状态被转换。

若 $E(j) > E(i)$，则状态转换以如下概率被接受。

$$e^{\frac{E(i)-E(j)}{KT}} \quad (5-10)$$

其中，K 为玻尔兹曼常数，T 为材料接受的温度。

（2）经过无数次的迭代，在某一温度下，材料在充分的能量转换后达到热平衡。这时材料处于状态 i 的概率满足玻尔兹曼分布：

$$P_T(X = i) = \frac{e^{\frac{E(i)}{KT}}}{\sum_{j \in s} e^{\frac{E(j)}{KT}}} \quad (5-11)$$

其中，X 为材料当前状态的随机变量，S 为状态空间集合。

显然

$$\lim_{T \to \infty} \frac{e^{\frac{E(i)}{KT}}}{\sum_{j \in s} e^{\frac{E(j)}{KT}}} = \frac{1}{|S|} \quad (5-12)$$

其中，$|S|$ 为状态空间集合 S 中状态的数量，由此表明在高温下，所有状态的概率相同。而当温度降低时：

$$\lim_{T \to 0} \frac{e^{\frac{E(i)-E_{\min}}{KT}}}{\sum_{j \in s} e^{\frac{E(i)-E_{\min}}{KT}}} = \lim_{T \to 0} \frac{e^{\frac{E(i)-E_{\min}}{KT}}}{\sum_{j \in S_{\min}} e^{\frac{E(j)-E_{\min}}{KT}} + \sum_{j \notin S_{\min}} e^{\frac{E(j)-E_{\min}}{KT}}}$$

$$= \lim_{T \to 0} \frac{e^{\frac{E(i)-E_{\min}}{KT}}}{\sum_{j \in S_{\min}} e^{\frac{E(i)-E_{\min}}{KT}}} = \begin{cases} \frac{1}{|S_{\min}|} & \text{if } i \in S_{\min} \\ 0 & \text{otherwise} \end{cases} \quad (5-13)$$

其中，$E_{\min} = \min_{j \in S} E(j)$ 且 $S_{\min} = \{i \mid E(i) = E_{\min}\}$。

由公式（5-13）分析可知，当温度降至极低水平时，材料极有可能进入最小能量状态，正好解决寻找最小值的优化问题。

（二）模拟退火算法的流程

模拟退火算法流程，如图 5-6 所示。

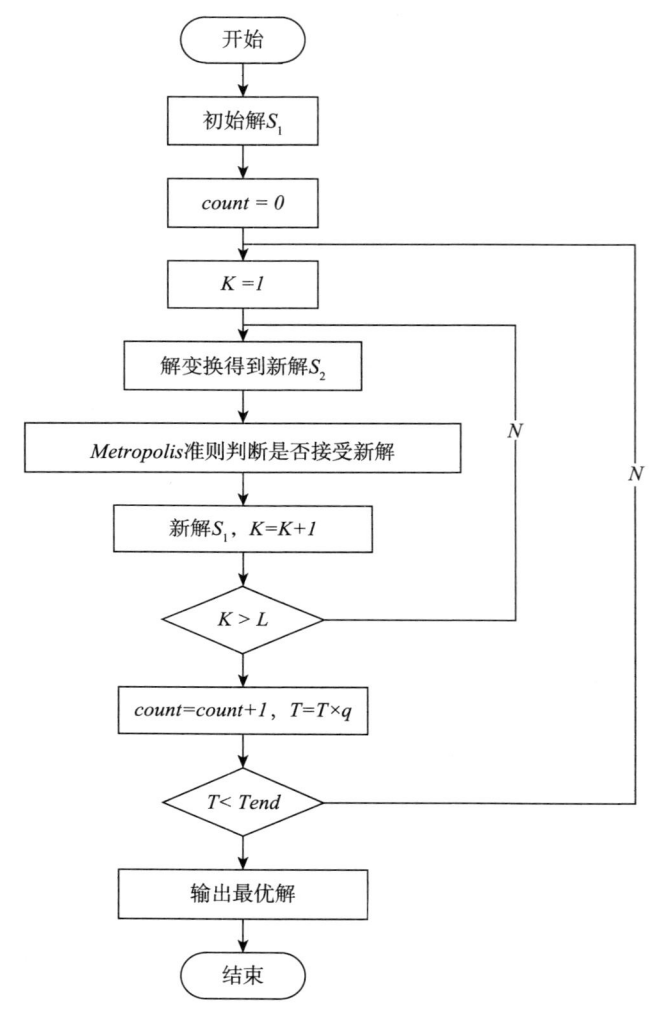

图 5-6　模拟退火算法流程

二　仿真结果分析

（一）问题描述

假设邮路上的各点位置都处于同一高度，且点与点之间无障碍物阻拦。如表 5-2 所示，选取陕西省汽车干线邮路中的三条邮路即西安—潼关、西安—洛川以及西安—韩城为例，应用模拟退火算法对邮路进行优化。

（二）模拟退火算法的求解过程

（1）初始化参数

设初始化温度为 T_0 足够大，令 $T = T_0$，任取一初始解为 S_1，制定 T 时的迭代次数，即 Mapkob 链长 L。

（2）迭代搜索

对当前温度 T 和 $K = 1, 2, \cdots, L$，按照如下过程作 L 次试探搜索。

（3）扰动产生新解

根据初始解 S_1 的性质，通过随机扰动产生新解 S_2，S_2 的增量为 $df = f(S_2) - f(S_1)$，其中 $f(S_1)$ 表示 S_1 的代价函数，$f(S_1)$ 值越小越好。

（4）根据 Metropolis 准则接受或拒绝新解

若 $df < 0$，则接受 S_2 为当前解，即 $S_1 = S_2$；否则计算 S_2 的接收概率 $\exp\left(-\dfrac{df}{T}\right)$，即在（0，1）区间上随机产生均匀分布的随机数 $rand$；如果 $\exp\left(-\dfrac{df}{T}\right) > rand$，同样接受 S_2 为新的当前解，即 $S_1 = S_2$，否则保留初始解 S_1。

（5）判断是否继续迭代

当产生新解 S_1 时，$K = K + 1$，若 $K < L$ 时，则在此温度下的迭代尚未结束，未完成一个 Mapkob 链长的迭代，转至步骤 3；若 $K > L$，则迭代次数加 1。

（6）降温

当温度 < 终止温度时，继续降温，令 $T = T \times q$，其中 q 为降温因子，且 $q < 1$。

（7）判断是否终止

判断是否达到终止温度。若否，则转至步骤 2；若是，则输出最优解。

（三）模拟退火算法仿真结果

根据表 5-3 中的数据，运用 Matlab 7.0 对邮路 1、邮路 2 和邮路 3 进行优化仿真。从图 5-7 可以看出，经过 40 次迭代之后，模拟退火算法趋于稳定,表明此时邮路的最短距离接近最优。

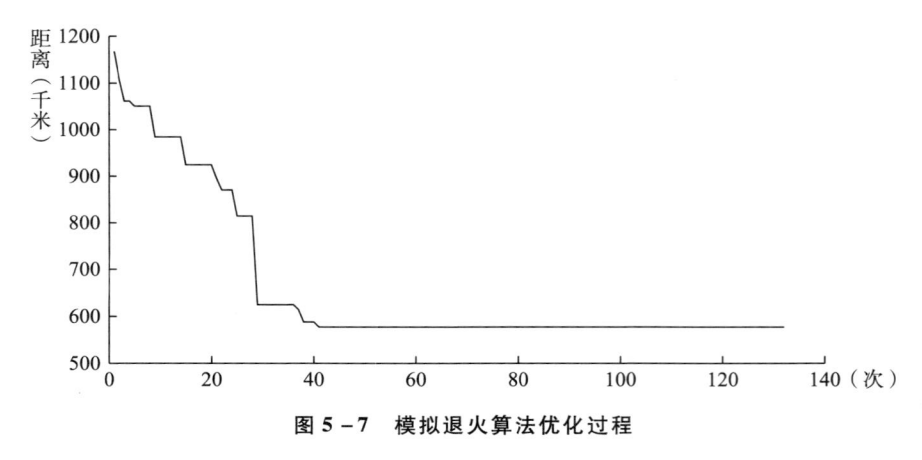

图 5-7 模拟退火算法优化过程

从图 5-8 可以看出,模拟退火算法的最优解是将现有的三条邮路整合成一条新的邮路,具体邮车调度路线如下。

邮路 1:0—6—7—8—9—1—2—3—4—5—14—13—12—10—11—0。

即:西安—渭南—华县—华阴—潼关—合阳—如意—龙亭—芝川—韩城—洛川—黄陵—宜君—耀州—铜川—西安。

邮路总里程为 577.17 公里,共产生碳排放 377.70 千克。

实验结果表明,模拟退火算法同样可以有效地处理快递网络的优化问题,优化后的邮路距离缩短了 794.83 公里。

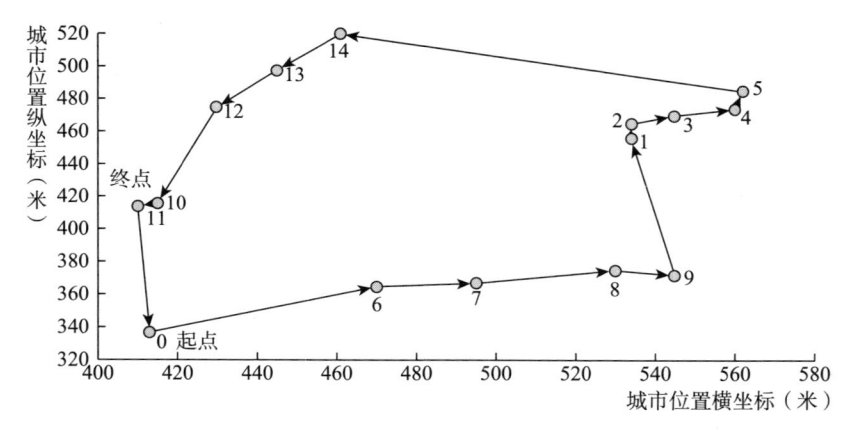

图 5-8 模拟退火算法优化后的邮路

第四节 本章小结

本章介绍了应用于快递网络优化的几种常见算法，通过梳理算法内容和模型，了解不同算法在网络优化方面的性能特征存在差异化，并采用蚁群算法和模拟退火算法对快递网络进行优化建模，选取陕西省省内汽车干线线路的三条邮路数据对两种算法进行仿真，结果表明两种算法都可以有效地解决快递网络优化问题。

第六章　区域快递网络发展水平评价

中国快递业起步较晚，经历了多年的发展，逐步深入人们的生活，近年来出现快速发展。但是我国快递业存在着快递网络结构不合理、功能不完善、区域发展不平衡等问题，阻碍了快递业的发展。本章利用因子分析法，通过实证分析归纳出影响快递网络发展的主要因素和区域快递发展水平情况。

第一节　区域快递网络发展

区域快递网络发展水平与区域快递行业发展水平密切相关，区域快递网络发展水平的提高，大幅度带动区域快递行业发展水平的上升。如果某区域快递网络发展水平较低，相应的快递行业发展水平也较低。因此，可以简单地将区域快递网络发展水平与区域快递行业发展水平等价看待。此外，为方便数据收集与分析，假定以各省快递行业发展水平表示区域快递行业发展水平，即区域快递网络发展水平。

快递网络是统一的整体，是按照一定原则组织，遵循一定运行规则传递快件的网络系统。各部分紧密衔接，依靠全网的整体功能，完成快件寄递的任务。全国快递业主体由三部分构成：国际快递企业、国有快递企业以及民营快递企业。国际快递企业的优势是拥有成熟的国际快递市场以及覆盖全球的货运能力，大型服务商包括 DHL、FedEx、TNT 和 UPS；国有快递企业的优势是健全的国内快递网点和运输线路如中国邮政 EMS、中铁快运等；民营快递企业以地区性快递业务为主，具有一定影响力。

快递网络是连接客户和快递企业的纽带，递送效率和时效性是衡量快递服务质量的重要标准。经过多年发展，国际快递巨头在全球的快递网络不断优化调整下已逐步完善。而由于历史原因，国内多数快递企业的网络结构不尽合理、功能不完善,亟须提高运行效率和整体服务水平;经济体制改革尚未最后完成,政府引导作用和市场调节作用发挥得不够,快递网络的发展呈现比较复杂的状况。因此,对我国快递网络发展水平进行评价至关重要。

第二节 几种常用的评价方法

快递网络发展水平可以等同于区域快递行业发展水平。本章以各省快递行业发展水平表示区域快递网络发展水平,对区域快递行业发展水平进行评价,即对区域快递网络发展水平进行评价。区域快递网络发展水平评价方法主要有以下几种:主成分分析法、结构方程模型、数据包络分析法、因子分析法。

一 评价方法介绍

(一) 主成分分析法

主成分分析法(Principal Component Analysis,PCA)在多元统计学中具有重要作用。通过数学变换,将高维数的原始变量空间映射到新的低维数综合变量空间,降低数据维数,降低待分析问题的复杂度,有效地实现数据分析。特别地,通常将低维数综合变量空间中的变量称为主成分,它与高维数空间的原始变量存在一些特殊关系:①各主成分均可通过对原始变量线性加权求和得到;②从各自所处空间的维数上看,主成分空间维数远远小于原始变量空间维数;③采用数学变换实现的映射,通常会舍弃部分与数据关系很小甚至无关的成分,仅选取主要的成分即主成分用于保留数据的主要信息,而无须像原始变量空间一样,需要大量数据;④从空间内部各变量相关性的角度来看,主成分是不相关的,而原始变量常常是相关的,存在大量的冗余信息。

1. 模型简介

在分析统计问题时,假设收集 n 个样品,每个样品观测到 p 个变量(记为 x_1,x_2,$\cdots$,x_p,设 x_i 均值为 0,方差为 1,$1 \leq i \leq p$)构成一个 $n \times p$ 阶样本资料阵 X。

$$X = \begin{bmatrix} x_{11} & x_{12} & \cdots & x_{1p} \\ x_{21} & x_{22} & \cdots & x_{2p} \\ \vdots & \vdots & \cdots & \vdots \\ x_{n1} & x_{n2} & \cdots & x_{np} \end{bmatrix} \quad (6-1)$$

主成分分析法利用 p 个原始变量（x_1, x_2, $\cdots$, x_p）构建为原始变量线性组合的少数互不相关新综合变量，新变量包含 p 个原始变量的绝大部分信息。设 x_1, x_2, $\cdots$, x_p 为原始变量，z_1, z_2, $\cdots$, z_m（$m < p$）为新综合变量指标，每一个新的综合变量指标是 p 个原始变量的线性组合。

$$\begin{cases} z_1 = l_{11}x_1 + l_{12}x_2 + \cdots + l_{1p}x_p \\ z_2 = l_{21}x_1 + l_{22}x_2 + \cdots + l_{2p}x_p \\ \vdots \\ z_m = l_{m1}x_1 + l_{m2}x_2 + \cdots + l_{mp}x_p \end{cases} \quad (6-2)$$

同时要求满足以下条件：

（1）z_i 与 z_j 相互无关；

（2）z_1 是 x_1, x_2, $\cdots$, x_p 的一切线性组合中方差最大者；

（3）z_2 是与 z_1 不相关的 x_1, x_2, $\cdots$, x_p 的所有线性组合中方差最大者，z_m 是 z_1, z_2, $\cdots$, z_{m-1} 分别都不相关的 x_1, x_2, $\cdots$, x_p 的所有线性组合中方差最大者。则新变量 z_1, z_2, $\cdots$, z_m 分别称为 x_1, x_2, $\cdots$, x_p 的第一，第二，$\cdots$，第 m 主成分。

2. 算法实现步骤

（1）收集数据得到原始样本资料矩阵

$$X_{n \times p} = \begin{bmatrix} x_{11} & x_{12} & \cdots & x_{1p} \\ x_{21} & x_{22} & \cdots & x_{2p} \\ \vdots & \vdots & \cdots & \vdots \\ x_{n1} & x_{n2} & \cdots & x_{np} \end{bmatrix} \quad (6-3)$$

（2）原始数据标准化

令：$x_{ij}^* = (x_{ij} - \bar{x}_j)/\sqrt{s_j}$，其中 $\bar{x}_j$, s_j 分别为第 j 列元素的样本均值和样本方差且 $\bar{x}_j = \dfrac{1}{n}\sum_{k=1}^{n} x_{kj}$，$s_j = \dfrac{1}{n-1}\sum_{k=1}^{n}(x_{kj} - \bar{x}_j)^2$，则 $X^* = (x_{ij}^*)_{n \times p}$ 为标

准化后的数矩阵。

（3）求协方差矩阵

本章采用直接计算原始数据相关矩阵的方法，方程式如下：

$$R = \begin{bmatrix} r_{11} & r_{12} & \cdots & r_{1p} \\ r_{21} & r_{22} & \cdots & r_{2p} \\ \vdots & \vdots & \cdots & \vdots \\ r_{p1} & r_{p2} & \cdots & r_{pp} \end{bmatrix} \quad (6-4)$$

其中，r_{ij}（$i, j = 1, 2, \cdots, p$）为原变量 x_i 与 x_j 的相关系数，$r_{ij} = r_{ji}$，其计算公式为：

$$r_{ij} = \frac{\sum_{k=1}^{n}(x_{ki} - \bar{x}_i)(x_{kj} - \bar{x}_j)}{\sqrt{\sum_{k=1}^{n}(x_{kj} - \bar{x}_i)^2 \sum_{k=1}^{n}(x_{kj} - \bar{x}_j)^2}} \quad (6-5)$$

（4）计算特征根与相应标准正交特征向量

（5）计算低维数综合变量空间中的变量贡献率 g_i 及累计贡献率 h_i（$i = 1, 2, \cdots, p$）

$$g_i = \lambda_i / \sum_{k=1}^{p} \lambda_k \quad (6-6)$$

$$h_i = \sum_{k=1}^{i} \lambda_k / \sum_{k=1}^{p} \lambda_k \quad (6-7)$$

（6）确定保留的主成分数目

通常选取累计贡献率达 85% ~ 95% 的主成分。

（7）分析、解释、推断

根据软件算出的累计贡献率，选取达到 85% ~ 95% 的主成分，分析各主成分是由哪些指标组成，并解释各指标代表的含义，推断出影响该评价的主要指标，给出相关的建议与意见。

（二）结构方程模型

结构方程模型（Structural Equation Modeling，SEM）是基于变量的协方差矩阵来分析变量之间关系的一种统计方法。SEM 中有显在变量，也可能有无法直接观测的潜在变量，结构方程模型可以清晰地分析单项指标对总体的作用和单项指标间的相互关系，结构方程如图 6 - 1

所示。

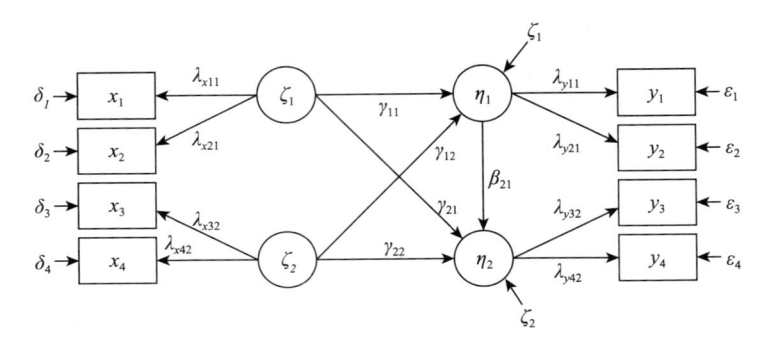

图 6-1 结构方程模型

注：观测变量表示为长方形，外生观测变量用 x 表示，内生观测变量用 y 表示。潜变量用椭圆或圆形表示，外生潜变量通常用 ζ 表示，内生潜变量用 η 表示。δ 表示外生观测变量 x 的误差，ε 表示内生观测变量 y 的误差。

1. 模型简介

模型由测量方程和结构方程两部分构成。测量方程阐释潜变量与指标之间的关系，结构方程描述潜变量之间的关系。

（1）测量方程可表示为：

$$\begin{cases} x = \Lambda_x \eta + \delta \\ y = \Lambda_y \eta + \varepsilon \end{cases} \quad (6-8)$$

Λ_x——外生观测变量在外生潜变量上的因子载荷矩阵；

Λ_y——内生观测变量在内生潜变量上的因子载荷矩阵；

δ——外生观测变量 x 的误差；

ε——内生观测变量 y 的误差。

（2）结构方程可表示为：

$$\eta = B\eta + \Gamma \xi + \zeta \quad (6-9)$$

B——路径系数；

Γ——路径系数；

ζ——结构方程的残差项，反映了方程中未能被解释部分。

2. 算法实现步骤

(1) 模型构造

确定观测变量, 即指标与潜变量, 也即因子之间的关系以及各潜变量的相互关系。

(2) 模型拟合

模型参数的估计: 模型计算。

(3) 模型评价

a: 结构方程的解是否恰当;

b: 参数与模型假设相符;

c: 检验各项拟合优度指标是否达到要求;

d: 检验模型与数据的拟合程度（NFI、NNFI、CFI、IFI、GFI、AGFI、RFI 大于 0.9, RMR 小于 0.035, RMSEA 值小于 0.08, 表明模型与数据的拟合程度很好）。

(4) 模型修正

a: 依据有关假设提出先验模型;

b: 检查潜变量与指标间关系, 建立测量模型;

c: 检查每个模型的标准误差、t 值、标准化残差、修正指数及各种拟合指数, 据此修改模型并重复这一步;

d: 用另一个样本进行检验。

(三) 数据包络分析法

数据包络分析法（Data Envelopment Analysis, DEA）是根据多项投入指标和多项产出指标对具有可比性的同类型单位进行相对有效性评价的一种数量分析方法, 于 20 世纪 80 年代初提出。

1. 模型简介

DEA 有两种模型: 一种是 CCR 模型, 另一种是 BCC 模型。CCR 模型是由 Charnes、Cooper、Rhodes 在 20 世纪 70 年代末提出来的, 以规模报酬不变为假设前提; 而 BCC 模型是在 20 世纪 80 年代初由 Banker、Charnes 和 Cooper 提出来的, 以规模报酬可变为假设前提。

CCR 模型可以表示为:

$$\alpha^* = \min[\alpha - \varepsilon(\sum_{i=1}^{m} S_i^- + \sum_{i=1}^{m} S_i^+)]$$

$$\text{s.t.} \begin{cases} \sum_{j=1}^{n} x_{ij}w_j + S_i^- = \theta x_{ij}, & i = 1,2,\cdots,m \\ \sum_{j=1}^{n} y_{lj}\lambda_j - S_l^+ = y_{lj}, & l = 1,2,\cdots,s \\ \lambda_j, S_i^-, S_l^+ \geq 0, & j = 1,2,\cdots,n \end{cases} \quad (6-10)$$

其中，α^* 表示应用 CCR 模型求出的综合效率值；S_i^- 和 S_l^+ 均表示松弛变量，S_i^- 指产出冗余，S_l^+ 指投入冗余；ε 表示非阿基米德无穷小量。

BCC 模型可以表示为：

$$\beta^* = \min[\beta - \varepsilon(\sum_{i=1}^{m} S_i^- + \sum_{l=1}^{m} S_l^+)]$$

$$\text{s.t.} \begin{cases} \sum_{j=1}^{n} x_{ij}w_j + S_i^- = \theta x_{ij}, & i = 1,2,\cdots,m \\ \sum_{j=1}^{n} y_{lj}\lambda_j - S_l^+ = y_{lj}, & l = 1,2,\cdots,s \\ \sum_{j=1}^{n} \lambda_j = 1 \\ \lambda_j, S_i^-, S_l^+ \geq 0, & j = 1,2,\cdots,n \end{cases} \quad (6-11)$$

其中，β^* 表示使用 BCC 模型求出的纯技术效率值；S_i^- 和 S_l^+ 均表示松弛变量，S_i^- 指产出冗余，S_l^+ 指投入冗余；ε 表示非阿基米德无穷小量。

2. 算法实现步骤

（1）确定单个决策单元。

（2）将多个决策单元作为评价群体，根据决策单元的投入产出比率，计算投入指标的权重系数。

（3）通过各个决策单元的观测数据来判断 EDA 的有效性。

设有 n 个决策单元，每个决策单元记为 DMU_j（$j = 1, 2, \cdots n$），且每个 DMU 都有第 i 种类别输入量 x_{ij} 和第 l 种类别输出量 y_{lj}，w_j 为指标权重，λ_j 为决策单元的投入量与产出量，这里的投入量与产出量是经过加权处理得到的。

在模型（6-10）和模型（6-11）中，假定最优解为 θ^*、S^{-*}、S^{+*}，则有下面结论：

如果 $\theta^* = 1$，表示相对应的决策单元 DMU 为弱 EDA 有效；

如果 $\theta^* = 1$ 且 $S^{-*} = S^{+*} = 0$，表示相对应的决策单元 DMU 为 EDA 有效；

如果 $\theta^* < 1$，或 $S^{-*} \neq 0$，$S^{+*} \neq 0$，表示相对应的决策单元 DMU 为 EDA 无效。

（四）因子分析法

数据分析过程中，数据量大且没有规律，如果直接对数据进行分析十分困难，因子分析法的目的是将看似没有规律的数据加以规整、简化。因子分析法的原理是将原有变量简化为少数几个具有代表性的因子，这几个因子可以代表原始数据中的绝大多数信息，同时在寻找这些因子的过程中不能对原始变量造成过多的损失。因子分析法是用少数几个因子去描述许多指标或因素之间的联系，即把具有密切联系的多个变量归纳到某个类别中，通过少量的因子来反映原资料的大部分信息。

分析时需要将原始变量分组，分组的依据是彼此间相关性的大小，最终分组的结果要做到同一组具有高相关性，而不同组之间具有的相关性较弱。一组变量可以表示为一个结构，它可以代表问题的某个方面，用方差贡献率来作为权重从而构建评价函数。因子分析法可以很好地简化数据，同时得到原始数据的绝大多数信息，因子分析法在分析事物时具有一定的客观性。

1. 模型简介

设 p 个原有变量 x_1，x_2，$\cdots$，x_p 均值为 0，标准差为 1。将每个原有变量用 $k(k<p)$ 个因子 f_1，f_2，$\cdots$，f_k 的线性组合来表示，如公式（6-12）所示。

$$\begin{cases} x_1 = a_{11}f_1 + a_{12}f_2 + a_{13}f_3 + \cdots + a_{1k}f_k + \varepsilon_1 \\ x_2 = a_{21}f_1 + a_{22}f_2 + a_{23}f_3 + \cdots + a_{2k}f_k + \varepsilon_2 \\ \cdots \\ x_p = a_{p1}f_1 + a_{p2}f_2 + a_{p3}f_3 + \cdots + a_{pk}f_k + \varepsilon_p \end{cases} \quad (6-12)$$

公式（6-12）即因子分析的输出模型，也可表示为矩阵形式：

$$X = AF + \varepsilon \quad (6-13)$$

其中，F 代表因子，由于 F 出现在每个原有变量的线性表达式中，故也称为公共因子。a_{ij}为因子载荷,即第 i 个变量在第 j 个因子上的负荷。ε 是各对应变量 x 所特有的因子,称为特殊因子。且 x_i 和 f_j 的协方差为:

$$Cov(x_i, f_j) = Cov(\sum_{k=1}^{p} a_{ik}f_k + \varepsilon_i, f_j) = Cov(\sum_{k=1}^{p} a_{ik}f_k, f_j) + Cov(\varepsilon_i, f_j) = a_{ij}$$

如果 x_i 作了标准化处理,则 x_i 的标准差为 1,因此有:

$$r_{x_i, f_j} = \frac{Cov(x_i, f_j)}{\sqrt{D(x_i)}\sqrt{D(f_j)}} = Cov(x_i, f_j) = a_{ij} \quad (6-14)$$

对于标准化后的 x_i,a_{ij} 是 x_i 与 f_j 的相关系数,即在因子不相关的前提下,因子载荷是 x_i 和 f_j 的相关系数,反映了 x_i 与 f_j 的相关程度。因子载荷越大,说明 x_i 与 f_j 的关系越密切,反之越疏远。同时因子载荷也反映了 f_j 对 x_i 的重要程度及作用。

2. 算法实现步骤

(1) 建立数据表

利用第 t 年 n 个地区 p 个经济指标对应的数据建立一张数据表:$X^t = (x_{ij}^t)_{n \times p}$。其中,$i = 1, 2, \cdots, n$;$j = 1, 2, \cdots, p$。假设待分析的数据共有 T 年,则可以依时间建立 T 张数据表。为了分析简便,将 T 张数据表沿时间顺序排列组合形成全局数据表:

$$X = (X^1, X^2, \cdots, X^T)'_{Tn \times p} = (x_{ij}^t)_{Tn \times p} \quad (6-15)$$

其中,$t = 1, 2, \cdots, T$。仅考虑其中某一时间的,以下令 $T = 1$。

(2) 数据标准化

为了避免各指标数据由于收集时量纲不同引起数据分析的异常,利用正规化方法将数据标准化处理如下:

$$x_{ij} \leftarrow \frac{x_{ij} - \bar{x}_j}{\sigma_j} \quad (6-16)$$

其中,$\bar{x}_j$ 和 σ_j 分别表示各地区第 j 项指标的均值和标准差。需特别注意的是,为了描述简便,公式 (6-16) 中仍然利用 x_{ij} 表示标准化后的数据。类似地,全局数据表仍然用 X 表示。

(3) 计算协方差矩阵

为了后续协方差矩阵计算的方便,定义第 j 个指标数据重心:

$$g_j = \sum_{i=1}^{n} q_{ij}(x_{ij} - \bar{x}_j) \quad (6-17)$$

其中，q_{ij} 表示求和各样本点所用加权系数，满足 $\sum_{i=1}^{n} q_{ij} = 1$。

从全局数据表 X 中抽取第 j 个指标，形成全局变量 $X_j = (x_{1j}, \cdots, x_{nj})$。从而，可以定义 X_j 的全局方差：

$$s_j = \text{Var}(X_j) = \sum_{i=1}^{n} q_{ij}(x_{ij} - \bar{x}_j)^2 \quad (6-18)$$

从而，可以得到全局协方差 $V = (c_{jk})_{p \times p}$，其中，$c_{jk} = \text{Cov}(X_j, X_k) = \sum_{i=1}^{n} q_{ij}q_{ik}(x_{ij} - \bar{x}_j)(x_{ik} - \bar{x}_k)$。

（4）计算特征向量

对 V 进行特征值分解，可以得到其 p 个特征值并按从大到小顺序排列，$\lambda_1 \geq \lambda_2 \geq \cdots \geq \lambda_p$，它们相应的特征向量为 $\mu_1, \mu_2, \cdots, \mu_p$。

（5）确定主成分

计算各特征向量对应的方差贡献率如下：

$$s_j = \text{Var}(X_j) = \sum_{i=1}^{n} q_{ij}(x_{ij} - \bar{x}_j)^2 \quad (6-19)$$

累积方差贡献率：

$$b_m = \sum_{k=1}^{m} a_k = \sum_{k=1}^{m} \lambda_k \Big/ \sum_{i=1}^{p} \lambda_i \quad (6-20)$$

根据上述计算的累积方差贡献率确定主成分，常见的做法是选择当 b_m 首次超过 85% 的前 m 个特征向量作为主成分。

（6）计算因子载荷矩阵

构造因子载荷矩阵 $A = (r_{ij})$，其中，$r_{ij} = \mu_i' X_j$ 表示变量 X_j 和因子 μ_i 的相关系数，反映了二者之间的相关程度，$i = 1, 2, \cdots, m$。

（7）计算各个指标对应的主成分系数与权重

指标的主成分系数具体计算如下：

$$r_{X_i, \mu_j} = \frac{\text{Cov}(X_i, \mu_j)}{\sqrt{\text{Var}(X_i)}\sqrt{\text{Var}(\mu_j)}} = \text{Cov}(X_i, \mu_j) = a_{ij} \quad (6-21)$$

各个指标所占的权重：

$$w = \sum_{i=1}^{p} a_{mi}a_i / p \qquad (6-22)$$

(8) 计算因子得分向量：

$$F_i = A'V^{-1}X_i \qquad (6-23)$$

其中，$X_i = (x_{i1}, \cdots, x_{ip})'$。

(9) 计算各样本综合得分：

$$F = \sum_{i=1}^{m} \lambda_i F_i / \sum_{i=1}^{m} \lambda_i \qquad (6-24)$$

其中，F_i 是未经标准化的第 i 个主成分得分。

二 评价方法对比与分析

本章第二节中提到几种常用的评价方法，这几种评价方法优缺点的比较，如表 6-1 所示。

表 6-1 评价方法优缺点比较

评价方法	优点	缺点
主成分分析法	可以把复杂事件通过降维简单化，评价时反映了绝大部分信息，具有科学性	主成分因子负荷符号有正有负时，综合评价函数意义不明确，命名清晰性低。在主成分选取上容易出现错误
结构方程模型	同时处理多个因变量，允许自变量含有测量误差，同时估计整个模型的拟合程度，在此基础上进一步容许更大弹性的测量模型	需求的样本容量大且需要满足多变量正态分布的假设，据实际问题建立模型但最终可能会产生无法解释的结果，很少用于预测的应用
数据包络分析法	以综合指标评估多项投入与多项产出效率时，无须构建生产函数对参数进行估计，且投入产出量纲和计量单位以及人为因素对其效率评估结果不会造成影响	若选择的投入项和产出项不合适，会影响效率评估的准确性
因子分析法	根据原始变量信息重新组合找出影响变量的共同因子，化简数据，为进一步分析问题提供有说服力的依据，通过旋转使得因子变量更容易解释	计算因子得分时，一般采用最小二乘法，最小二乘法具有一定的局限性，某些时候会失效

通过比较评价方法的优缺点，发现主成分分析法、结构方程模型、数据包络分析法在使用时都有局限性。主成分分析法相应系数矩阵是唯一，而因子分析法的载荷系数矩阵是不唯一的，可以通过因子旋转得到

新的因子矩阵，而且因子分析法是以由原始变量组成的每个主因子的方差贡献率作为权重来构造评价函数，所以评价结果具有很强的客观合理性。结构方程模型虽然允许自变量和因变量存在误差，但不能进行非线性分析，不能处理定性数据，而且对评价指标要求高，需要具有独立性。数据包络分析法是对多指标投入和多指标产出的相同类型部门进行相对有效性综合评价方法，在使用时要求指标之间具有低相关性，要求较少的指标个数。而本书在选取区域快递网络发展水平指标时涉及的指标较多，且指标间的量纲是不同的。因子分析法在分析中不受量纲影响，是评价区域快递网络发展水平比较好的方法。因此本书选用因子分析法对区域快递网络发展水平进行评价分析。

第三节 区域快递发展水平评价指标体系构建

能够准确找到影响快递企业发展的各种因素，确定快递企业竞争的评价指标，是准确、合理进行企业竞争力分析的重要前提。

一 评价指标体系原则

评价指标的选择和量化是建立评价模型的基础，也是决定评价结果优劣的关键，要科学地分析地区快递业发展，并建立评价体系。其评价指标的选择应遵循以下原则。

1. 科学性原则

评价指标的选取应具有科学性，选取的评价指标应满足实际需要且将人为主观因素的影响降到最低。

2. 目的性原则

为实现评价的目的，应构建体现区域快递现状、区域快递网络发展情况等相关因素的快递网络发展水平评价指标体系。准确地反映快递业现状，体现快递企业发展趋势，以此提出合理化建议，为快递企业发展起到指导性作用。

3. 可获性原则

为了实现评价的可行性，选取的指标应符合可获性原则，即能够获取和整理，并与实际情况相结合，来保证评价的可行性。

4. 实用性原则

为保证快递网络发展水平评价的实用性,在选取评价指标时应满足现阶段快递业发展需求且容易获取,使评价具有可操作性,便于推广使用和解决实际问题。

二 评价指标体系的构建

对影响快递网络发展水平的主要因素进行评价前,需要构建相应的区域快递业发展水平的评价指标体系。其影响因素包含多个领域、多个层次的内容,不仅受到快递业自身发展状况的限制,还受到交通网络基础建设发展程度的制约、宏观经济发展环境的影响以及信息化程度的影响。综合考量国内物流快递的发展状况,选取 2016 年全国 31 个省份(不含港澳台地区)截面数据进行因子分析,数据主要来源于中华人民共和国国家统计局。从 4 个方面用 13 个指标来评价快递网络的发展水平,具体如表 6-2 所示。

表 6-2 快递网络评价指标

一级指标	二级指标
宏观经济环境	地区生产总值 x_1(亿元) 居民最终消费支出 x_2(亿元)
系统投入	从业人员数 x_3(人) 公路营运汽车拥有量 x_4(万辆) 运输、仓储和邮政业固定资产投资 x_5(亿元) 企业数量 x_6(个)
快递业发展	铁路运输里程 x_7(公里) 公路运输里程 x_8(公里) 航道运输里程 x_9(公里) 货运量 x_{10}(万吨) 货物周转量 x_{11}(亿吨公里) 快递营业网点数 x_{12}(个)
信息化程度	互联网上网人数 x_{13}(人)

(1) 宏观经济环境指标:包括地区生产总值、居民最终消费支出,反映各地区物流快递网络发展的经济基础。

(2) 系统投入指标:包括从业人员数,公路营运汽车拥有量,运输、仓储和邮政业固定资产投资,企业数量。其中从业人员数是邮政业从业人员数。这些指标分别从人力、物力和财力三个方面反映了物流快递系统的投入状况。

（3）快递业发展指标：包括铁路运输里程、公路运输里程、航道运输里程、货运量、货物周转量、快递营业网点数。这些指标体现了物流快递业的业务量。

（4）信息化程度指标：包括互联网上网人数，反映了地区的信息化水平。

第四节　基于因子分析的区域快递网络发展水平评价实证研究

前面已总结了区域快递发展水平常用的评价方法。不同的评价方法，优缺点不同，实证的结果也不同。根据研究目的和研究内容，选取因子分析法进行区域快递网络发展水平的评价。

一　因子分析法实现语句

因子分析法是通过利用相互独立、易于解释通常又是不可观察的因子来概括和描述数据，解释一组相互联系的变量。一般来说，由于这些相关联的因素不能直接观测，这类分析通常需用因子分析法完成。

（1）因子分析的过程一般由下列语句控制

pro factor data = 数据集　＜选项列表＞；

priors 公因子方差；

var 变量表；

partial 变量表；

freq 变量；

weight 变量；

by 变量。

（2）有关输出数据集选项

out = 输出数据集。创建一个输出数据集，输出的数据集中主要包含输入的全部数据集合和每个因子的得分估计。

outstat = 输出数据集。用于存储因子分析的结果，存储的因子结果还可以作为进一步进行因子分析的读入数据集。

(3) 有关因子提取和公因子方差选项

method = 因子选择方法。包括 principal（主成分法）、prinit（迭代主因子法）、usl（没有加权的最小二乘因子法）、alpha（因子法或称 harris 法）、ml（极大似然法）、image（映象协方差阵的主成分法）、pattern（从 type = 选项的数据集中读入因子模型）、score（从 type = 选项的数据集中读入得分系数）。常用方法为 principal（主成分法）、ml（极大似然法）和 prinit（迭代主因子法）。

Heywood 状况。公因子方差大于 1 时令其为 1，并允许迭代继续执行下去。由于公因子方差是相关系数的平方，我们规定它总是在 0 和 1 之间。这是公因子模型的数学性质决定的。尽管如此，但在最终的公因子方差的迭代估计时有可能超过 1。如果公因子方差等于 1，这种状况称为 Heywood 状况；如果公因子方差大于 1，这种状况称为超 Heywood 状况。在超 Heywood 状况时，因子解是无效的。

priors = 公因子方差的计算方法，规定计算先验公因子方差估计方法，即给各变量的公因子方差赋初值，包括 one（等于 1.0）、max（最大绝对相关系数）、smc（多元相关系数的平方）、asmc（与多元相关系数的平方成比例，但要适当调整使它们的和等于最大绝对相关）、input（从 data = 指定的数据集中按 type = 指定类型读入第一个观察中的先验公因子方差估计）和 random（0 与 1 之间的随机数）。

(4) 有关规定因子个数及收敛准则的选项

factors = n——要求保留 n 个公因子，否则只保留特征值大于 1 的那些公因子。

mineigen = p——规定被保留因子的最小特征值。

proportion = p——使用先验公因子方差估计，对被保留的因子规定所占公共方差比例为这个 p 值。

converge = p——当公因子方差的最大改变小于 p 时停止迭代。缺省值 = 0.001。

maxiter = n——规定迭代的最大数。缺省值为 30。

(5) 关于旋转方法的选项

rotate = 因子转轴方式名——给出旋转方法。包括 none、varimax、

quartimax、equamax、orthomax、hk、promax、procrustes。常用的有 varimax（正交的最大方差转轴法）、orthomax（由 gamma = 指定权数的正交方差最大转轴法）和 promax（在正交最大方差转轴的基础上进行斜交旋转）。

norm = kaiser | raw | weight | cov | none——为便于之后的因子旋转顺利进行，可以限定模型矩阵中行的排列方式。norm = weight 表示使用 Cureton-Mulaik 方法进行加权。norm = cov 表示模型矩阵的这些行被重新标度为表示协方差而不是相关系数。norm = raw 或 none 表示不进行正规化。

gamma = p——规定正交方差最大旋转的权数。

prerotate = 因子转轴方式名——规定预先旋转的方法。除了 promax 和 procrustes 的旋转方法，任何其他的旋转方法都可使用。

（6）有关控制打印输出的选项

simple——打印输出包括简单统计数。

corr——打印输出相关阵和偏相关阵。

score——打印因子得分模型中的系数。

scree——打印特征值的屏幕图。

ev——打印输出特征向量。

residuals——打印残差相关阵和有关的偏相关阵。

nplot = n——规定被作图的因子个数。

plot——在旋转之后画因子模型图。

preplot——在旋转之前画因子模型图。

msa——打印被所有其余变量控制的每对变量间的偏相关，并抽样适当 Kaiser 度量。

reorder——在打印输出时让各种因子矩阵的这些行重新排序。在第一个因子上具有最大绝对载荷的变量首先被输出，然后按最大载荷到最小输出，紧接着在第二个因子上输出具有最大绝对载荷的变量，等等。

二　因子分析法实证步骤

（一）KMO 检验

通过 SPSS 可以求出 KMO 和 Bartlett 的检验统计值（如表 6 - 3 所示）。KMO 检验值（0.793 大于 0.7），说明选取的各个指标之间具备一定的共性，Bartlett 球形检验的显著性小于 0.01（$P = 0.000$），说明各个指标之间互不相关，可以完成接下来的分析。

表6-3　KMO 和 Bartlett 的检验统计值

取样足够度的	Kaiser-Meyer-Olkin 度量		0.793
Bartlett 的球形检验	近似卡方		517.746
	df		78
	Sig.		0.000

（二）主成分提取

在确定全局主成分的有效性之后，利用 SPSS 软件完成数据无量纲化处理，即标准化处理，进而得出方差贡献率、累计方差贡献率和载荷矩阵。如表6-4所示，通常认为累计贡献率不得小于85%，特征值不小于1。根据软件算出的结果，我们选择了3个主成分。3个主成分的累计贡献率已经超过了85%，达到了86.211%。这足以表明这3个主成分能够很好地解释原有的所有指标中的信息。

表6-4　解释的总方差

成分	初始特征值			提取平方和载入			旋转平方和载入		
	合计	方差贡献率（%）	累计贡献率（%）	合计	方差贡献率（%）	累计贡献率（%）	合计	方差贡献率（%）	累计贡献率（%）
1	8.126	62.511	62.511	8.126	62.511	62.511	5.265	40.498	40.498
2	1.411	10.856	73.368	1.411	10.856	73.368	3.519	27.067	67.564
3	1.235	9.500	82.867	1.235	12.884	86.211	1.989	15.303	82.867
4	0.721	5.543	88.410						
5	0.487	3.744	92.154						
6	0.376	2.895	95.049						
7	0.231	1.777	96.826						
8	0.190	1.465	98.292						
9	0.117	0.897	99.189						
10	0.057	0.440	99.629						
11	0.030	0.233	99.862						
12	0.014	0.109	99.971						
13	0.004	0.029	100.000						

将此矩阵做方差最大旋转处理后得到的结果如表 6-5 所示，展示的分别是各变量在主成分上的载荷。通过表 6-5 可以看出，第一主成分中，GDP（x_1），最终消费支出（x_2），交通运输、仓储及邮政业就业人数（x_3），企业数量（x_6），货物周转量（x_{11}）这 5 个因子的载荷值较大，反映了社会宏观经济状况，因而命名为经济基础因子。在第二主成分中，交通运输、仓储及邮政业固定资产投资（x_5），航道运输里程（x_9），快递营业网点数（x_{12}），互联网上网人数（x_{13}）体现了物流快递产业的投入水平和潜在客户，将其命名为投入要素因子。第三主成分包括营运汽车数量（x_4）、铁路运输里程（x_7）、公路运输里程（x_8）、货运量（x_{10}）主要反映了物流快递业业务发展状况，将其命名为产业发展因子。

表 6-5 旋转成分矩阵

指标	元件		
	1	2	3
货物周转量（亿吨公里）	0.903	0.050	0.163
交通运输、仓储及邮政业就业人数（万人）	0.733	0.481	0.109
最终消费支出（亿元）	0.708	0.673	0.149
GDP（亿元）	0.707	0.641	0.216
企业数量（个）	0.703	0.654	0.070
航道运输里程（公里）	0.173	0.851	-0.027
快递营业网点数（个）	0.533	0.805	0.158
交通运输、仓储及邮政业固定资产投资（亿元）	0.321	0.688	0.535
互联网上网人数（万人）	0.575	0.681	0.371
铁路运输里程（公里）	0.124	-0.167	0.843
公路运输里程（公里）	-0.098	0.560	0.760
营运汽车数量（万辆）	0.508	0.223	0.718
货运量（万吨）	0.562	0.280	0.569

（三）计算因子得分及各省份综合得分

提取的 3 个主成分分别表示为 F1、F2、F3，表 6-6 展示了每个因子的得分系数矩阵。

通过表 6-5 的展示得出 3 个主成分的计算公式：

$$F1 = 0.119x_1 + 0.117x_2 + 0.206x_3 + 0.133x_6 + 0.445x_{11}$$
$$F2 = 0.203x_5 + 0.402x_9 + 0.228x_{12} + 0.124x_{13}$$
$$F3 = 0.280x_4 + 0.439x_7 + 0.353x_8 + 0.188x_{10}$$

将 3 个主成分按照各自的特征值贡献率做加权处理，同时汇总，可以推断出目前快递业发展的综合得分计算公式：

$$F = (F1 \times 62.511 + F2 \times 10.856 + F3 \times 12.884)/86.211$$

表 6-6 成分评分系数矩阵

指标	元件 1	元件 2	元件 3
最终消费支出（亿元）	0.117	0.094	-0.091
GDP（亿元）	0.119	0.071	-0.053
企业数量（个）	0.133	0.094	-0.130
交通运输、仓储及邮政业就业人数（万人）	0.206	-0.015	-0.096
交通运输、仓储及邮政业固定资产投资（亿元）	-0.151	0.203	0.163
公路运输里程（公里）	-0.363	0.262	0.353
铁路运输里程（公里）	0.008	-0.222	0.439
航道运输里程（公里）	-0.210	0.402	-0.125
互联网上网人数（万人）	0.012	0.124	0.043
营运汽车数量（万辆）	0.091	-0.135	0.280
货运量（万吨）	0.122	-0.109	0.188
货物周转量（亿吨公里）	0.445	-0.315	-0.048
快递营业网点数（个）	-0.026	0.228	-0.075

根据全国 31 个省份的 13 个指标数据，使用因子分析法得到每个主成分的测定水平，通过综合得分公式 [F = (F1 × 62.511 + F2 × 10.856 + F3 × 12.884)/86.211]，得出各区域的得分和排名，如表 6-7 所示。

表 6-7 全国 31 个省份物流快递业发展水平得分及排名

地区	F1 得分	F2 得分	F3 得分	综合得分	排名
北京	-2.17	2.04	1.32	0.32	10

续表

地区	F1 得分	F2 得分	F3 得分	综合得分	排名
天津	-0.78	-0.53	0.10	-0.12	12
河北	2.06	-1.13	-0.87	1.00	5
山西	0.19	-0.76	-0.58	-0.16	13
内蒙古	-0.40	0.15	-0.39	-0.19	14
辽宁	1.45	0.96	0.43	0.99	6
吉林	0.93	-0.87	4.69	-0.48	21
黑龙江	1.27	-0.61	-0.58	-0.50	22
上海	-0.29	2.70	0.36	1.41	2
江苏	-0.08	0.50	-0.32	1.13	4
浙江	0.05	0.05	-0.08	0.77	7
安徽	2.38	1.94	0.04	0.65	8
福建	-0.21	-0.11	0.48	0.02	11
江西	-1.10	-0.69	-0.02	-0.36	18
山东	0.43	0.69	-0.67	1.14	3
河南	0.24	-0.15	0.90	0.63	9
湖北	1.71	-1.04	-0.25	-0.21	15
湖南	0.09	-0.47	-0.58	-0.36	19
广东	-0.89	-0.98	-0.24	2.02	1
广西	-0.68	-0.48	0.10	-0.25	16
海南	-1.13	-0.74	-0.01	-0.65	25
重庆	-0.20	0.11	-0.39	-0.42	20
四川	-0.73	-0.12	-0.46	-0.61	23
贵州	0.18	2.14	-1.08	-0.83	28
云南	-0.21	0.17	-0.39	-0.86	29
西藏	-0.32	-0.33	-0.56	-0.98	31
陕西	-1.16	-0.84	-0.28	-0.25	17
甘肃	-0.36	-0.35	-0.10	-0.69	27
青海	0.58	-0.48	-0.17	-0.89	30
宁夏	-0.55	-0.44	-0.20	-0.67	26
新疆	-0.35	-0.34	-0.15	-0.62	24

第五节 实证结果分析

(一) 经济环境是影响地区物流快递业发展的主要因素

以上结果分析表明,在通过模型和数据有效性检测的情况下,将衡量物流快递业发展的指标提炼为 3 个主要成分,分别命名为经济基础因子、投入要素因子、产业发展因子。其中经济基础因子作为第一主因子占了总解释方差的 62.511%,第二主因子投入要素因子占总解释方差的 10.856%,第三主因子产业发展因子占总解释方差的 12.884%,说明各主因子对物流快递网络发展水平的解释程度分别为 62.511%、10.856%、12.884%。因此经济基础因子是物流快递业发展的关键因子,产业发展因子是次要因子,投入要素因子再次之,这三个因子共同促进且基本代表了快递业的发展水平。

(二) 区域快递业发展水平梯度与地域划分一致

根据表 6-7,对全国 31 个省份物流快递业发展水平得分和排名按照行政地域划分进行归纳,得到表 6-8,可以看出全国的区域物流发展水平和地域的划分有一定关联,分为三个层次。第一层次排名在前 11 位,其中有 9 个省份位于东部。第二层次排名在第 12~19 位,在此层次的中部地区有 4 个,同时还有 3 个省份位于西部地区。因此第二层次可以划分为中部地区。第三层次的排名在后 12 位,共有 9 个省份属于西部地区,因此第三层次划分为西部地区。综上来看,物流快递业发展水平与所属区域的综合发展环境相关,不同区域发展水平差距的梯度明显。

表 6-8 按地域划分的省份及排名

地域划分	省份及排名
东部地区	广东 (1)、上海 (2)、山东 (3)、江苏 (4)、河北 (5)、辽宁 (6)、浙江 (7)、北京 (10)、福建 (11)、天津 (12)、海南 (25)
中部地区	安徽 (8)、河南 (9)、山西 (13)、湖北 (15)、江西 (18)、湖南 (19)、吉林 (21)、黑龙江 (22)
西部地区	内蒙古 (14)、广西 (16)、陕西 (17)、重庆 (20)、四川 (23)、新疆 (24)、宁夏 (26)、甘肃 (27)、贵州 (28)、云南 (29)、青海 (30)、西藏 (31)

（三）发展水平呈现区域内集中趋势

东部省份快递业发展水平排名整体靠前。其中广东、上海、山东、江苏、河北、辽宁、浙江7个省份占据了排名的前7位。而东部剩余的4个省份中，北京、福建和天津也都排在前12位，只有海南排名相对靠后。东部地区物流快递业发展水平排名相对比较集中，对比中西部地区，各省份之间发展水平差距的梯度较缓，呈现集中发展趋势，规模效应明显，区域行业整体发展水平高，综合得分基本上大于零。中西部地区也同样呈现产业发展区域内集中的特点，但发展水平明显较低。从综合得分来看，中西部省份得分均为负数。因此，与东部地区相比，中西部还有很大差距。

第六节　本章小结

本章介绍了区域快递网络发展水平常用的评价方法。在综合权衡下，采用因子分析法做实证研究，评价全国快递网络发展水平。本章选取了4个方面的13项指标进行分析，归纳出对于快递业发展起到推动作用的主要因素。因子分析法最大的特点是能够破解众多变量之间的相关问题，这样可以尽可能地不因某些具有特殊信息的指标而破坏结果，因此，基于因子分析法评价快递网络发展水平即快递业发展水平评价，具有一定的实际意义，对于快递业在未来的发展具有现实指导意义。但是由于在研究中数据选取的定向性，难免会给研究结果造成细微偏差，在以后探究工作中有待改进完善。

第七章 快递网络运营机制研究

在分析对比快递网络发展水平、快递网络运营现状与快递网络运营环境要求的基础上，本章构建快递网络发展的运营机制理论框架，并对运营机制进行深入的研究。

第一节 快递网络运营机制的定义及构成

运营机制的概念最初运用于企业管理领域，之后被引入多个领域用来分析问题。运营机制是指各要素之间的结构关系和运行方式，结合内外因素使整个系统保持正常运行和循环，是系统各要素之间相互联系的运行方式。

本书对快递网络运营机制的定义为：在快递网络的运营过程中，构成快递网络的各功能要素间的结构组成和相互关系，以及各要素的作用过程和运作形式，主要反映系统运营中各组成部分之间相互作用、相互约束的动态关系。依照快递网络的概念，将运营机制分为物理层、业务层和控制层三层。其中物理层主要包括动力机制，是快递网络运营机制的基础部分；业务层主要包括传导机制、配送机制和组织管理机制，在快递网络运营机制中起规范作用；控制层主要包括促进机制和保障机制，在快递网络运营机制中起监督、控制和协调作用，保证全网的畅通。

快递网络的运营机制包括一条主线和两条辅线，分别对应着一个内部循环和两个外部循环，并且各循环之间相互促进、共同发展。快递网络运营机制的主线由动力机制-传导机制-配送机制-组织管理机制-快递网络结构构成，组成了快递网络运营的内循环。"快递网络结构-快递网络运营效率-促进机制"这一辅线与内循环共同组成一个外循环，通过优化调整快递网络结构和提高科学技术等促进机制，提升快递网络运营效率。而"快递网络结构-快递网络运营效率-保障机制"这一辅线与内循环共同形成另一个外循环，通过政策调控、法律约束等保障机制，保障快递网络的稳定有序运营。快递网络运营机制理论框架如图 7-1 所示。

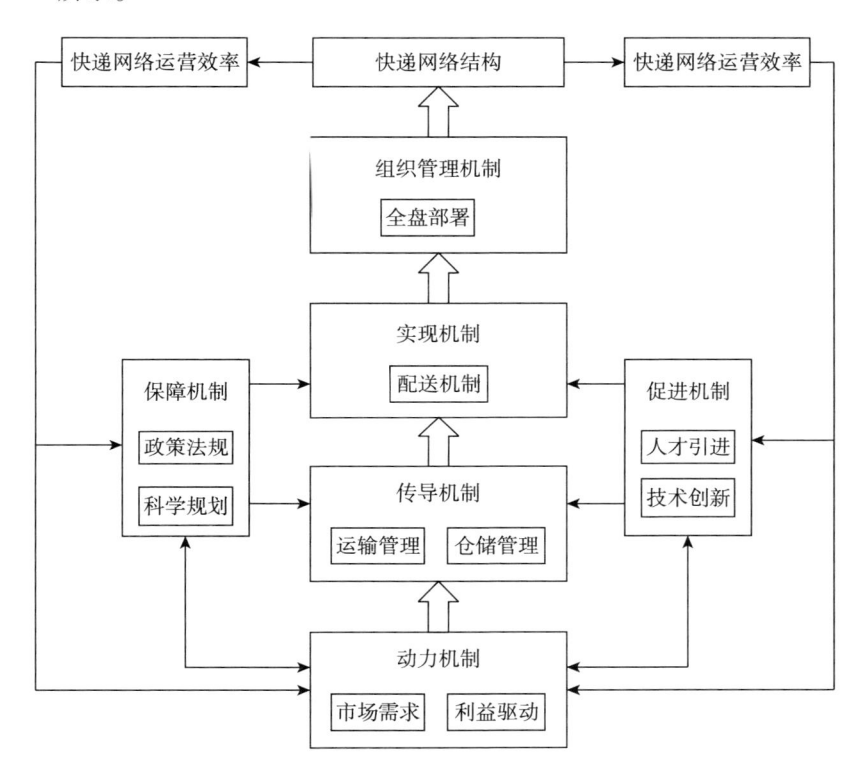

图 7-1 快递网络运营机制理论框架

第二节 动力机制

为使快递网络正常运行，节点之间需要更稳定、更持久的动力，这种动力包括利益机制和成本机制。

一 利益机制

快递网络运营的动力源于市场需求的不断扩大，市场需求的扩大是快递企业快速发展的原动力，也是驱动利益产生的根本力量。快递网络运行的根本动力和终极目标就是利益。快递网络包含不同的主体，但由于所追求的利益和结果存在差异，各主体之间既存在利益一致也存在利益对立，各主体之间的合作竞争关系将会不断变化。因此，协调各主体之间的利益关系，建立相对稳定的利益分配机制，实现快递网络整体利益和个体利益之间的平衡，是快递网络系统中各主体在合作竞争中相互博弈的结果。

2010～2017年全国快递业务量情况如图7-2所示，2016年全国快递业务量超过300亿件，达到312.8亿件，同比增长51.33%，增长速率是同期国内生产总值的7倍，居现代服务业前列。而2017年，全国快递业务量再创新高，突破400亿件，达到400.6亿件，同比增长28.07%。

图7-2 2010～2017年全国快递业务量情况

二 成本机制

物流冰山成本理论最早是由日本的西泽修教授提出的，该理论阐述了通过引入制度和硬件创新可以节约物流成本，引入的机制能提升整个生产过程的循环价值链。如图7-3所示，2010～2017年我国对快递业固定资产投资力度总体加大，但是相关的管制制度并不完善，使得快递网络的运营成本较高。西方国家普遍统计数据表明，企业直接劳动成本仅占总成本的10%，而快递成本高达35%。显然，快递成本的降低对企业利润增加具有显著的乘数效应。

2010～2017年期间，全国快递业务量和业务收入均呈增长态势，快递业务量的持续增加，以及业务收入的增长，足以说明快递市场需求量急剧上升。伴随着电子商务的快速发展以及人工智能的兴起，近年来快递企业发展迅速，业务收入在国民生产总值中占据较大比重。

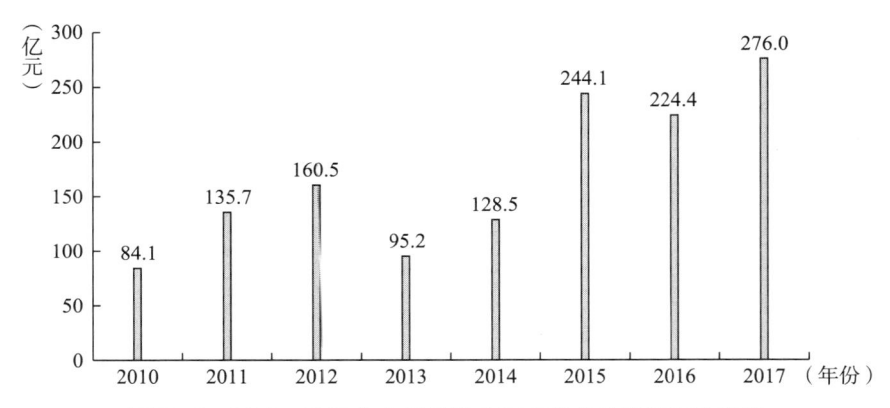

图 7-3 2010~2017 年全国快递业固定资产投资额变动情况

第三节 传导机制

动力机制给快递网络运营带来原动力，但还需与传导机制配合才能更有效地发挥作用。传导机制是快递企业实现网络运营的载体和工具。快递网络的运营中，运输、储存、分拣和装卸搬运共同构成了快递网络运营的传导因素。

一 运输管理机制

现代物流的动脉就是运输。人们在现代物流概念提出之前，将运输等同于物流，原因在于运输承担了物流的大部分功能，并创造了物品的时间效用和空间效果。目前主要分为五种基本运输方式，即铁路运输、公路运输、水路运输、航空运输以及管道运输，每种运输方式有其独特的优缺点和适用范围，如表 7-1 所示。

表 7-1 各种运输方式特点

运输方式	优点	缺点	适用范围
铁路运输	运量大、运输成本低、连续性强	投资高、建设周期长	大批量、长距离和低价值物品的运输
公路运输	灵活性强、能实现门到门的服务	载运能力小	中短途、中小量、高价值物品运输

续表

运输方式	优点	缺点	适用范围
水路运输	运费低、运量大	运速慢、易受自然条件的影响	长距离、低价值和大批量货物的运输
航空运输	速度快、机动灵活、对货物包装要求较低	运输量小、受天气限制大、运输成本高	贵重、时间性要求很强的小批量货物运输
管道运输	运量大、运费低、运输稳定性强	灵活性差、专用性强	单向、定点和量大的液体状货物运输

快递网络采用合理的运输方式、运输工具和先进的运输技术，既可以提高运输效率，还可以避免空车行驶、迂回运输、重复运输以及运输能力选择不当等不合理运输所造成的运输能力浪费、运输时间增加以及运费超支等问题。通过采用合理的运输方式、运输路线和配货方案等能够提高运输工具的实际载货率和运输效率，能够使货物及时、准确地送达目的地，从而能够使快递网络降低运输成本，节约能源，提高运营效率。

二 仓储管理机制

随着我国经济的发展，快递网络体系的价值逐渐体现出来。只有配套的快递运营体系，才能促进我国经济社会的快速发展。但是从当前的情况来看，我国快递成本居高不下，降低成本直接关系到快递网络运营效率的提高。在当前的快递网络体系中，仓储管理至关重要，占用了大量的成本，因此需要制定合理的仓储管理机制。仓储管理的一般流程如图7-4所示。

仓储不改变在库物品的功能、性质和使用价值，而是通过维持和延续在库物品的使用价值来增加其价值。仓储应采用有效的储存定位技术、监测计数方式、现代化的储存维护技术和有序的出入库管理技术，以减少搜寻和存取货物的时间，准确地监控和掌握货物存储的实际情况，加快货物和资金的周转速度，避免出现不合理的储存情况。科学的仓储既保证了货物的质量，又提高了库存周转率和仓库设施的利用率，降低了储存过程中的能源消耗，有效地提高了快递网络的运营效率。

合理有效的仓储管理方式主要有以下三种。

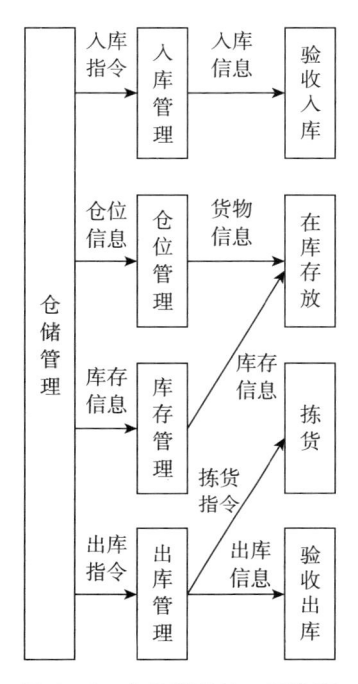

图 7-4　仓储管理的一般流程

1. 更新设施设备

快递企业应采用先进的搬运设备、分拣设备、堆垛机等，以适应仓储现代化趋势，并提高自动化水平和仓储整体管理效果。

2. 提高技术水平

快递企业应加强对仓储技术的引进和研究，利用信息技术、通信技术、GPS 技术等先进的科学技术，促进仓储业实现现代化，实现人工操作管理模式到电子化、数字化、网络化、机械化、自动化操作模式的转变。

3. 建立仓储信息管理体系

从目前的情况来看，我国尚未建立统一的仓储管理体系。应注意的是，企业必须建立一个信息化平台来提高仓储利用效率。只有建立和完善仓储管理的信息网络化平台才能够实现全国范围内的信息化仓储管理，使企业之间的沟通交流更加顺畅，相关信息能够及时共享，从而节约物流成本，提高企业经济效益。

三 包装管理机制

包装具有保护产品、方便储运的功能，不仅能防止装卸、运输和储存等过程中对物品造成的损坏，还能防止化学变化和有害生物对物品造成的损坏，从而有效地保护产品。快递行业作为一个微利行业，只有从每一个订单的成本控制入手，才能降低成本提高利润。目前快递普遍使用的包装材料是包装袋、纸箱以及各类填充物等材料，既浪费资源又污染环境。可以通过倡导节约，进行快递包装技术上的创新，降低成本的同时节省大量的社会资源。

1. 包装实验室

包装实验室有两个研发方向：一方面，通过压缩包装物的尺寸和面积来降低材料成本，从而减少社会资源的浪费；另一方面，使用更加环保的新材料，使包装物可以回收循环利用，从而实现节能环保。

2. 智能打包算法技术

快递打包也是个技术活，高效的打包一年可以节省 5 亿公斤的纸箱。2016 年 11 月，菜鸟网络算法专家使用大数据和大规模优化技术推出智能打包算法。这项技术能在订单产生时自动计算出货物所需箱子的大小、个数以及包装方法，可以利用优化算法用更小的箱子装下更多的货物。

传统的人工打包技术仅靠肉眼和经验判断，难以对货物的体积和重量进行估算，而智能打包算法能在订单生成时迅速对货物属性、数量、重量、体积甚至打包方式进行综合计算，及时与箱子属性进行匹配，确定所需箱子大小、数量。计算过程快速准确，相比粗糙的人工包装，可节省 5% 以上的包装耗材。

目前，该技术正在菜鸟的仓库内测试运营，从实际运营结果来看，该技术在成本和效率上都远优于人工判断包装。

第四节 配送机制

快递网络最终的目标是完成最后一公里配送。快递网络针对自身状况和特点，采取不同的配送机制，实现最终目标。

一 自营配送机制

自营配送是快递网络为了满足商品配送的需求而开展和组织管理自身的配送活动的过程。由于快递网络自身拥有这种配送机制的配送主体，可以相对容易地调用配送资源，方便内部沟通，且配送质量高，响应及时，有益于配送企业之间的沟通交流。为扩大配送范围，可以自主建立多个大型物流配送中心。但在这种"小而全"的配送机制下，配送规模较小时，将造成一定的社会资源浪费。自行建立配送体系需企业投入较大成本，回收周期较长，不利于企业核心竞争力的形成，造成配送成本和费用较高。

目前国内大型的生产制造企业、流通企业尤其是各类连锁加盟企业，普遍采取自营配送机制。通常规模较大的集团公司应采用自营配送机制，例如连锁企业的配送。

二 第三方配送机制

第三方配送也称外包配送。第三方配送中的"第三方"通常是相对于"第一方"的卖方物流和"第二方"的买方物流而言。第三方配送机制就是由完成合作贸易双方之外的第三方承担部分或全部配送业务，其物流专业化程度更高，是有效实现物流社会化、合理化的重要途径。第三方配送机制的一般流程如图7-5所示。

图7-5 第三方配送的一般流程

由于电子商务的不断发展以及第三方配送体系的不断完善，这种机制已成为电子商务网站和工商企业的首选配送机制。快递网络可以得到第三方物流配送企业所提供的优质、专业、便捷的优质物流服务，自身减少了物流的建设费用，增强了企业自身的核心竞争力。第三方配送机制对满足消费者需求、减少缺货成本、缩短送货周期、提高消费者满意度、塑造企业的形象、提高企业信誉具有重要意义。通过第三方物流商的规模优势整合物流,从而控制生产运营,并实现生产与物流之间的平衡,从而最大限度地降低快递网络物流成本与总成本;同时还可以积极整合周边资源,提高资源利用率,节约社会运力。第三方配送机制也存在固有的缺点,如快递网络部分或者全部的配送业务外包,对第三方配送服务有很大程度的依赖。配送外包使快递网络不能像自营配送机制那样直接面对客户,容易造成客户流失。

三 互用配送机制

互用配送机制是快递网络以合同的形式签订某些协议,利用对方的物流资源获取自身利益的配送机制。其主要优点是快递网络可以在不投入较多资金、人力、设备的条件下,达到扩大快递网络的服务范围和规模的目的。这种配送机制的稳定性较低,要求网络间有高效的沟通,才能达到较高的组织协调能力和管理水平。互用配送机制对物流信息技术要求很高,比较适合现代便捷的物流信息条件下的交易方式,基本形式如图7-6所示。

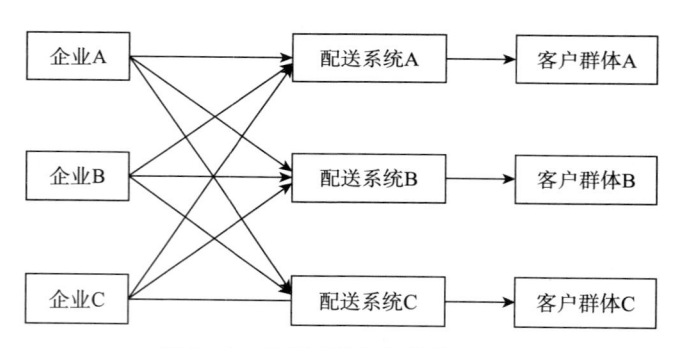

图7-6 互用配送机制的基本形式

互用配送机制的目标是提高快递网络的配送效能,并把其自身服务作为核心内容;合作的对象没有特定的要求,可以是经营配送业务的企业,也可以是非经营业务的企业。因为互用配送机制的自身原因起主要作用,所以主体之间合作稳定性较差。

四 共同配送机制

共同配送是快递配送网络在配送中心统一计划和调度下建立的配送

联盟，以提高配送效率，实现配送合理化，优化物流资源。共同配送机制主要有两种运作模式：①一个快递网络根据每个客户的不同要求，合理安排配送时间和路线，并对各个用户进行合理配送；②仅在送货的环节把各企业待运的货物混装在同一辆车上，然后根据客户的具体要求交付至指定地点。共同配送机制的一般流程如图7-7所示。

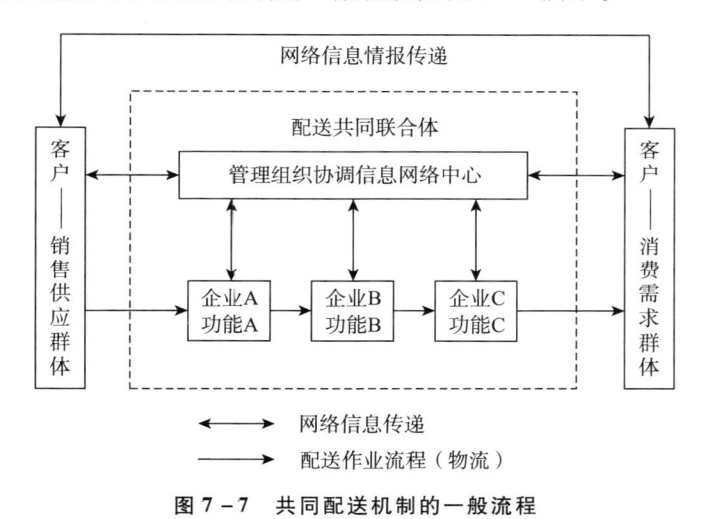

图7-7 共同配送机制的一般流程

共同配送机制有以下几个优点：对于运送者来说，对同一个区域的客户按照其各自的要求进行统一化管理和集中化、规模化运送；减少各个快递网络间的不适当竞争；快递网络可以通过降低成本，提高其配送能力和规模，将主要的力量集中在核心业务上，增强核心竞争力；对于社会而言，共同配送能有效提高车辆的实际载重量，减少配送车辆总数，改善交通状况，降低碳排放总量。

第五节　组织管理机制

快递网络发展的组织保障就是有效的组织管理机制。制度经济学认为，经济发展的主要原因不是资金、人力和自然资源，而是组织系统本身决定了组织的运转和发展状态。制度也是生产力，因此加强组织机构的建设和设计非常重要。快递网络管理机制主要分为自营物流机制、第三方物流机制和第四方物流机制三种。

一 自营物流机制

快递行业的自营主要是生产经营方面的一体化。在自营物流中快递网络自行配备仓库、车辆以及其他的物流设置，设立管理部门进行企业的管理。自营物流的优势在于掌握权在自己手中，企业能够以较快的速度解决物流管理中的问题，对于供应商、客户的信息获得也是最新的，可通过这些信息及时调整自身的经营战略。在成本预算方面，企业采用自有物流，更有利于掌握真实的供应商数据。企业内部在进行原材料的控制与产品的销售中，无须为仓储以及售后的佣金比例而困扰，避免了交易的不确定性，同时降低了风险。企业的自营物流也能够提升自身的品牌价值与影响力。

通过物流系统的自建，一方面能够帮助企业掌握客户的信息资料，另一方面也可以针对客户的需求及时调整自身战略。当然自营也存在多方面的缺陷，比如专业化程度不高、投资力度较大、管理方面存在诸多困难。

二 第三方物流机制

第三方物流主要是企业借用外部资源为企业的生产服务，将一些业务承包给第三方。第三方是针对第一方与第二方而言的，通过第一方与第二方的合作进行专业化的物流服务，它并不拥有产品，也不参与商品的买卖。第三方物流能够帮助企业将精力集中于核心业务。

三 第四方物流机制

第四方物流的组成人员包括委托客户、第三方的服务商、管理咨询公司、增值服务商等。第四方物流能够帮助企业降低管理运营成本，将精力聚焦在核心业务上。企业将一些不是主业的物流业务进行外包，可以提升核心影响力，降低相应成本，同时降低资金占用，有效控制仓储成本。第四方物流专业优势明显，拥有大量专业资源，能够为客户提供专业化的服务，降低运营成本。同时，第四方物流也拥有网络方面的优势，因为第四方物流公司依靠的是网络与信息，大面积的网络覆盖可以帮助客户扩展海外市场，降低运营的物流成本。

不同的传导机制，存在诸多特性差异，导致快递网络的管理效率、快件的配送效率、信息的流转效率以及资源的转化效率都有差异。不同的物流机制再加上地理维度时，产业运营的复杂度又大大增加，除了内部的运营问题，地区经济发展水平、人口分布、地理特点、相关产业发展水平、人们的消费观念等因素都影响快递业的运营效率和收入。运营效率在一定程度上决定了企业的发展水平和收入水平。运营效率高、资源利用率高，则成本减少，产出增加，企业会考虑进一步增加地区投入从而获取更丰厚的报酬，这无疑会激活地方快递产业的活力。如果效率低下，快递网络为了节省成本、减少损失，则会减少资源投入，如果长期亏损，甚至可能取消地区业务。

综上所述，快递业是基于快递网络的物流配送产业，包括快递网络基础设施、快递从业人员、固定资产投入、物流配送工具、中转站和配送点、相关的硬件设施和技术手段等要素，这些要素共同支撑快递产业正常运营。同时，各要素之间紧密联系，相互影响，因此要素的配置方式和配置水平会对产业的整体运营产生"蝴蝶效应"，从而影响运营效率。随着外部环境的变化，相关要素也会随之变化。宏观经济的发展和科学技术水平的提高，是快递业生产率增长的积极因素，但同时要求其他要素能与之相匹配。过分依赖某种要素，如前沿技术或者先进管理方式，而忽视了各类要素之间的协调配合，也影响运营效率。

第六节 促进机制

在快递网络运营中，促进机制非常重要，它可以更好地支持快递网络的运营。快递包装、快件分拣、配送机器人、无人机等技术方面的创新对快递网络运营起到非常有效的促进作用。

一 快递网络结构升级

改革开放以来，我国经济快速发展，人民生活水平日益提高，对安全快捷的快递服务的需求更加迫切。同时，完善的交通运输网络和计算机技术的快速发展为快递业的发展提供了条件。快递可以加快货物和信息的传递速度，提高物流、信息流、资金流的流通效率，并且可以降低社会经济的运行成本，促进地区的经济发展，为我国 GDP 做出贡献，快递业已成为促进国民经济发展和产业结构升级的新兴服务产业，同时快递业可以带动相关产业的发展，尤其是快递业已成为推动电子商务发展的关键环节和重要基础。

我国快递网络结构需要从市场结构和物流服务内容等方面进行调整优化。在市场结构方面，我国快递业主要集中在竞争激烈甚至出现混乱状态的低端市场，很少有快递企业能进入高端市场与国际快递企业进行竞争。我国快递业通过资源整合，发展实力强大的快递企业，从而进入高端市场是其市场结构优化的一项重要内容。在物流服务内容方面，主要通过提升科技创新和信息化水平增加快递网络服务的附加值，注重培养高素质的快递人才，优化现有的快递网络和运输条件，提高快递业专业化、现代化和一体化的服务水平。此外，快递网络应该从根本上摆脱高投入、高消耗的增长模式，不过度扩大快递企业的规模，走现代化、信息化的道路。

二 人才引进与培养机制

舒尔茨认为，全面的资本概念分为人力资本和物质资本两个方面。人力资本与物质资本一样，在经济活动中发挥的作用越来越大，对经济增长的贡献也在不断增加。快递业的可持续发展离不开人才，只有将高素质的人才与多种生产要素相结合，才能使快递业得到更好发展。快递企业可以依照自身发展的实际情况，依托相关部门和高等院校等机构，以引进专业的物流技术和培养优秀的物流管理人才的方式，完善人才引进机制、人才激励制度和人才培养体系，为高素质人才的发展提供动力。

三 科技引进机制

科技进步可以促进快递网络的流程优化，改善物流设备。物流设备是快递网络系统中的物质基础。1970 年以后，我国的物流业得到迅速的发展，不仅各种物流设备的总量快速增加，自动化和信息化水平也得到了一定程度的提高，而且物流设备已应用于物流的各个环节。但总的来说，我国物流设备的改善并不能满足新世纪新任务的要求，物流设备的管理还较为薄弱，还缺乏高端的物流设备，致使快递网络的运营效率较低。科技进步的推动，不仅可以改善目前的物流设备，优化作业流程，还能提高工作效率，提高快递网络的运营效率。

第七节 保障机制

快递网络运营很大程度上依赖于市场机制的发挥，但是市场机制并不是万能的，快递网络运营需要政府的支持，需要政府提供保障机制，通过制度规范市场。

一 信息网络机制

快递信息是有价值的资源，只有在得到充分开发后才能用于快递活动中。因此，必须应用快递信息技术，构建快递网络信息系统，将信息的收集、加工、处理、存储以及传输形成一个整体，进而有效地处理利用各种快递信息，达到快递现代化的目标。相关的快递信息技术手段有自动识别系统、电子数据交换、智能交通系统等。

二 政策法规机制

政策法规是个体公民和企业公民必须遵守的行为准则，违反者必须受到制裁，因此，快递法律法规是推动快递企业发展的强制性力量。

《中华人民共和国邮政法》对邮政服务的具体内容进行了阐述，《国务院关于促进快递业发展的若干意见》提出了一系列促进快递业发展的意见，《禁止寄递物品管理规定》对禁止寄递的物品做出了明确的规定。国家邮政局《关于印发〈智能快件箱投递服务管理规定（暂行）〉的通知》中，解答了很多公众关注的问题，如已在快递面单上标明为易碎品或者外包装出现明显破损的快递邮件，无法通过智能快件箱的方式投递。但是，法规未规定是否可以将生鲜食品投递到智能快件箱。同时，对快递邮件的损坏未做出明确的责任划分。2011年12月30日，国家质量监督检验检疫总局和国家标准化管理委员会联合发布快递服务系列国家标准，于2012年5月1日起正式实施，明确规定快递服务组织应根据有关规定赔偿彻底延误的快件。

三　科学规划机制

2017年3月30日，国家邮政局发布了关于快递服务发展的"十三五"规划，这些地区包括京津冀地区、长江三角洲地区和珠江三角洲地区。三大区域的"十三五"快递规划同时也指导着全国区域快递的协同发展。

《京津冀地区快递服务发展"十三五"规划》明确提出京津冀地区未来五年的发展目标。京津冀地区作为一个整体，应统筹规划完成产业转型和交通设施建设，改善社会民生，旨在建成京津冀措施一体、优势互补一体化布局。在2020年进行结构调整，使经济保持中高速增长，形成区域一体化交通网络，改善生态环境质量，提高人民生活水平，增加城乡居民收入，提高基本公共服务均等化。

《长江三角洲地区快递服务发展"十三五"规划》指出，长江三角洲地区的企业应充分发挥集聚优势，加快建设国家级的改革创新实验区、高效示范区和高端服务引导区。到2020年，长江三角洲地区的快递业务量累计达到265亿件，在全国快递业务量中所占的比重达到38%；快递业务收入累计完成3313亿元，在全国快递业务收入中所占的比重达到42%；在所建立的区域内，重点城市与城市之间的快递可在12小时内完成配送，非重点城市间的快递配送任务也会在一天（24小时）之内完成。届时，快件在运输过程的延误率和货损率将大幅度降低，同时也将降低丢失率和申诉率。

《珠江三角洲地区快递服务发展"十三五"规划》提出，要将珠江三角洲地区发展为全国快递转型升级示范区、快递服务"走出去"先行地、世界知名快递企业聚集地。到2020年实现乡乡有网点、村村通快递的蓝图。在国家邮政局和地方党委政府的领导下，全力打造全国快递业改革发展增长极，着力构建特色鲜明的区域快递协同发展新格局。

四　风险防御机制

中国快递业的发展进程越来越快，在促进快递业发展的同时也将面临更大的不确定性和越来越多、越来越复杂的风险。由于我国快递企业入行门槛较低，员工素质较差，企业规模较小，行业发展势头较小，以至于快递市场远不能满足网络购物的需求。网络购物的兴起不仅为快递行业带来发展机遇，也对其服务能力和承载能力提出了巨大的挑战。制度风险、技术风险、政策风险、自然风险、市场风险等风险相互交叉融合，使得快递业的发展面临着巨大的不稳定性。政府和企业为了应对快递业在发展过程中面临的诸多风险、为了规避物流配送中的风险、为了降低风险造成的损失程度，所采取的一系列风险管理体系、措施、方法和手段都是快递网络中的风险防御机制。

第八节 本章小结

本章通过对快递网络运营机制进行定义，明确其内涵，探讨快递网络运营机制主要由动力机制、传导机制、配送机制、组织管理机制、促进机制以及保障机制组成。动力机制包括利益驱动和成本机制两部分，利益驱动和成本机制共同促进快递运营网络的构建和运营；传导机制由运输管理、仓储管理和包装管理三部分组成，是快递运营效率的体现；配送机制由自营配送、第三方配送、互用配送和共同配送四部分组成，是快递运营的核心环节，是更接近最终客户的环节，关系到用户体验。组织管理机制是快递网络发展的组织保障；促进机制可以为快递网络的运营提供更好的支持；保障机制是快递网络运营的约束和规范，为快递网络运营服务。

第八章　基于三阶段 DEA 模型的快递网络运营效率评价

近年来，快递业规模不断扩大，但客户体验有待提升。客户抱怨取件难、时效差的问题仍然存在。快递业发展受到多方面因素影响，包括内在因素、外在因素、经济因素和环境因素等，而快递网络运营效率是制约快递业发展的主要因素。目前，国内各地区快递产业发展不平衡的态势严重，快递业务量集中在少数地区，其中长三角、珠三角、渤海湾地区分别占比40%、29%、16%，而其他地区快递产业收入和规模都相对较小。根据快递产业实际发展水平，运用三阶段DEA（数据包络分析）方法对区域快递产业运营效率进行分析，通过投入产出模型比较和评价各地区快递产业资源的利用效率，进一步分析国内各地区快递业发展不均衡的原因。

第一节　研究思路

本章根据快递网络的特点，选择合适的指标，建立快递网络运营效率评价体系。为了解快递网络运营现状，第一阶段首先分析说明所选取的指标，其次运用DEA（数据包络分析）方法测算并对比我国不同省份的快递网络综合技术效率、纯技术效率和规模效率，通过运算得出的效率值，分析各个省份之间存在效率差距的原因。在第二阶段，利用SFA（随机前沿分析模型）剔除随机误差和环境因素。在第三阶段，依照修正之后的投入松弛变量得出测算结果，并和第一阶段的测算值进行对比。根据对比分析的结果，论证第二阶段使用SFA模型调整的松弛变量是否具有一定的合理性，即在相同的环境因素和随机误差之下，决策单元的计算结果是否更加准确，以及结果是否能更准确地表示当前快递网络运营效率，从而帮助我国各省快递网络管理层根据具体情况来弥补自身的运营不足。本章研究思路如图8-1所示。

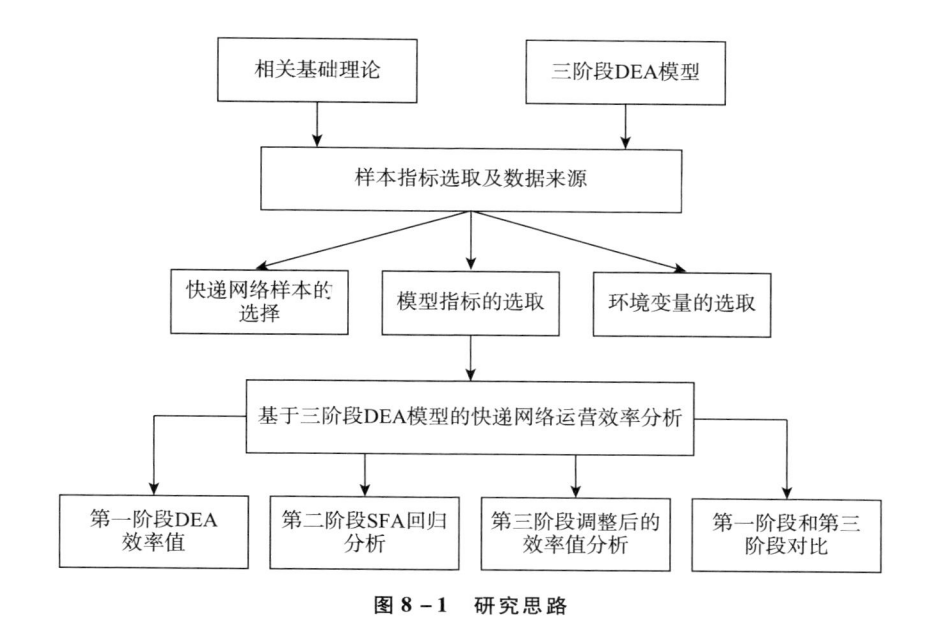

第八章 基于三阶段 DEA 模型的快递网络运营效率评价

图 8-1 研究思路

第二节 模型方法

一 DEA 模型

数据包络分析（Data Envelopment Analysis，DEA）方法是一种效率评价非参数方法，用来分析多投入多产出决策单元。1978 年 Charnes 等首先提出 DEA 方法并用来评价部门之间的有效性，该模型被命名为 CCR-DEA 模型。CCR 模型经后来的学者改进得到 BCC 模型和超效率模型。DEA 模型通过构建线性规划不等式组，从最利于决策单元（Decision Making Unit，DMU）的角度进行评价，以决定决策单元投入、产出相对最优权重，无须事先假定决策单元投入产出具体函数形式，并根据所得权重计算各个决策单元效率值。其中，最优决策单元相对效率值最大，最大值为 1。

二 三阶段 DEA 模型

三阶段 DEA 模型将传统的 DEA 模型和随机前沿分析模型相结合，

规避了简单的一阶段和二阶段 DEA 模型的缺点。三阶段 DEA 模型在传统 DEA 模型的基础上消除了环境因素和随机误差对决策单元的影响,清楚地了解决策单元的调整程度,提高了所选取变量之间的协调性。通过消除环境因素和随机误差的影响,可以获得更真实有效的效率值,为快递网络在运营期间的效率评价提供更准确的数据。

顾名思义,三阶段 DEA 模型分为三个阶段。第一阶段使用传统的 DEA 模型进行效率分析,测算出不同的决策单元的初始效率值,并计算出该投入指标的松弛变量,其中 CCR 模型和 BCC 模型是比较常见的 DEA 模型。第二阶段主要是剔除环境因素和随机误差,使用 SFA 模型剔除二者对决策单元的影响,依照判别需求选取合适的环境变量,利用投入松弛变量进行回归分析;最后,根据第二阶段的剔除结果修正原始的投入松弛变量,主要是为了在相同的环境中分析比较各个决策单元。第三阶段主要是利用修正之后的投入松弛变量对决策单元进行效率评价,得出剔除了环境变量和随机误差影响之后的准确效率,如图 8-2 所示。

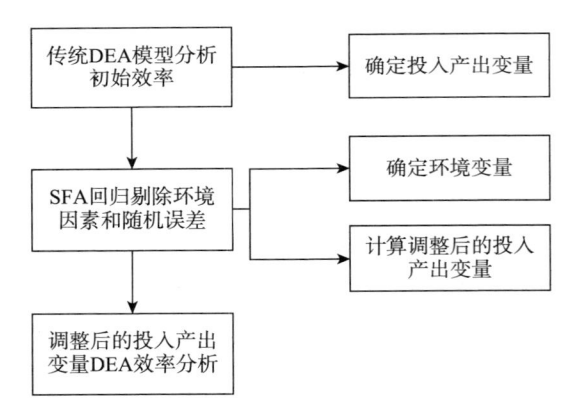

图 8-2 三阶段 DEA 操作步骤

设有 n 个决策单元,每个决策单元 $DMU_j = 1, 2, \cdots, n$。有 m 种类型"输入"和 s 种类型"输出",分别用 X_j 和 Y_j 表示,其中 $X_j = (X_{1j}, X_{2j}, \cdots, X_{nj})$,$Y_j = (Y_{1j}, Y_{2j}, \cdots, Y_{nj})$,$j = 1, 2, \cdots, n$。则评价第 j 个决策单元且判断其有效性的 CCR 模型的对偶规划($D\varepsilon$)为:

$$\min[\theta - \varepsilon(\hat{e}^T s^- + e^T s^+)] = VD$$

$$\text{s.t.} \begin{cases} \sum_{j=1}^{n} \lambda_j x_j + s^- = \theta x_0 \\ \sum_{j=1}^{n} \lambda_j y_j - s^+ = y_0 \\ \lambda_j \geq 0, j = 1, 2, \cdots, n \\ s^- \geq 0, s^+ \geq 0 \\ \theta \in R \end{cases} \quad (8-1)$$

其中，θ 为决策单元 DMU 的 DEA 效率值，λ_i 是权重系数，s^+ 是松弛变量，s^- 是剩余变量。

CCR 模型主要计算 DEA 综合效率值，无法计算纯技术效率以及规模效率的值。BCC 模型是在 CCR 模型中添加一定的限制条件，从而得到纯技术效率的值，能够提高分析技术的有效性。根据 BCC 模型计算的纯技术效率值 θ_s 和 CCR 模型计算的总效率值得到规模效率值。

如果 $\theta_s = 1$，则该决策单元规模收益不变，称为有效规模效率。

如果 $\theta_s < 1$，该决策单元规模无效，则要判断该决策单元属于规模报酬递增还是规模报酬递减，还需计算规模效益 $n \sum \lambda_i$ 来判断。

设规模效益值为 M，如果 $M = 1$，则规模收益不变，此时决策单元已达到最优；如果 $M < 1$，决策单元处于规模收益递增状态，且 M 值越小，规模递增趋势越大。

第三节 建立指标体系

一 指标选取

在运用三阶段 DEA 模型计算运营效率的过程中，指标的选取会影响实证结果的准确性，同时还要考虑指标选取的数量。但是现有的研究很少涉及相关评价指标的选取原则，在评价指标的选取过程中，大多数文献中都是决策者的主观选择，在指标选取方法、选取数量等方面存在许多问题，还需要进一步讨论。在构建快递网络运营效率评价指标体系的过程中要遵循以下原则。

（1）易获得性原则。选取的指标应该以指标可量化以及资料方便收集为前提。所选取的指标应该可以在数据库中直接获取或经过相应运算而得到。

（2）完整性原则。要建立全面的指标体系，进而才能综合地评价目标客体。因此，本章需要建立一个能够涵盖目标的各个方面，并能同时满足定性和定量要求的体系，进而充分描述现实状况。

（3）指导性原则。为了更好地促进快递网络的运营和可持续发展，应该建立能够持续优化的指标体系，从而发挥指导和监督的作用。

（4）系统性原则。在考虑特殊性和普遍性方法的基础上，结合研究目标的本质特征，在选取指标体系时要强调指标的层次性和相关性。

在选取指标变量时，笔者对学者们现有的研究做了充分的调查研究，通过对比分析，所建立的投入和产出指标体系如表 8-1 所示，以下详细说明。

表 8-1 投入、产出和环境指标的选择

类别	指标
投入指标	快递营业网点、邮路总长度和快递业务量
产出指标	快递业务收入
环境指标	平均每一营业网点服务人口数、基础设施建设和快递业从业人员数

1. 投入指标

（1）快递营业网点。快递营业网点是快递产业重要的固定资产。根据营业网点服务能力，每个网点覆盖面积有限、服务人口数量有限。通常来说，营业网点密集程度与该地区快递需求量成正比，营业网点越密集说明该地区快递需求量越大。快递营业网点数量直接影响快递网络运营效率，网点稀疏不能满足业务需求，会降低服务质量；网点过于密集又会造成资源浪费，成本增加。因此，宜将快递营业网点作为快递产业运营效率评价的投入指标。

（2）邮路总长度。邮路总长度包括公路邮路长度、铁路邮路长度和航空邮路长度。邮路长度反映地区物流基础设施建设状况，同时也体现地区运输产业规模。快递网络是交通网络的一种特殊职能形式，相比运输线路长度，邮路长度与快递业的关系更紧密，也更适合作为快递产业相关分析的指标。

（3）快递业务量。快递业务量是快递服务能力水平的体现，是物流产业常用的评价指标。快递业务量的大小是快递服务水平及地区经济水平的重要体现，同时也是快递业务收入最直接的转化指标。

2. 产出指标

快递业务收入是快递产业运营的主要产出，是快递产业运营状况最直接的检验标准。

3. 环境指标

环境变量选取原则是能够对快递网络运营效率和决策单元的效率值产生主观控制范围之外的显著影响。环境因素不容易进行改变且不因决策单元的主观意志而发生变化。考虑到影响快递网络运营效率的环境因素很多，本书在参考现有文献的基础之上，选取3个环境变量来分析外部环境因素对快递网络经营效率的影响。

（1）平均每一营业网点服务人口数。一般情况下，快递营业网点服务人数越少，运营效率越高。

（2）基础设施建设。每个企业所处地区的经济环境不同，经济越发达的地区，基础设施建设越完善，快递企业越能将更多的精力用于提升自身效率，越有利于快递业的可持续发展。

（3）快递业从业人员数。一般来说，从业人数较多的地区，快递业发展较好，对人才需求越大，快递运营效率越高。

在分析投入、产出指标和环境变量的基础上，考虑易获得性、完整性、指导性和系统性的指标选取原则，选取7个指标构建快递网络运营效率评价指标体系。该指标体系共分为三个类别，如图8-3所示。

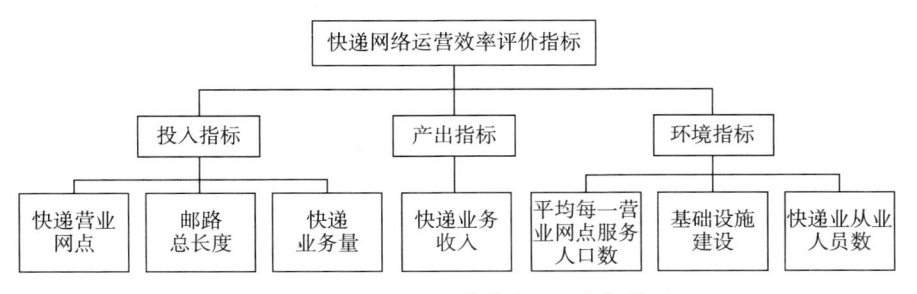

图8-3 快递网络运营效率评价指标体系

二 数据来源与样本选择

使用DEA模型进行分析时，应该分析决策单元的同质性，这反映为每个决策单元的决策任务与决策目标是否一致。如果所选取的决策单元没有相应的同质性,则选取的决策单元对于 DEA 模型的应用没有实际意义。

选用三阶段 DEA 模型对效率进行评价时,指标选取的个数应满足决策单元数量是投入和产出指标数量之和的 2 倍以上,如果不满足该条件,研究结果可能无效。本章选取 3 项投入指标、1 项产出指标,采用全国内地 31 个省份 2011~2017 年度快递产业相关数据,满足三阶段 DEA 模型运用的条件。本章数据均来源于 2012~2018 年《中国统计年鉴》,如表 8-2 至表 8-8 所示。

表 8-2 2011 年全国 31 个省份快递产业投入产出指标数据

省份	快递业务收入（万元）	快递营业网点（处）	邮路总长度（公里）	快递业务量（万件）
北京	625532.3	2507	376504	33663.4
天津	127066.3	765	94118	5130.6
河北	162355.1	2461	71367	8660.4
山西	46383.2	1300	106655	2098.5
内蒙古	45339.8	1112	110792	1995.0
辽宁	151316.8	2545	136099	6211.5
吉林	63106.0	1429	91456	2647.3
黑龙江	71495.1	1654	114962	3066.0
上海	1218226.3	5208	259717	40914.9
江苏	708697.6	5837	211468	38509.0
浙江	844874.2	3965	260054	49660.6
安徽	112013.8	2260	65219	6628.3
福建	316623.4	2288	195662	15764.9
江西	66607.0	2142	93086	3716.1
山东	335733.0	5506	302217	18439.0
河南	140529.4	4325	149659	8377.9
湖北	137666.8	2569	191578	8282.1
湖南	114983.0	2510	115765	6342.7
广东	1632100.4	7070	710690	75689.7
广西	72613.5	1941	131334	3495.7

续表

省份	快递业务收入（万元）	快递营业网点（处）	邮路总长度（公里）	快递业务量（万件）
海南	20164.6	632	93432	953.5
重庆	76828.8	2276	103923	4068.3
四川	177908.0	3938	190342	10216.3
贵州	36576.8	1637	99155	1533.9
云南	70425.4	2134	178708	3041.4
西藏	11750.0	225	25098	284.3
陕西	83740.6	1842	237536	3941.6
甘肃	83740.6	1842	237536	3941.6
青海	8713.1	165	34684	244.5
宁夏	15071.8	317	46423	679.0
新疆	57706.2	1231	237636	1919.6

表8-3　2012年全国31个省份快递产业投入产出指标数据

省份	快递业务收入（万元）	快递营业网点（处）	邮路总长度（公里）	快递业务量（万件）
北京	762737.0	3052	405521	48073.7
天津	144376.7	1068	157480	6364.0
河北	214740.6	2734	78040	12469.1
山西	54284.2	1728	97314	2805.3
内蒙古	58718.6	1596	154666	2440.0
辽宁	179310.6	3087	252991	7757.4
吉林	80722.5	1601	179250	3854.4
黑龙江	81909.5	1881	138855	3623.5
上海	1828629.3	3792	192241	59905.3
江苏	1034124.0	6405	240630	63870.5
浙江	1197342.6	5155	449588	81986.8
安徽	145715.8	2434	139364	9731.4
福建	420985.5	3117	182584	25593.8
江西	84144.3	2369	108198	5472.6
山东	419168.3	5173	309689	24731.8
河南	192209.6	4305	131284	12503.4

续表

省份	快递业务收入（万元）	快递营业网点（处）	邮路总长度（公里）	快递业务量（万件）
湖北	183033.8	4035	124877	11629.8
湖南	164752.9	2846	142207	10022.7
广东	2456278.2	10015	578539	133770.5
广西	87490.9	2304	273528	4395.1
海南	23230.1	675	94378	1123.6
重庆	103426.5	2506	110951	5497.9
四川	225753.7	6217	269222	12814.4
贵州	40386.8	1921	136429	1801.0
云南	85357.5	2598	197454	3774.4
西藏	12989.2	247	29485	320.1
陕西	101893.6	2312	146020	5085.0
甘肃	35255.3	1697	126312	1470.3
青海	9844.1	241	72785	286.7
宁夏	52709.0	364	54058	2967.8
新疆	71803.8	1554	281167	2406.0

表8-4　2013年全国31个省份快递产业投入产出指标数据

省份	快递业务收入（万元）	快递营业网点（处）	邮路总长度（公里）	快递业务量（万件）
北京	937978.8	3826	228443	81818.2
天津	177653.7	1405	448060	8719.0
河北	288768.9	3260	57874	20755.7
山西	68725.6	2727	73422	8869.0
内蒙古	64417.0	2104	98198	2839.0
辽宁	227256.9	3641	184995	11411.1
吉林	87529.9	2278	251159	4526.7
黑龙江	100134.0	2645	140651	5393.9
上海	2575921.3	4568	153496	95012.4
江苏	1429899.2	8913	197750	98415.5
浙江	1797804.2	6816	228317	141952.8
安徽	195051.8	2925	428691	13755.5

续表

省份	快递业务收入（万元）	快递营业网点（处）	邮路总长度（公里）	快递业务量（万件）
福建	615612.7	4125	104462	44535.8
江西	129791.0	3827	182600	9751.5
山东	545011.8	6153	81476	31375.8
河南	265020.9	5626	242453	19443.9
湖北	285487.2	5178	147995	21991.0
湖南	195896.5	4364	153786	15446.7
广东	3367805.4	13461	172456	210670.3
广西	112047.4	2764	594990	6745.1
海南	28075.7	864	291560	2226.9
重庆	136957.5	3044	90861	10614.8
四川	304253.8	8465	154470	24400.9
贵州	60342.1	3070	270825	2931.2
云南	105318.7	3095	129375	6870.3
西藏	14847.2	303	275486	378.8
陕西	133661.0	2529	52302	9552.2
甘肃	40780.6	2028	168030	1788.5
青海	11903.5	725	183447	417.5
宁夏	24309.7	541	63879	972.9
新疆	88551.1	2381	45723	5092.1

表8-5 2014年全国31个省份快递产业投入产出指标数据

省份	快递业务收入（万元）	快递营业网点（处）	邮路总长度（公里）	快递业务量（万件）
北京	1476107.9	4110	425591	111011.9
天津	250712.6	1342	133348	12404.2
河北	410725.8	3697	169077	34019.1
山西	103493.4	3568	55370	9130.4
内蒙古	103218.8	2462	199086	4363.6
辽宁	300127.3	3846	295151	16656.4
吉林	130649	2369	127662	6640.2
黑龙江	124136.3	2897	163633	7014.5

续表

省份	快递业务收入（万元）	快递营业网点（处）	邮路总长度（公里）	快递业务量（万件）
上海	3613060.4	4477	207970	128366.1
江苏	2010744.2	11861	383630	148435.2
浙江	2744402.5	7217	501588	245744.8
安徽	291488.9	3786	134963	23859.1
福建	810815	4222	192848	65417.3
江西	182151.1	3360	85252	15993.6
山东	670123.1	6498	322284	44685
河南	408429.9	6481	157955	29484
湖北	413805.5	5581	161205	33143.8
湖南	262122.8	4792	172200	22716.2
广东	4612533.2	14476	705444	335555.9
广西	155902	3370	234766	9055.4
海南	43190.6	1106	92629	2248.6
重庆	201060	3542	149337	13886.3
四川	479628	9266	251631	37941.8
贵州	98170.6	3054	99562	4669.1
云南	152401	3458	253942	8546.1
西藏	17384.5	284	53144	484.3
陕西	179548.3	3205	64780	13762.3
甘肃	51198	2573	183221	2655.6
青海	15442.2	425	83865	579.8
宁夏	33500.2	642	12208	1514.1
新疆	107313.3	2489	232215	5940.5

表8-6　2015年全国31个省份快递产业投入产出指标数据

省份	快递业务收入（万元）	快递营业网点（处）	邮路总长度（公里）	快递业务量（万件）
北京	1816522.5	6110	273171	141447.3
天津	435370.4	1814	110688	25624.4
河北	561787.9	4830	170096	54911.9

续表

省份	快递业务收入（万元）	快递营业网点（处）	邮路总长度（公里）	快递业务量（万件）
山西	152901.4	5580	93321	11477.3
内蒙古	123053.4	3477	222550	5410.1
辽宁	395949.5	5295	277348	24674.1
吉林	169634.0	4081	92147	9017.0
黑龙江	213466.8	4244	160630	12636.8
上海	4552476.2	7781	242349	170778.0
江苏	2907286.3	10866	405531	229047.7
浙江	3838082.6	11829	618999	383145.9
安徽	461132.8	7039	150960	39935.6
福建	1008474.8	6453	203778	88786.2
江西	276692.2	4284	96390	23471.8
山东	970605.4	8599	369063	73424.9
河南	631077.0	7408	158490	51449.7
湖北	595633.7	9129	163136	50847.3
湖南	338934.3	7016	183302	31786.4
广东	6159135.7	21965	413740	501335.2
广西	217788.4	4834	251304	12540.9
海南	63444.8	1513	96833	2953.0
重庆	286533.2	3685	191486	20525.4
四川	628897.8	11833	255526	48796.6
贵州	132428.3	4815	99684	7034.3
云南	201152.5	4774	269144	11109.1
西藏	16826.3	888	56211	578.2
陕西	272792.1	4335	208078	20351.0
甘肃	72537.1	3835	192349	3541.4
青海	18236.6	623	87978	716.6
宁夏	48355.7	941	12541	2231.9
新疆	129256.1	3194	259607	7050.7

表 8-7 2016年全国31个省份快递产业投入产出指标数据

省份	快递业务收入（万元）	快递营业网点（处）	邮路总长度（公里）	快递业务量（万件）
北京	2565681.3	7156	597079	196029.0
天津	634879.9	1956	141418	41005.4
河北	942582.7	6537	149981	90392.4
山西	221412.2	5972	96086	18665.2
内蒙古	185011.0	4150	266580	8470.6
辽宁	556909.3	5937	278423	39825.9
吉林	251313.4	3748	126118	13894.0
黑龙江	331634.7	4714	152970	21769.8
上海	7095143.5	7629	234650	260274.4
江苏	3391633.5	12951	205555	283823.2
浙江	5412544.6	11948	694120	598770
安徽	705619.0	7528	61376	68878.3
福建	1348336.3	7418	227354	128985.8
江西	412915.5	6561	94041	38304.6
山东	1389811.6	10221	439671	120553.9
河南	943664.1	10827	153231	83875.3
湖北	871650.5	11812	178815	77348.1
湖南	515976.6	8004	96802	48603.5
广东	8802789.8	21602	448236	767241.6
广西	338879.1	6166	252893	22835.4
海南	100338.6	1740	91151	4869.4
重庆	389617.2	4955	137210	28382.5
四川	963552.7	16532	272761	80147.8
贵州	217919.1	6074	100813	11260.1
云南	289569.0	6306	278529	17445.8
西藏	20713.0	965	57598	734.4
陕西	456462.2	6435	209355	36901.6
甘肃	125040.5	4635	192557	6065.1
青海	30040.5	986	95136	1078.6
宁夏	58591.2	1297	52782	3241.5
新疆	173369.1	3946	201760	8661.9

第八章　基于三阶段 DEA 模型的快递网络运营效率评价

表 8-8　2017 年全国 31 个省份快递产业投入产出指标数据

省份	快递业务收入（万元）	快递营业网点（处）	邮路总长度（公里）	快递业务量（万件）
北京	3038329.8	5016	565619	227452.1
天津	763314.9	2084	117486	50199.0
河北	1264880.7	7014	203289	119389.3
山西	299901.6	6596	89303	24359.1
内蒙古	239592.8	4605	282129	11035.5
辽宁	680585.6	7125	298684	51434.5
吉林	304484.0	4711	183551	17569.4
黑龙江	358414.8	5818	177532	23185.6
上海	8688851.6	16374	189648	311503.7
江苏	4081730.6	15190	539417	359627.8
浙江	6682204.0	26487	758228	793231.1
安徽	895715.9	10652	185191	86332.3
福建	1619683.4	9308	456716	166110.7
江西	491976.7	10238	90254	43754.5
山东	1705165.2	14936	452268	151474.6
河南	1159337.9	12150	425176	107377.6
湖北	1190450.7	14222	199008	101277.9
湖南	641882.9	9810	170706	59181.6
广东	11466893.4	24234	2009200	1013468.0
广西	448672.2	7631	263994	31750.3
海南	126970.8	1714	86508	5915.8
重庆	447311.3	6583	136593	32874.9
四川	1274785.5	18962	291551	110795.9
贵州	311536.8	8047	148484	15781.9
云南	360114.9	7970	290966	22775.8
西藏	20487.7	1073	64694	567.5
陕西	563581.1	8466	169302	45750.7
甘肃	148095.9	4863	188054	7201.7
青海	38832.9	970	86279	1449.7
宁夏	67784.4	1319	56489	3721.5
新疆	189518.9	3767	208349	9042.4

第四节 实证结果与分析

一 基于 BCC 模型计算初始效率

快递业运营可以看作一个多投入、多产出的决策模型，其资源利用效率受多个因素影响，结果可从多方面衡量。在模型的第一阶段，运用 DEAP Version 2.1 软件中的 BCC 模型，根据全国 31 个省份在 2011~2017 年间的投入指标和产出指标，实证分析各省份的综合技术效率、纯技术效率、规模效率及规模报酬，所选取的 31 个省份初始效率运算结果见表 8-9 至表 8-15。

表 8-9 2011 年全国 31 个省份快递网络资源全效率生产率指数

省份	综合技术效率	纯技术效率	规模效率	规模报酬
北京	1.000	1.000	1.000	—
天津	0.821	0.857	0.959	irs
河北	0.624	0.762	0.819	irs
山西	0.613	0.691	0.887	drs
内蒙古	0.619	0.710	0.872	drs
辽宁	0.762	0.802	0.950	drs
吉林	0.706	0.761	0.928	drs
黑龙江	0.682	0.749	0.911	drs
上海	1.000	1.000	1.000	—
江苏	0.714	0.760	0.941	irs
浙江	0.902	0.909	0.992	irs
安徽	0.558	0.648	0.817	irs
福建	0.668	0.669	0.997	drs
江西	0.553	0.574	0.964	drs
山东	0.584	0.607	0.961	drs
河南	0.534	0.552	0.968	drs
湖北	0.517	0.546	0.947	drs
湖南	0.576	0.593	0.972	drs

续表

省份	综合技术效率	纯技术效率	规模效率	规模报酬
广东	0.955	1.000	0.955	drs
广西	0.608	0.668	0.910	drs
海南	0.541	0.595	0.909	drs
重庆	0.581	0.609	0.955	drs
四川	0.553	0.576	0.960	drs
贵州	0.628	0.730	0.859	drs
云南	0.623	0.743	0.838	drs
西藏	1.000	1.000	1.000	—
陕西	0.595	0.687	0.866	drs
甘肃	0.591	0.725	0.816	drs
青海	0.907	1.000	0.907	irs
宁夏	0.622	0.673	0.925	irs
新疆	0.776	0.954	0.814	drs
中值	0.691	0.748	0.923	—

注：irs 代表上升，drs 代表下降，— 代表不变，下同。

表 8–10　2012 年全国 31 个省份快递网络资源全效率生产率指数

省份	综合技术效率	纯技术效率	规模效率	规模报酬
北京	0.520	0.561	0.927	irs
天津	0.709	0.728	0.974	drs
河北	0.558	0.610	0.915	irs
山西	0.568	0.597	0.951	drs
内蒙古	0.645	0.746	0.864	drs
辽宁	0.683	0.745	0.917	drs
吉林	0.591	0.660	0.896	drs
黑龙江	0.655	0.713	0.920	drs
上海	1.000	1.000	1.000	—
江苏	0.529	0.530	0.999	drs
浙江	0.482	0.496	0.970	irs
安徽	0.471	0.480	0.981	drs
福建	0.531	0.536	0.992	drs
江西	0.475	0.485	0.978	drs

续表

省份	综合技术效率	纯技术效率	规模效率	规模报酬
山东	0.537	0.552	0.972	drs
河南	0.49	0.496	0.989	drs
湖北	0.502	0.507	0.989	drs
湖南	0.517	0.529	0.978	drs
广东	0.599	1.000	0.599	drs
广西	0.537	0.629	0.854	drs
海南	0.542	0.584	0.928	drs
重庆	0.580	0.598	0.970	drs
四川	0.541	0.570	0.950	drs
贵州	0.579	0.677	0.855	drs
云南	0.627	0.714	0.878	drs
西藏	1.000	1.000	1.000	—
陕西	0.600	0.637	0.942	drs
甘肃	0.601	0.715	0.841	drs
青海	0.846	1.000	0.846	irs
宁夏	0.566	0.892	0.635	irs
新疆	0.769	0.935	0.823	drs
中值	0.608	0.675	0.914	—

表8-11 2013年全国31个省份快递网络资源全效率生产率指数

省份	综合技术效率	纯技术效率	规模效率	规模报酬
北京	0.435	0.512	0.848	irs
天津	0.729	0.733	0.994	drs
河北	0.513	0.925	0.554	irs
山西	0.285	0.690	0.413	irs
内蒙古	0.820	0.856	0.959	irs
辽宁	0.728	0.734	0.992	irs
吉林	0.690	0.701	0.984	irs
黑龙江	0.675	0.692	0.975	irs
上海	1.000	1.000	1.000	—
江苏	0.536	0.542	0.989	irs

续表

省份	综合技术效率	纯技术效率	规模效率	规模报酬
浙江	0.469	0.536	0.875	irs
安徽	0.514	0.515	0.997	irs
福建	0.510	0.667	0.764	irs
江西	0.486	0.496	0.980	irs
山东	0.640	0.797	0.804	irs
河南	0.499	0.503	0.992	irs
湖北	0.477	0.486	0.982	irs
湖南	0.465	0.472	0.986	irs
广东	1.000	1.000	1.000	—
广西	0.582	0.589	0.988	drs
海南	0.431	0.525	0.821	irs
重庆	0.474	0.602	0.787	irs
四川	0.459	0.468	0.980	irs
贵州	0.719	0.732	0.982	irs
云南	0.560	0.575	0.973	irs
西藏	1.000	1.000	1.000	—
陕西	0.515	0.928	0.555	irs
甘肃	0.796	0.834	0.954	irs
青海	0.829	1.000	0.829	irs
宁夏	0.887	1.000	0.887	irs
新疆	0.639	1.000	0.639	irs
中值	0.625	0.713	0.887	—

表8-12 2014年全国31个省份快递网络资源全效率生产率指数

省份	综合技术效率	纯技术效率	规模效率	规模报酬
北京	0.472	0.483	0.977	irs
天津	0.702	0.708	0.991	drs
河北	0.425	0.425	1.000	—
山西	0.398	0.428	0.930	irs
内蒙古	0.756	0.811	0.932	drs
辽宁	0.615	0.633	0.972	drs

续表

省份	综合技术效率	纯技术效率	规模效率	规模报酬
吉林	0.669	0.680	0.984	drs
黑龙江	0.596	0.610	0.976	drs
上海	1.000	1.000	1.000	—
江苏	0.480	0.481	0.998	drs
浙江	0.471	0.480	0.982	irs
安徽	0.430	0.432	0.995	irs
福建	0.439	0.439	0.999	—
江西	0.401	0.414	0.969	irs
山东	0.525	0.530	0.990	drs
河南	0.488	0.488	0.999	drs
湖北	0.440	0.440	1.000	—
湖南	0.404	0.404	0.998	drs
广东	0.488	1.000	0.488	drs
广西	0.576	0.598	0.964	drs
海南	0.620	0.624	0.994	drs
重庆	0.503	0.505	0.995	drs
四川	0.443	0.446	0.994	drs
贵州	0.711	0.719	0.989	drs
云南	0.591	0.619	0.956	drs
西藏	1.000	1.000	1.000	—
陕西	0.460	0.478	0.963	irs
甘肃	0.585	0.635	0.920	drs
青海	0.742	0.835	0.888	irs
宁夏	0.773	1.000	0.773	irs
新疆	0.586	0.620	0.945	drs
中值	0.574	0.612	0.954	—

表8-13 2015年全国31个省份快递网络资源全效率生产率指数

省份	综合技术效率	纯技术效率	规模效率	规模报酬
北京	0.508	0.567	0.897	
天津	0.636	0.745	0.854	irs

续表

省份	综合技术效率	纯技术效率	规模效率	规模报酬
河北	0.383	0.385	0.994	irs
山西	0.497	0.508	0.977	irs
内蒙古	0.823	0.844	0.976	drs
辽宁	0.596	0.600	0.994	drs
吉林	0.700	0.700	1.000	drs
黑龙江	0.627	0.630	0.996	—
上海	1.000	1.000	1.000	—
江苏	0.476	0.477	0.998	irs
浙江	0.555	0.562	0.986	irs
安徽	0.432	0.434	0.995	irs
福建	0.426	0.427	0.998	irs
江西	0.441	0.451	0.979	irs
山东	0.494	0.495	0.998	—
河南	0.459	0.461	0.997	irs
湖北	0.439	0.440	0.997	irs
湖南	0.398	0.398	1.000	irs
广东	0.792	1.000	0.792	drs
广西	0.640	0.647	0.989	drs
海南	0.783	0.788	0.994	drs
重庆	0.520	0.521	0.997	—
四川	0.482	0.483	0.998	—
贵州	0.698	0.699	0.998	—
云南	0.665	0.675	0.985	drs
西藏	1.000	1.000	1.000	—
陕西	0.499	0.500	0.997	—
甘肃	0.731	0.754	0.970	drs
青海	0.909	1.000	0.909	—
宁夏	0.809	1.000	0.809	irs
新疆	0.671	0.680	0.986	drs
中值	0.616	0.641	0.970	—

表8-14　2016年全国31个省份快递网络资源全效率生产率指数

省份	综合技术效率	纯技术效率	规模效率	规模报酬
北京	0.480	0.480	1.000	—
天津	0.568	0.789	0.719	irs
河北	0.382	0.493	0.775	irs
山西	0.434	0.589	0.737	irs
内蒙古	0.791	0.798	0.991	drs
辽宁	0.512	0.512	0.998	drs
吉林	0.661	0.662	0.999	drs
黑龙江	0.557	0.558	0.999	—
上海	1.000	1.000	1.000	—
江苏	0.546	0.653	0.836	irs
浙江	0.487	0.506	0.963	irs
安徽	0.380	1.000	0.380	irs
福建	0.383	0.387	0.989	irs
江西	0.395	0.641	0.616	irs
山东	0.422	0.423	0.999	—
河南	0.413	0.487	0.847	irs
湖北	0.413	0.422	0.979	irs
湖南	0.389	0.645	0.604	irs
广东	0.649	1.000	0.649	drs
广西	0.542	0.543	0.997	drs
海南	0.750	0.751	0.999	drs
重庆	0.503	0.503	1.000	—
四川	0.441	0.441	1.000	—
贵州	0.707	0.708	1.000	—
云南	0.605	0.607	0.996	drs
西藏	1.000	1.000	1.000	—
陕西	0.453	0.453	0.999	—
甘肃	0.746	0.752	0.992	drs
青海	0.998	0.998	1.000	—
宁夏	0.659	1.000	0.659	irs
新疆	0.727	0.731	0.994	drs
中值	0.580	0.662	0.894	—

表 8-15　2017 年全国 31 个省份快递网络资源全效率生产率指数

省份	综合技术效率	纯技术效率	规模效率	规模报酬
北京	1.000	1.000	1.000	—
天津	0.672	1.000	0.672	irs
河北	0.379	0.456	0.832	irs
山西	0.438	0.673	0.651	irs
内蒙古	0.735	0.764	0.963	drs
辽宁	0.468	0.471	0.993	drs
吉林	0.606	0.612	0.990	drs
黑龙江	0.544	0.547	0.994	drs
上海	1.000	1.000	1.000	—
江苏	0.494	0.511	0.967	irs
浙江	0.464	0.466	0.997	drs
安徽	0.370	0.383	0.969	irs
福建	0.349	0.397	0.879	irs
江西	0.402	0.698	0.575	irs
山东	0.401	0.403	0.996	drs
河南	0.384	0.386	0.995	drs
湖北	0.420	0.420	1.000	—
湖南	0.387	0.401	0.965	irs
广东	0.811	1.000	0.811	drs
广西	0.497	0.502	0.990	drs
海南	0.742	0.759	0.979	irs
重庆	0.483	0.497	0.972	irs
四川	0.410	0.411	0.998	drs
贵州	0.692	0.697	0.992	drs
云南	0.549	0.560	0.982	drs
西藏	1.000	1.000	1.000	—
陕西	0.438	0.438	1.000	—
甘肃	0.691	0.714	0.968	drs
青海	0.874	1.000	0.874	irs
宁夏	0.629	1.000	0.629	irs
新疆	0.710	0.733	0.968	drs
中值	0.582	0.642	0.923	—

为了直观地观察综合技术效率、纯技术效率和规模效率的变动情况，此处使用折线图，如图 8-4 所示。

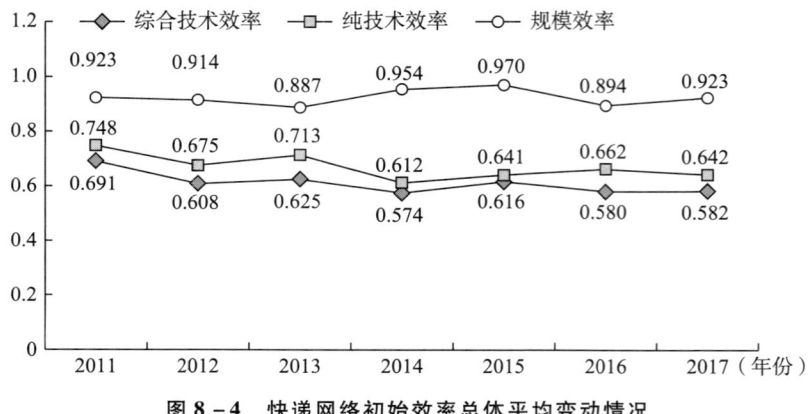

图 8-4　快递网络初始效率总体平均变动情况

综合技术效率反映了快递网络的整体效率水平，2011~2017 年，快递网络的综合技术效率值分别为 0.691、0.608、0.625、0.574、0.616、0.580、0.582，7 年的效率平均值为 0.611，这表明快递网络在 7 年内的平均生产浪费为 38.9%。平均纯技术效率和平均规模效率分别为 0.670 和 0.924，这表明快递网络的整体效率水平不高。由表 8-9 至表 8-15 可知，样本上仅有 2 个省份的快递网络运营综合技术效率为 1，分别是上海和西藏。这从整体上表明，快递网络的综合技术效率不高，还有几个省份快递网络运营的综合技术效率较低，说明快递网络运营效率的总体水平的分化现象较为严重。

图 8-4 表明，不考虑环境变量和随机误差对效率值的影响，7 年间，快递网络运营的综合技术效率的波动幅度较小，总体上趋于稳定，呈现先降低再上升后降低的变化趋势；纯技术效率与综合技术效率的变动趋势大致相同，规模效率存在小幅度变化，综合技术效率受纯技术效率影响较大。

（一）综合技术效率分析

在未剔除外在的环境因素和随机误差影响的情况下，全国 31 个省份快递网络运营的平均综合技术效率为 0.611。其中综合技术效率最高的是上海和西藏，这两个省份快递网络在样本期间的综合技术效率值均达到了 1。因此，这两个省份快递网络运营效率均达到了相对有效的前沿面，在恒定产出的情况下，达到了投入量最小的理想状态。在综合技术效率不变的情况下，上海和西藏可以有效地利用和整合现有资源，使得快递网络的投入资源有效地转化为产出资源。除此之外，综合技术效率较高的省份还有青海、内蒙古、宁夏和甘肃，样本数据的平均效率值分别为 0.872、0.742、0.719、0.690，北京、天津、河北、山西、江苏、浙江、安徽、福建等 19 个省份快递网络运营的平均综合技术效率值低于平均效率值，综合技术效率相对较低。

（二）纯技术效率分析

全国 31 个省份快递网络运营的纯技术效率平均水平较低，只有 0.670，并且存在小幅度的波动。从这 31 个省份快递网络运营的纯技术效率值的波动情况来看，样本期间上海、广东、西藏 3 个省份快递网络运营的纯技术效率值均为 1，表明它们处于纯技术效率的有效前沿面，表明这 3 个省份可以在一定的规模条件下，实现较为有效的运营管理。除此之外，青海、宁夏、新疆、内蒙古和甘肃的纯技术效率值相对较高，分别达到了 0.972、0.927、0.820、0.794、0.736，其中宁夏只有 2011 年和 2012 年纯技术效率不为 1，其他年份纯技术效率均为 1。这表明这 5 个省份可以有效地管理自身的投入资源要素，并使这些要素达到一定的效率水平。除了以上省份之外，北京、河北、福建、山东、湖北、湖南、四川、陕西等 8 个省份的效率值都低于平均水平，特别是湖北省的纯技术效率平均值仅为 0.473。这 8 个省份的纯技术效率呈现递减趋势，因为快递网络自身的管理机构和人力资源冗余程度相对较高，快递网络自身的营业外成本过高。

（三）规模效率分析

2011~2017 年这 7 年期间，31 个省份快递网络运营的规模效率均比较高，31 个省份的规模效率平均值达到了 0.924。其中，上海和西藏每年的规模效率值均为 1，即处在规模效率的有效前沿面上，表明这两个省份的快递网络可以较好地利用规模优势，实现资源优化配置，形成规模效益。除此之外，湖北、四川、辽宁、吉林、浙江、福建、山东、重庆、广西、贵州、北京、海南、云南和内蒙古这 14 个省份快递网络运营的规模效率值均比较高，它们的平均规模效率值均高于总体平均效率值，均达到了 0.930 以上，而宁夏和广东这两个省份的快递网络运营的规模效率值基本处在了平均值之下，说明这两个省份的份快递网络没有合理地利用规模优势，从而导致了规模效率值较低。

（四）规模报酬分析

2011 年有 21 个省份的规模报酬呈下降趋势，有 3 个省份表现为规模报酬不变，有 7 个省份的规模报酬呈上升趋势。2012 年有 23 个省份的规模报酬呈下降趋势，有 3 个省份表现为规模报酬不变，有 5 个省份的规模报酬呈上升趋势。2013 年有两个省份的规模报酬呈下降趋势，有 3 个省份表现为规模报酬不变，有 26 个省份的规模报酬呈上升趋势。2014 年有 18 个省份的规模报酬呈下降趋势，有 5 个省份表现为规模报酬不变，有 8 个省份的规模报酬呈上升趋势。2015 年有 9 个省份的规模报酬呈下降趋势，有 10 个省份表现为规模报酬不变，有 12 个省份的规模报酬呈上升趋势。研究表明，从 2011 年到 2017 年，全国 31 个省份快递网络运营规模报酬下降的省份数量有所减少，从 2011 年的 21 个减少到 2017 年的 14 个；而规模报酬上升的省份数量有所增加，由 2011 年的 7 家增加到 2017 年的 12 家。因此，在样本期间规模报酬下降或规模报酬不变的省份，应合理控制快递网络的规模，不应盲目扩大自身的经营规模，而应适当调整自身的扩张速度，通过引入先进的运输设备和研发技术，提高运营水平。反之，规模报酬递增的省份，应该适当扩大自身的运营规模来提升快递网络运营效率。各个省份面临的环境因素各不相同，所以在对不同省份的快递网络进行经营效率评价时，如果仅考虑快递网络自身的运营状况，而忽略环境因素的影响，结果则可能与实际水平存在较大的差异。因此，应采取合适的方法剔除外部环境和随机误差对其运营效率的影响。

总的来说，大多数地区快递产业投入产出结构不够合理，需进一步优化，包括资源的投入比例、资源配置、技术手段、管理水平和产出等方面。在资源投入方面，快递业务量的转化情况相对较好，在大多数地区完全实现向产出转化；快递营业网点和邮路总长度则未最大化发挥转化效能，多数地区资源冗余情况严重。结合地区快递产业运营规模效率和规模报酬情况进一步分析，为了提高产业运营效率和收益情况，浙江应增加和完善快递网点基础设施；河北应同时加强快递营业网点和邮路基础设施建设；山西、福建、江西、河南、湖北、湖南这6个省份应在增加快递邮路的同时，提升快递业务量；北京、陕西、内蒙古、山东、辽宁、吉林、云南、广西、黑龙江、青海、重庆、四川、贵州、海南、甘肃、新疆16个省份需减少快递网点和邮路基础设施的投入，以减少投入成本；安徽、广东、宁夏应在资源投入结构合理的情况下，在适合的区域扩大产业规模。

综合来看，快递产业运营效率整体较低，不同地区问题不尽相同。从整体结果来看，只有少部分地区综合效率较高，大部分地区产业结构不够合理，快递网络资源利用率不高。未达到DEA有效的地区具体原因不同，由同一要素引起DEA无效的绝对数量也不相同。因此通过DEA有效性分析，提醒相关企业在扩张业务规模时应重视要素间的平衡，而非绝对数量的多少。在进行快递资源的开发和利用时，要尽量使各项资源的配置达到帕累托最优，真正有助于提高快递资源利用效率。

二 SFA回归分析结果

第一阶段得到了投入变量的松弛变量，第二阶段要剔除环境因素和随机误差对决策单元产生的影响，运用Frontier 4.1软件进行随机前沿回归分析。随机前沿回归分析的被解释变量为投入松弛变量，一共有3个被解释变量。第一阶段有3个投入松弛变量，即快递营业网点、邮路总长度和快递业务量的投入差额。还有3个解释变量，即环境变量，分别为基础设施建设、快递业从业人数、平均每一营业网点服务人数。随机前沿回归的结果如表8-16、表8-17和表8-18所示，其中*代表通过10%显著性检验，**代表通过5%显著性检验，***代表通过1%显著性检验。

如表8-16、表8-17和表8-18所示，三个环境变量大部分都通过了显著性水平检验，表明外部环境因素对快递网络的投入冗余有较为显著的影响，其中快递营业网点松弛变量、邮路总长度松弛变量和快递业务量松弛变量这3个投入松弛变量的γ值均为1.00，均通过了显著性水平检验。结果表明，在快递网络在发展过程中，随机误差对投入松弛变量的影响较小，主要影响因素是管理水平，其对快递网络运营效率产生了深层次的影响，因此有必要利用SFA回归分析模型剔除环境因素和随机误差对效率值的影响。

表 8-16　快递营业网点投入松弛第二阶段回归分析

	系数	标准误差	t 比率
常数项	1.31E+03	1.00E+00	1.31E+03
从业人数	-2.40E-02	3.95E-02**	-6.08E-01
基础设施建设	2.70E+00	6.78E-01	3.98E+00***
服务人数	-1.92E+03	1.00E+00	-1.92E+03
σ^2	9.94E+06	1.00E+00	9.94E+06
γ	1.00E+00	1.68E-01	2.83E-01

对数似然函数值 = -0.29E+03***
单边误差 LR 检验 = 0.33E+02**

表 8-17　邮路总长度投入松弛第二阶段回归分析

	系数	标准误差	t 比率
常数项	-9.68E+04	1.00E+00	-9.68E+04
从业人数	-2.24E+00	3.17E-01	-7.09E+00
基础设施建设	8.16E+01	9.02E-01	9.05E+01
服务人数	2.09E+04	1.00E+00	2.09E+04
σ^2	2.10E+10	1.00E+00	2.10E+10***
γ	1.00E+00	9.54E-06	1.05E+05

对数似然函数值 = -0.39E+03***
单边误差 LR 检验 = 0.81E+01

表 8-18　快递业务量投入松弛第二阶段回归分析

	系数	标准误差	t 比率
常数项	-4.09E+04	1.00E+00	-4.09E+04***
从业人数	-4.09E-02	6.42E-02	-6.37E-01
基础设施建设	2.84E+01	1.94E+00	1.46E+01
服务人数	-1.35E+05	1.00E+00	-1.35E+05
σ^2	1.70E+10	1.00E+00	1.70E+10
γ	1.00E+00	8.02E-06	1.25E+05

对数似然函数值 = -3.89E+02**
单边误差 LR 检验 = 1.24E+01

在研究上述3个回归模型时，回归系数的正负代表着不同意义。回归系数为正时，外部环境变量的增加会导致投入要素产生资源浪费或者产出降低；回归系数为负时正好相反。3个环境变量的影响分析如下。

（1）快递业从业人数。快递业从业人数对松弛变量均呈现显著的正相关，且均在1%的显著性水平上显著。这说明快递业从业人数的增加会加大投入浪费。因此，盲目地增加快递业从业人数，会造成投入要素的不断增加，造成资源浪费，此时属于劣势环境因素。

（2）基础设施建设。基础设施建设对松弛变量的回归系数均为正值，且均通过了1%的显著性检验。说明扩大基础设施建设的规模，会造成松弛变量的增加，造成人员需求量的增加以及快递网络邮路总长度的增加，不利于资源的合理利用，导致过度投入。这表明基础设施建设是一个不利的环境变量，可能是由于基础设施规模扩大容易导致资本和人力资源的浪费，造成经营效率的降低。

（3）平均每一营业网点服务人数。该环境变量对松弛变量均呈现负相关。说明随着服务人数的增加，充分利用资源要素，有利于提高快递网络的运营效率。

三　基于调整投入量后的BCC模型计算结果

根据第二阶段所建立的SFA回归模型，使全国31个省份处于相同环境下，调整原始投入数据。根据调整后的投入值和第一阶段的产出值，使用BBC模型测算效率值。可以看出，和第一阶段效率值相比，全国31个省份的效率值发生了很大变化，测算结果如表8-19所示。

表8-19　全国31个省份快递网络资源第三阶段平均效率

省份	综合技术效率	纯技术效率	规模效率	规模报酬
北京	0.489	0.866	0.564	irs
天津	0.377	0.850	0.444	irs
河北	0.337	0.793	0.424	irs
山西	0.201	0.710	0.283	irs
内蒙古	0.269	0.772	0.349	irs
辽宁	0.368	0.605	0.609	irs

续表

省份	综合技术效率	纯技术效率	规模效率	规模报酬
吉林	0.298	0.768	0.388	irs
黑龙江	0.291	0.713	0.408	irs
上海	1.000	1.000	1.000	—
江苏	0.474	0.675	0.702	irs
浙江	0.701	0.804	0.871	irs
安徽	0.331	0.661	0.501	irs
福建	0.415	0.880	0.472	irs
江西	0.279	0.671	0.416	irs
山东	0.472	0.707	0.667	irs
河南	0.374	0.598	0.624	irs
湖北	0.413	0.671	0.615	irs
湖南	0.321	0.675	0.476	irs
广东	0.853	1.000	0.853	drs
广西	0.348	0.741	0.469	irs
海南	0.138	0.851	0.162	irs
重庆	0.367	0.804	0.456	irs
四川	0.474	0.630	0.753	irs
贵州	0.434	1.000	0.434	irs
云南	0.594	1.000	0.594	irs
西藏	0.062	1.000	0.062	irs
陕西	0.351	0.760	0.462	irs
甘肃	0.196	0.709	0.276	irs
青海	0.055	0.962	0.057	irs
宁夏	0.107	1.000	0.107	irs
新疆	0.314	0.895	0.351	irs
中值	0.377	0.799	0.479	

如表8-20所示，在本章用全国31个省份的快递网络平均效率值作为效率的评估值，以此为基准研究快递网络运营效率。从7年的平均效率值来看，2011~2017年这7年技术效率水平较调整之前有不同程度的降低，调整前后的平均效率值，如图8-5所示。

从平均纯技术效率方面来看，调整之后的平均纯技术效率较调整之前有所提高，这在一定程度上表明快递网络经营效率受到环境因素和随机误差的影响，快递网络调整运营环境，有利于提升快递网络整体的经营效率。

从规模效率来看，调整之后的规模效率和调整之前相比有所降低，这表明环境因素和随机误差对规模效率影响较大。这可能和基础设施建设薄弱、从业人员管理不规范以及每个网点服务人数分布不均有关，需要加强对网络运营的管理。

表8-20 2011~2017年全国31个省份调整前后的平均效率值

	2011年	2012年	2013年	2014年	2015年	2016年	2017年	均值
综合技术效率调整前	0.691	0.608	0.625	0.574	0.616	0.580	0.582	0.583
综合技术效率调整后	0.303	0.374	0.243	0.245	0.281	0.290	0.481	0.377
纯技术效率调整前	0.748	0.675	0.713	0.612	0.641	0.662	0.642	0.630
纯技术效率调整后	0.833	0.969	0.869	0.848	0.845	0.835	0.757	0.799
规模效率调整前	0.923	0.914	0.887	0.954	0.970	0.894	0.923	0.939
规模效率调整后	0.351	0.387	0.279	0.297	0.341	0.362	0.574	0.479

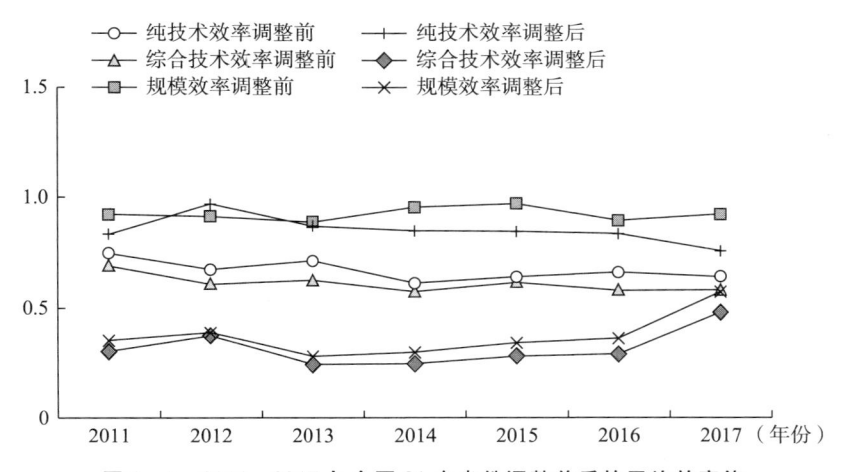

图8-5 2011~2017年全国31个省份调整前后的平均效率值

2011~2017年，全国31个省份的快递网络平均综合技术效率各年分别下降0.388、0.234、0.382、0.329、0.335、0.290、0.101，说明我国快递网络整体的运营效率较低，下降幅度较大，需要进一步提高。平均纯技术效率分别上升了0.085、0.294、0.156、0.236、0.204、0.173、0.115，而平均规模效率分别下降了0.572、0.527、0.608、0.657、0.629、0.532、0.349。这表明我国快递网络运营效率低主要体现在规模效率较低，而规模效率较低是因为快递网络利用率较低，制约了快递网络规模的扩大。

第五节 本章小结

本章根据全国31个省份快递网络的7年样本数据，运用三阶段DEA方法对全国快递业的运营效率进行分析，首先确立快递网络运营效率的评价指标，使用BCC模型，利用截面数据，对2011~2017年全国31个省份的快递业运营效率进行测算，并从综合技术效率、纯技术效率、规模效率以及规模报酬四个方面进行分析，结果表明快递业的整体运营效率较低，管理水平对快递网络运营效率具有深层次的影响。其次，使用SFA模型，选取2011~2017年7年的面板数据，剔除环境变量和随机误差，调整投入产出变量。最后，对调整后的投入产出变量进行DEA运算，使得评价结果更加合理准确。

第九章 快递网络管理模式

目前，快递网络的管理模式以经营模式为依据，分为直营模式、加盟或代理模式、自营模式。在这些模式的运营下，仍然存在一定问题制约着快递行业的发展和客户体验感的提升。因此，有必要对快递网络管理模式进行变革，在一定程度上推进快递行业的发展。

第一节 快递网络管理模式

快递网络是依附于交通运输网络的一种特殊网络，是由各级中转中心和运输线路按一定的原则和方式连接起来的快递系统。快递企业与快递网络是相互依存的，快递网络是快递企业传送快递产品的主要运输网络系统，由物理层、业务层和控制层所组成，第七章详细探究了各层与快递网络之间的关系：物理层是快递网络系统的基础层，业务层对网络系统起着规范约束的作用，在控制层监督、控制和协调的作用下，计算出快件的最优运输路径和运输方向，使之得以高效有序的传递，保证全网的畅通。由此可看出，快递网络是一个具有整体性特点的网络系统，该系统借助网络的整体功能，各层相互作用、相互支撑，保证了快件运输的效率。由于快递企业的运营依赖于快递网络的正常运转，其赢利的前提是快递网络的正常运行，因此，快递企业的管理模式就是快递网络的管理模式。

管理模式是在管理概念的指导下构建的管理行为结构，包括管理方法、管理模型、管理系统、管理工具和管理程序。企业管理模式是以知识管理为主导，以机会管理为核心。管理模式即管理模型，是根据某些标志划分的管理类型，亦可认为它是依据特定的标志而区分的特定管理形式。采用科学的管理模式可以使组织更具活力，实现对员工的民主和开放式管理。

快递网络管理模式是快递网络和管理模式相结合形成的系统、高效、相对完善的体系，可以促进整个快递行业的发展。从第三章的快递业发展历程与现状中可以看出，我国的快递网点整体集中在华东地区、华北地区和中南地区。按所有制划分，快递企业的类别、代表与特点如表9-1所示。综合表9-1和第三章国内外快递行业的发展历程，进一步可将快递网络管理模式分为联盟模式、直营模式、加盟或代理模式以及自营模式，以下对后三种加以说明。

表9-1 快递企业的类别、代表企业与特点

企业类别	代表企业	特点
国营快递	中国邮政速递（EMS）	具有政策优势，运输网络发达，价位较高，服务类型多元化，运输装备齐全，在运输速度与质量上占据明显的优势，因此占据中高端快递市场
民营快递	顺丰、申通、圆通、中通、京东	生长速度快，价格灵活，竞争激烈。顺丰依靠自身的强大实力占据了国内中高端快递市场的大部分份额。京东快递近年来也拥有自己的快递线，在质量和运输时间上有明显的提高，慢慢进入中高端市场。而其他的民营快递（申通、中通、圆通）则占据低端市场
外资快递	UPS、FedEx、DHL、Japan Post	实力雄厚，运营规范，价格相对较高。根据其自身优势，主要面向中国国内的国际快递市场

一 直营模式

（一）直营模式概述

企业总部采取纵向管理方式直接投资、管理、经营所有快递网点的模式称为直营模式。通过吞并、兼并等方式，发展壮大自身实力和规模。此模式下，快递企业每个区的网点人员、运输车辆等资源配置都由总部根据其不同的业务量进行布局，整体较为标准化。该模式的特点是企业总部与分支机构隶属于同一法人，二者利益基本一致。但是采用该管理模式的企业运营成本会增大，管理灵活度降低，网络开拓速度变慢。我国直营模式的快递企业和相应的规模如表9-2所示。

顺丰的经营管理模式是直营模式，总部拥有企业的管理权和运营权，总部下各直营连锁分部实行企业标准化管理。公司施行自上而下的管理方式，控制所有的分部点。各直营分部实行规范统一的管理，包括部门员工培训、运营绩效考核、惩罚措施、快件的定价与快件的流向。顺丰

所有的部门员工统一由总部的人力资源管理部门调动，总部为收派员提供、开发客户资源，保证资源分配的公平性。

表 9-2　直营模式快递

公司名称	规模	组织形式
顺丰速运	自有全货机 41 架，租赁全货机 16 架，高铁线路 62 条，普列线路 96 条，与近 3 万个合作代办点 673 个物业管理公司网点展开合作	直营模式
EMS	全货机 33 架，自主航空规模不断扩大，开通高铁邮路，实现"当日达"和"次日达"	直营模式

资料来源：《2017 年快递市场监管报告》。

（二）直营模式的优点

直营模式最大的优点是企业统一运营及管理，明确服务价格和目标客户，决策管理执行到位，企业形象统一，企业发展目标一致。体现在日常管理中是能够做到四个统一，即资金统一、业务战略统一、人事管理统一、企业整体资源统一，易于发挥整体优势。在直营模式下，快递网络中各网点产生的收益和风险完全由公司承担。

（三）直营模式的缺点

直营模式最大的缺点是：企业运营资金巨大，管理制度更加复杂。快递企业需要投入大量的资金组建运输团队，租用厂房、设备、运输工具，拓展网点覆盖区域等。基于此，企业需要对各地区的网点数量严格控制，导致快递服务网络覆盖范围相对较小，拓展的速度相对较慢。直营模式下快递运营投资周期较长，管理成本相对较高。品牌建设、团队建设、业务拓展和文化营造需要较长的时间。此外，各网点自主经营权小，利益关系松散，导致员工主动性、积极性、创造性得不到充分发挥。

二　加盟或代理模式

（一）加盟模式概述

加盟模式是总部按区域设立总加盟商，总加盟商下划分更小的加盟商，最基层是快递网点。总部将企业的商标、专利等以合同的方式提供给加盟商付费使用，并向加盟店提供指导和培训、快递网络系统的接入。针对加盟店的管理培训，旨在使其了解企业组织结构和其他方面必要的资源，帮助加盟店快速掌握经营流程。其主要特点是：总部与加盟商的法律地位是平等的，因为二者均为独立法人，因此也存在利益多元化的问题。加盟模式的快递公司及其规模如表9-3所示。

表 9-3 加盟模式快递

公司名称	规模	组织形式
中通	长途运输线路2000多条，约3600辆卡车，高容量货车约1800辆，外包运输车1200辆	加盟模式
申通	干线运输线路1830条，干线运输车辆3485辆，新增挂车646台，牵引车550台	加盟模式
圆通	双边运输车辆占比持续提高，增加自有干线运输车辆，完善干线体系	加盟模式
韵达	常规陆路干线运输线路4300余条，与30余家航空货运代理公司合作	加盟模式

资料来源：《2017年快递市场监管报告》。

（二）加盟模式的优点

该模式的优点是低运营成本、高管理灵活度、快速的网络开拓能力。相对于企业总部，区域加盟商交纳加盟费获取快递企业经营权，总部以加盟商的资金、管理资源作为支撑，可以快速拓展并占有快递市场，在一定程度上减少了总部运营资金的投入。加盟商在招聘员工、快件定价、经营策略等方面可自由设定。加盟商能够用合理的资金，在较短时间内取得某快递网络在某个区域的专属运营权与经营权，业务发展速度较快，并共享总部的品牌及网络，实现低风险、高效率的创业。加盟模式下的企业总部和加盟商均为独立法人，管理成本较小，不共享运营所得利益。

（三）加盟模式的缺点

加盟模式虽然有很多优点，但也存在一定的缺点及漏洞。例如，加盟商的管理难度大，价格混乱，营运操作及服务质量差异大，不同网点的执行力不统一，企业形象与企业目标的差异导致目标客户的消费行为混乱乃至缺失。

三 自营模式

(一) 自营模式概述

自营模式是指企业自己建立和管理企业配送的各个环节，实现内外部货物配送的模式。这种模式有利于企业供应、生产、销售的整合，系统化程度较高。自营模式和直营模式的区别在于：直营模式是企业总部采用自上而下的管理方式，对各个分部点实行统一经营、投资与管理；自营模式也是由总部直接管理和分配，是电商企业与快递业的结合，是企业自营物流配送模式，且整个物流体系是企业内部的一个组成部分，企业的生产经营是其主要的服务目标。

京东物流的运营模式是自营模式。2007 年，京东开始着手建设企业自营物流体系，2009 年在上海成立上海圆迈物流快递公司，2010 年在上海投资建设京东最大的仓储中心"华东物流仓储中心"。此后，京东自营物流体系日渐趋于成熟，并根据各城市地域交通以及客户消费订单等情况，组建了以北京、上海、广州、成都和武汉、沈阳、西安和杭州为中心的八达物流枢纽，是亚洲电商物流领域规模最大的智能物流仓群。京东还在天津、苏州、杭州、南京等 300 个重点城市设立了城市配送站，截至 2019 年 6 月，京东拥有一级物流中心 7 个，超过 55000 人的专业配送队伍，全国运营仓库约 600 个，快递网点约 6756 个，其中覆盖区县约 2639 个。其运营模式如图 9-1 所示。

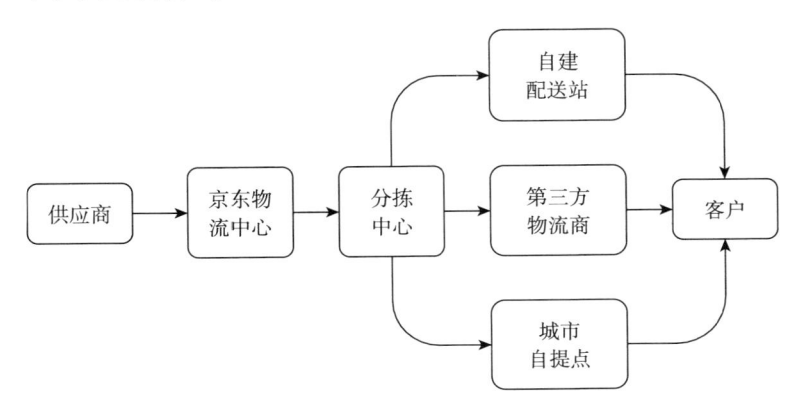

图 9-1 京东物流运营模式

（二）自营模式的优点

首先，该模式下的物流配送具有及时性和安全性的特点。电商企业直接管控物流相关业务，在一定程度上保证了物流配送的服务质量和效率，提高了客户满意度。如果和第三方物流建立商业合作关系，第三方在运送快件的过程中存在致使配送意外发生的不可控因素，在一定程度上阻碍物流的发展。如果由京东专属的配送队伍来提供这项服务，可以在保证货物安全的同时维护企业的形象，同时也能保证特殊时期业务稳定和自营物流的品牌效应。在法定节假日等特殊时期，快递量急速增多，加之大多数快递公司会提前放假，造成快件滞留、客户不满等现象。自营物流体系根据仓库和订单的地理位置，有效缓解高峰期物流爆仓以及运输方面的压力，保证业务稳定的同时，无形中帮助电商做广告，为企业树立良好的品牌形象。同时，自营物流在配送、服务等方面最大化满足客户的需求，提升了客户对于电商和企业品牌的认可度。

（三）自营模式的缺点

首先，自营模式投资大、风险高，不能专注自身的核心业务。一方面，自营模式完善物流体系需要投入大量资金，高额的支出增加了企业的经济负担。基于此，企业增加物流方面的资金投入，就要相应减少在其他环节的资金投入，短时间内成本如果不能回收造成资金链中断，会大幅度削弱企业抵御市场风险的能力。另一方面，自营物流企业的核心业务并不是物流配送服务，企业在自建物流业务中投入大量的时间和资源，会导致企业的核心业务受到阻碍，整体灵活性下降。其次，物流配送的压力。自建物流体系得到客户的认可，订单量增加，在保证物流配送安全性和及时性的同时，对物流配送的要求会更高，造成了物流配送压力更大。

第二节　快递网络管理模式变革的相关因素分析

本章第一节对快递企业的经营模式进行了具体分析。当前快递企业飞速发展，在快递网络管理上也存在亟待解决的问题，原因主要有五个方面：市场因素、价格因素、物流设施、配送选址和政策因素。

一　市场因素

（一）快递行业准入门槛低

网络购物的井喷式增长，催生了快递企业数量疯狂增长。因政策扶持和资金限制低，行业进入门槛低，导致行业成员资质参差不齐。投资少、成本低使大量想在快递市场获利的企业蜂拥而入，恶性竞争与行业内混战成为一种必然。

（二）快递行业乱象丛生

每年的"双11"期间，快递企业在获取利益的同时要面对成千上万个客户的上亿件快件的同时递送。在2017年"双11"期间，一些快递公司难以应对突如其来的巨大业务量，管理混乱、暴力分拣的现象时有发生。由于相关法律法规不完善，监管力度不强，快递业乱象屡禁不止。实际上，快递业乱象不仅体现于分拣，还包括快递未实名、快件丢失、寻求赔偿难、快件延迟、态度恶劣、客户信息泄露等。

（三）专业快递配送人才匮乏

受过专业培训的快递配送人才的缺失是目前制约快递业追赶超越的重要因素。当前快递配送人员的岗位门槛较低，一般熟悉派送区域路况的人都可以成为快递配送员，在其他职业素质方面没有任何要求。近年来衍生出来的快递自提柜、配送无人机等新型末端配送模式，需要快递员学习并掌握新理论、新技术、新工具，因此专业的末端配送人才是供不应求的。

（四）从业人员素质普遍较低

快递行业属于劳动密集型产业。快递企业为实现高速发展，需快速扩张网点，在扩张期间需要大量的员工，而这种需求量会使公司在选择员工时忽略必要的知识技能和文化水平需求。虽然我国的快递业发展已基本趋于稳定，但从业的快递员普遍缺乏服务意识，在快递派送中出现延误、代收货款、违规收费、物品损毁等服务问题。客户投诉快递员服务问题的现象逐年增多，这将影响企业的整体形象，进而给快递企业造成不必要的损失。综合分析，快递从业人员综合素质较低将会成为制约企业发展的一大难题。

（五）快递企业间缺乏合作

我国现有的快递配送企业大多从事单一的运输、仓储和配送活动，盈利模式单一，增值服务少，因此难以抵抗较大的行业风险。虽然菜鸟驿站、快递联盟的出现在一定程度上促进了各快递企业的合作，但是城市配送企业之间还是独自运营，各自固守封闭的物流、先进的技术、管理方法、客户资源，企业间缺乏沟通与合作，难以形成互利共赢的共同体。

（六）人性化程度低

不同地区的服务需求不同，使得各个网点业务发展呈现不均衡状态，如有的区域高校较多，以大学生为主，而有的区域以商务业务为主。快递企业需要根据区域业务特点匹配相应的网点服务。受外部环境变化的影响，网点需要临时配备一些快递员来满足客户的需求，在一定程度上就会增大管理的难度和强度，达不到精细化的管理要求。随着业务密度的加大，快递员的劳动强度也加大，过大的劳动强度会影响收派时效，从而降低客户的满意度。

邮政速递，相对于其他民营快递企业，除一些特殊物品外，无法做到将物品直接配送到客户手中，而是交于物业、街道办等机构，给客户造成了很大的不便。

二　价格因素

（一）快递价格标准不统一

2015年国家发展改革委、国家邮政局联合下发《关于放开部分邮政业务资费有关问题的通知》，明确将国内特快专递资费、明信片寄递资费、印刷品寄递资费和单件重量在10公斤以下"计泡"包裹（每立方分米重量小于167克的包裹）等竞争性包裹寄递资费，由政府定价改为实行市场调节价，邮政企业可以根据市场供求和竞争状况自主确定资费结构、资费标准和计费方式。这表示大多数网络购物包裹的快递运费由快递企业自行确定，故而导致快递行业的运费价格参差不齐。

（二）价格形成的市场化程度不高

快递属于竞争性服务行业，主要实行以市场为主导的"浮动式"定价机制，按照淡季打折、旺季全价的市场规律制定。但是，我国多数快递企业违背市场定价机制，忽视运用价格杠杆调节市场需求的市场原则，为占有快递市场一再降低价格。目前所运输的快件中，份额较高的是电商快件。电商快件市场存在寄送快件数量越多单价越便宜的现象。一些电商为降低成本，利用货源的优势一味压低快递价格。这也直接导致快递公司缺乏企业融资资金，无力引进高性能的软硬件设备。

三 物流设施

（一）快递网络优化方案应用难

快递网络是一个复杂的网络系统，由网点和线路构成，合理的网点选址和线路规划能够大幅降低快递网络的建设成本。目前有很多学者研究并提出了对快递网络物理层进行优化的方法，但应用程度不高，原因在于以下四个方面。

（1）对现有网络系统进行优化的成本高，部分企业无力负担或不愿负担。

（2）在业务量不断增大的过程中，快递企业不会将时间和精力用在重建工作上。随着当前效益越来越好，企业也缺乏改革的动力。

（3）网络进行系统优化重建周期长、代价大。如果只对局部网络进行优化可能并不能为区域网络的服务能力带来大的提升，并且实施过程中的服务停滞或质量下降，都将影响企业的口碑。

（4）部分企业缺乏长远规划的战略眼光。

（二）网络资源整合缓慢

资源整合问题一直以来都是快递企业面对的难题。分析国家近几年有关快递行业的政策，调整产业结构、合理整合资源、提高资源利用率一直是政府强调的。资源整合是国家对快递行业提出的要求，各快递企业要以此为发展思路。从快递企业自身来说，传统快递网络模式已经不能满足实际需要，由于信息技术落后，在大部分分拣中心，依旧是人工操作。

四 配送选址

"最后一公里"配送至关重要，是业务流程完成的关键，也是快递在配送过程中体现服务质量的重要环节。当前"最后一公里"配送面临的问题较多，在现有的快递配送问题中，也是客户多次反映的问题，它已经成为制约快递行业发展的障碍。

（一）配送管理部门协调难度大

快递的配送主要涉及运管部门、交通部门和城市规划部门。三个部门各司其职，都有自己的工作领域和工作原则，在对快递配送车辆、快递零时取件点和快件中转中心的管理上容易产生分歧。道路货物的运输经营是由运管部门负责的，作为管理部门，既要贯彻落实国家的发展战略，还要兼顾地方省份的有关规定，维护城市配送企业的利益，减少交通部门对运输的限制。而交通部门的工作是对运输进行管理，可能与运管部门的工作发生冲突。此外，城市土地规划部门没有根据现有的快递网络发展状况来规划道路和快递网点，在一定程度上忽视了客户对快件的需求量，缺乏对城市配送站点和通行道路预留问题的考虑。

（二）网点规划不合理

按照规划时对网点服务能力的要求，从成本和管理角度考虑，区域网点建设应该尽可能使其业务覆盖面不重复，覆盖区域尽可能广，人口覆盖率高，否则会造成资源浪费，投入成本增加，并且造成管理上的混乱。业务密集区域应提高负责网点的服务能力，增加派送资源。选址应综合考虑成本、业务密集区、最短邮路等因素。以顺丰递运显现的问题为例，由于顺丰速运的所有快递网点都采用自建形式，因此网点扩展速度较慢、覆盖率低，一些二线三线城市的城镇或者偏远地区往往不是顺丰的服务范围，这也导致顺丰的发展受到了一定的约束。在直营模式下，虽然顺丰速运公司管理和经营一体化，但是公司员工数量多且网点分级过多，上层的思想无法准确地传达贯通于下层员工，也易形成内部"小团体"，在管理方面的难度很大。

（三）配送工具加重交通负担

快递市场的不断发展促使快递企业增加营业网点，扩大配送区域。为满足客户日益增加的快递需求，快递企业需要投入更多的人力、物力，主要体现在配送车辆的增加上，现阶段最后一公里配送工具主要为三轮摩托车，配送工具的乱停乱放使本就拥堵的交通状况进一步恶化。

（四）货运空载率高

随着快递配送方式的发展和快递企业之间的竞争，客户对快递配送服务的时效性要求也与日俱增，快件配送时间甚至成为快递企业能否长久发展的关键。传统的快递配送在运输效率、时间成本上已无法满足需求。虽然现阶段货运正在摆脱传统高人力成本的形象，向互联网化方向发展，但截至2017年底，中国货运空载率高达14%，返程车辆经常找不到合适的货源。快递货车司机单车日行驶路程超过1500公里，运输车辆停车装载的最长时间间隔为72小时，这也反映出目前快递市场存在大量的资源分配不合理、资源浪费的问题。

五 政策因素

（一）快递条例不够具体

快递网络的创新发展离不开政府和相关部门的大力支持，但是目前政府有关部门的支持力度仍有待加强。2018年3月，国务院发布《快递暂行条例》，自2018年5月1日起施行。虽然该条例第十三条明确规定"依法保障快递服务车辆通行和临时停靠的权利，不得禁止快递服务车辆依法通行"，但此规定缺乏可操作性，也没有关于违反此规定的处罚办法。此外，该条例中与城市新出现的新型快递网络配送相关的内容较少。

（二）快递市场价格监管力度弱

我国有关快递服务的政策法规，以《中华人民共和国邮政法》的修订、颁布、实施为基础，正逐步完善。管理部门针对快递服务的现状，从多个方面制定了快递服务相关规定，对其进行监督与管理。但是，快递市场价格的监管规定仍需要进一步完善。快件价格监管力度不足的直接原因是现有的法律法规不健全，造成快递市场出现价格秩序混乱、部分快递企业联合涨价等问题。此外，加盟制快递企业各加盟商的价格不统一，是快递行业出现价格体系混乱、快递员胡乱报价等问题的内在原因。

（三）快递网络规划不明确

当前快递业务量快速增长，现有网点的服务能力无法满足需求，部分企业缺乏长远规划能力，在问题十分突出时才考虑相应的解决方案，导致以解决眼前危机为主，整体考虑不足，造成网点规划和选址只考虑局部利益，不利于资源整合。此外，部分快递企业的网络建设实行"三年一规划"或者"五年一规划"制度，在目前快递业务发展迅猛的环境下，缺乏实时监控、预测分析和动态规划的能力，显然不能满足客户日益增长的服务需求。

（四）邮政专营问题突出

邮政专营业务是指由国家授权公共邮政经营者垄断经营的邮政业务。邮政专营问题刻不容缓。邮政专营范围的盲目扩大，会产生两方面问题：一是加固邮政垄断经营体制，对全国整个快递企业效率的提升产生一定的影响；二是损害其他快递企业的合法权益，不利于形成公平竞争的市场秩序。邮政部门已将行政权力广泛渗透到商业领域，行政权力被用来建立市场壁垒，排除竞争者，排斥竞争机制，扩大垄断范围。由于共同利益，在系统中对邮政企业的监督难以实施；由于存在利益冲突，对非邮政企业的监管很难公正地进行。

第三节　快递网络管理创新环境分析

一　国家环境分析

（一）国家政策倡导创新

近年来，我国快递业迅猛发展，2017年业务量达400亿件，连续四年居世界第一（2014年我国快递业务量达140亿件，首次超越美国成为世界第一）。2017年，《国务院办公厅关于进一步推进物流降本增效促进实体经济发展的意见》（以下简称《意见》）、《新一代人工智能发展规划》等多个文件相继出台，提出要发展智慧物流，推进产业自动化升级。快递和"智能化"相结合，促进快递业进一步向前发展，如智能化分拨仓储的建成、无人机和无人车的生产使用。2018年3月发布的《快递暂行条例》指出，国家鼓励快递企业运用先进技术，如自动化分拣设备、机械化装卸设备、快递电子运单以及快件信息化管理系统等的扩大使用。

《意见》提出了6个方面的政策措施。一是加强制度创新，优化协调发展的政策法规环境。简化快递业务经营许可手续，创新行业扶持政策，完善企业间数据共享体系和协同共治管理模式。二是加强规划引领，完善电子商务快递物流基础设施和快递物流网络布局。构建适应电子商务发展的快递物流服务体系，保障基础设施建设用地。三是优化电子商务配送管理。推动各地规范城市配送车辆运行，方便快递配送车辆。四是提高基层快递服务能力。推广智慧快递设施，推动快递终端服务，有效组织和综合利用服务资源。五是加强智能化、标准化建设。加强大数据、云计算、机器人等现代信息技术和设备在电子商务和快递物流中的应用，加强快递物流标准体系建设，鼓励信息共享，优化资源配置，提高供应链协同效率。六是发展绿色生态链。鼓励电子商务企业和快递物流企业开展供应链绿色流程再造，制定和实施电子商务绿色包装和减量包装标准，鼓励电子商务平台开展绿色消费活动，培育绿色发展典型企业。

快递网络管理创新技术的应用是电子商务环境下推进快递网络管理能力创新的重要环节。快递企业不断引入创新技术，能够推进快递行业整体向前发展以及服务质量和效率的不断提高，也将带动电子商务行业经济效益的提升。

在这个过程中，国家应发挥主导作用。快递网络的发展不是单纯依靠大型快递公司就能成功，而是国家要有政策上的支持，以此促进快递网络技术的推广及制度的推进，助力快递企业的转型与发展。快递公司也要加大资金的投入，引入大数据等新技术，通过新技术的支撑来保障快递网络的高效运作。

快递行业应加强信息化管理。信息化是发展的必然要求。信息化能够帮助快递网络管理及时获得各种信息资源，加强信息的传递能力，提高快递网络管理的运作效率。

（二）管理创新方法有待发掘

管理创新方法作为管理创新的一个分支内容，近年来受到学术界广泛关注。Ven（1986）最先提出创新是随着时间的推移与机构秩序内的其他人进行交易而产生和发展的新想法。这个定义关注四个基本因素，即新想法、人员、交易和制度背景。Buchmiller 和 Connell（2003）认为成功的企业要从最初的创新需求发展到创新搜索、创新创意的激发、创新合作与投资，以及创新报告与沟通，即把整个创新活动延展到各方面。Halman（2017）提出了一种创新项目的新方法。该方法是对产品创新项目中使用的现有风险方法进行改进，如潜在的问题分析、失效模式以及影响分析。Zhang 等（2017）首次根据用户的需求与偏好进行分类，基于此提出一种重要性评估的产品创新方法。

而在国内，虽然管理创新的研究日益增多，但在管理创新方法研究方面有较多空白。张璐等（2014）、徐淑琴（2016）、李荣等（2017）、赵庚等（2017）都对企业的创新行为及方法进行了探究，但并未提出一种具有实际效益的方法。在快递业的管理创新中，姜宝（2015）认为改变竞争模式与技术创新将是全国快递业转型升级的必然路径。吴鹏（2017）提出快递业必须要实施协同创新发展。关于全国快递网络管理创新的具体方法需要进一步探究。

中国快递企业的管理创新多数局限于国家政策和运营模式两个方面，且创新目的也仅仅是通过销售来获得收益，这些创新活动的过程通常具有较强的模仿性和可复制性。而真正能够体现企业核心竞争力的，且不易被模仿和替代的生产组织结构、创新协作和相适应的管理创新方法等是极其缺乏的，也是各快递企业需要努力挖掘的东西。

国外许多成功企业注重新方法的学习，会定期组织公司的管理人员培训，同行业之间会不定期进行非正式的研讨和学习，针对创新方法的应用，会总结出一套最高效的方式。每个公司据此进一步根据本公司的实际发展状况对创新方法进行改进和完善，最后形成企业专属的管理模式创新体系，在一定程度上推动管理模式的理论创新、方法实施和研究工具的向前发展。

一种创新方法成功应用于一个企业，除了方法本身所具有的适用性之外，能够将创新方法和创新工具发挥最大效用的工作人员也是不可缺少的要素。国外一向注重人才的培养，花大量的时间和资金来引进专业人才，并进行系统培训。随着企业创新经验的不断积累，一些方法也将被系统地培训并有效地融入体系，从而形成企业独有的方法培训体系和工具。

二　行业形势分析

电子商务与互联网相结合已有 20 多年，成为经济社会发展的重要特征和长期趋势。但是目前我国快递管理不规范，快递市场混乱，仍存在着许多问题。

（一）服务管理不规范

2018年12月，国家邮政局和各省（区、市）邮政管理部门通过"12305"邮政行业消费者申诉热线和申诉网站，共受理消费者投诉案件220110件。其中与快递服务有关的214040件，占投诉总量的97.2%。快递服务中存在服务态度差、派送延误、快件丢失、快件损坏等问题，这些问题也是消费者发起快递申诉服务的主要原因。在我国目前的快递企业中，存在客户服务标准不规范、快递人员服务素质低下、企业文化模糊、低价以及恶性竞争的诸多现象。快递市场中甚至有许多不具备经营资格的快递公司，这些快递公司随意降低快递的价格，破坏市场定价机制，员工服务意识较差，严重违背快递服务管理原则。

（二）员工培养模式单一

快递行业对所属员工的文化素质不做要求，在招聘时只要应聘人员能够借助交通运输工具，完成快件配送和投递任务就满足招聘条件。新员工入职只有简单的流程介绍，没有全面的服务标准和岗位规范培训。当快递公司面临电子商务的重大活动、快递数量骤然增加时，要求更低。一般来说，临时招聘人员处理电子商务活动时，新入职工作人员甚至没有简单的流程介绍，就直接上岗工作，这也就导致快递业的服务质量差、服务效率低下。因此对于快递从业人员，社会上普遍存在快递工作属于简单而辛苦的体力劳动，不需要有深层次的文化素养的认知。

快递网络管理的相关人员要熟练掌握整个部门的理论知识和业务操作技能，对整个快递网络系统具有宏观把控能力。同时，管理人员应协调好快递呼叫中心、快件取送点以及各级中转场站和运输路线的相关人员车辆安排。当然，快递企业要具备经济贸易、快递管理的相关知识以及相当成熟的物流操控能力。人才综合素质问题是决定企业能否拥有核心竞争力的重要因素之一。虽然每年都会有一部分高学历的大学生从学校走向社会，但是他们在理论与实践结合、相关运营操作、经验知识储备等方面达不到快递公司的具体要求，形成就业却无法正常工作的局面。

（三）缺乏专用运输设备

快递企业在执行配送服务时，多采用灵活性较高的电动三轮车、小型货车等作为主要运输工具，其中电动三轮车居多。但是，这些运输装备的安全问题也不能忽视。遇到快递爆仓时，三轮车的载货量较少，往返路程较长的情况下影响配送效率，快件延误的概率也就增大。快递企业拥有专属的运输设备不仅能够有效提升运输效率，也能够保证快递员的人身安全，降低快件损坏率。但是，车辆制造业目前未能研发出满足快递企业需求的配送车辆。此外，快递企业现有的运输信息系统也存在系统版本过于老旧、系统功能不匹配、系统程序崩溃和日常业务管理卡顿等问题。这些问题会导致系统数据紊乱，无法对车辆进行准确、有效的管理和控制，造成配送效率低。

（四）快递发展不均衡

第三章系统地分析了我国快递企业的总体地理分布，总结出我国不同地区经济发展水平不同，对快递服务的需求也存在明显的地区差异，这种需求使得各地区的快递服务网点分布不均衡。快递业务量相对集中的地区是东部沿海地区，快递营业额较大，国内快递企业在东部大中城市集中建设密集的服务网点。经济不发达的地区，多数中小乡村城镇无快递网点或网点稀少，设立的电子商务服务站点更是无人管理。同时，这种不均衡致使快递企业的服务质量也出现区域差别，制约了落后地区的电子商务发展，也对快递业区域间的协调发展产生了不利的影响。

（五）基础设施建设有待提高

2018年1月23日，国务院办公厅印发的《关于推进电子商务与快递物流协同发展的意见》中提到快递基础设施建设，其中既包括相关的仓储、分拨、配送，也包括末端的快递智能柜、综合服务场所，由此可见国家对于快递物流基础设施的重视程度。整体来看，全国现阶段的物流行业与发达国家相比存在一定差距，尤其是物流的基础设施较为落后。虽然全国的快递行业整体发展较快，但是在运输、通信、管理、搬运、仓储等方面还存在极大的不足。目前电子商务发展势头越来越迅猛，快递网络基础设施的建设还不能满足发展要求。因此建立一整套完善的快递网络体系，对快递网络管理的创新发展至关重要。

（六）技术运用成本高

技术运用成本高主要体现在两个方面：首先，由于全国快递业管理模式的不健全，在管理创新中快递企业仍采用原有的传统管理方式，使得人力资源管理成本增加，管理效率低下，并且落后性随快递业的不断扩张表现得更加明显。其次，国内现有的快递管理体系无法适应居于国际前沿的技术。在技术的使用中，必须要考虑到物流体系整体协调问题，一些快递企业采用先进的技术进行管理创新，但是相关技术人员、配套设备都无法与之对应，这使得技术设备的优点无法展现出来，快递企业的运营成本大幅度增加。

第四节 本章小结

厘清现阶段快递网络管理模式的分类、探究目前快递网络管理存在的弊端是快递网络管理变革与创新的前提与基础。本章首先分析了快递企业目前的三种管理模式（直营模式、加盟代理模式及自营模式），指出我国快递企业的经营模式主要是直营模式和加盟模式。直营模式有利于管理，便于企业保证快递服务的质量与标准，同时也便于融资。加盟模式更倾向于通过参与者的加盟来扩大和维护经营，加盟者与被加盟者通过加盟协议相互约束，但是在经营管理上又相互独立。据此，进一步分析总结出当前促进快递网络管理模式变革的相关因素，主要包括市场因素、价格因素、物流设施、配送选址以及相关政策因素。最后，从国家环境和行业形势两个角度详细论述了快递网络管理创新的必要性。本章为后续快递网络管理变革与创新的研究奠定了基础。

第十章　快递网络管理变革与创新

第一节　快递网络管理模式的变革

当前国内整个快递配送网络在不同层面的管理中都不同程度地存在一些问题，因此，针对传统的管理模式进行变革是很有意义的。结合前文快递网络模式的分析、快递网络模式变革的相关影响因素，提出直营和加盟模式相结合的运营模式。

快递网络管理变革的宗旨是：通过管理理念、网络系统、快递运输和客户服务等方面的变革，增强快递网络管理能力，提高快递运营绩效水平，降低快递运营成本，提升客户满意度。快递网络管理变革的有效性可通过快递运营成本绩效高低、快递网络管理变革速度快慢以及客户满意度是否提升等指标来衡量。快递网络管理变革是一项艰巨的任务，从广义的角度看，快递网络管理变革涉及快递企业组织内的各职能部门，涉及快递企业各环节，包括运输、仓储、包装、配送、销售以及财务等。从狭义的角度来看，快递网络包括众多的快递呼叫中心、快件取送点、各级中转站以及整个快递运输路线。快递网络管理变革，不仅是为了提高局部快递网络管理的运营绩效，也有利于改进企业的组织管理方式。鉴于此，快递网络管理模式改革应从管理机制和行业技术两个方面展开。整体框架如图10-1所示。

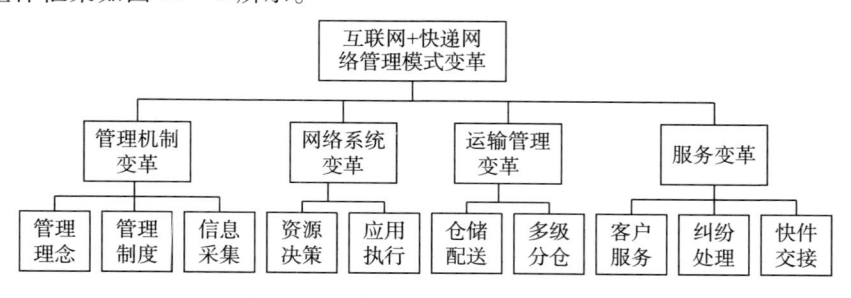

图10-1　管理模式变革的整体框架

一 管理机制变革

(一) 更新管理理念

数字经济时代，电子商务的繁荣发展改变了传统快递公司的商业经营环境、管理手段以及生产运作方式等，因此，快递公司的管理目标及管理理念也将发生相应的变化。快递企业应根据快递市场和客户需求，通过管理变革，快速适应当下产业结构不断升级以及服务型、技术型和创新型企业所占的比重不断增加的发展趋势，把追求自主适应性、创新性和客户满意度作为电商时代的管理理念和管理思想。快递公司整体的管理思维的核心应是表达快件思维和客户思维，快递网络变革的关键就是要突出以快件和客户为中心，并在整个快递网络流程中的各个环节关注服务和客户。管理目标不应该是简单强调流程、制度以及结果，应更加强调以客户为导向，贴近员工，突出企业文化。

(二) 完善管理制度

我国快递服务价格形成的市场化程度不高，存在价格恶性竞争、价格监管力度偏弱、定价机制亟待完善等问题。因此，应站在"互联网+"的角度，结合现代化管理理念，完善快递行业的相关条例。首先，根据我国快递业发展的现状、快递业发展趋势以及互联网的应用情况，建立相应的制度体系，确保管理模式在各个环节能够顺利实施。其次，要充分认识到现代化管理模式是不断向前发展的，因此要对此管理模式进行不断修正和完善，提升制度的贯彻落实能力，并具有一定的自更新能力。

二 网络系统变革

快递企业应建立快递网络的数据中心，因为企业决策和运营要把收集和分析数据作为快递网络管理的基础，并由此展开。构建标准化的数据管理机制，并对企业中与技术管理相关的人员进行系统化培训；在企业内部，各部门之间建立信息共享的开放式管理机制，实现数据信息成果跨部门和跨职能的流动，通过数据信息成果共享，使企业的管理决策更加智能化和统一化。

快递网络管理要借助外部资源，在管理机制上引进云服务技术。目前，国内的一些软件公司已经为快递公司推出了云服务基础平台，如京东等都有自己的云服务平台，对整个快递网络管理起到一定的作用。各快递企业要制定合理的发展目标，优化运用步骤，将数据应用到每一环节。当然还可以节约大量的人力和物力。为充分发挥大数据、云计算等新技术的优势，快递企业应整合快递网络中的相关企业，形成整体优势，在此基础上将大数据技术应用到快递网络各个方面，包括将快递网络数据分析、准备货物、仓库储存和运输管理等系统整合在一个网络平台，统一管理，各环节相互连接，相关数据全面共享，实现快递网络管理的创新，助力快递业务的高效运作。

在快递网络管理模式变革中，以"互联网+"为主线、大数据平台为依托，进行快递网络技术改革，达到快递网络管理模式变革的目的。信息技术的发展程度和快递网络管理模式的变革程度具有直接关联。信息技术在快递网络管理中得到有效运用，如信息识别及采集技术、信息传递技术等在快递网络管理模式变革的各个环节发挥着重要作用。故技术变革可从信息采集、资源决策以及应用执行三方面进行。

（一）信息采集

信息采集包括对信息进行感知、采集、传输、存储和处理等。要进行信息的采集就需要有被采集的对象，快递业可构建基于社会化物流所提供的所谓"云仓储"服务，不同的物流公司在不同的城市、不同的地点，提供能够分别适合多种不同商品存储的物理仓库，每一个物理仓库又被划分成多个逻辑子库，同时为不同电商企业提供时效快、服务有保障的"就近仓储+本地配送"的"仓配一体"服务。这不仅解决了跨地行业的网络存储问题，也便于不同信息数据的采集和分类。

（二）资源决策

决策模块主要是将从信息采集模块获取的物流信息通过智能技术进行优化处理，通过分析和预测提供相应的决策支持，借助建模和仿真技术对信息资源进行有效整合，实现对整个物流过程的宏观调控和各任务之间的协调。建立在规则算法分析基础之上的各部分最优分配路径，可以把任意平台来源的多种海量任务实时、自动、准确地推送到距离最近的"云仓储"仓库，从而提升快递网络管理效率。

（三）应用执行

终端应用模块主要是根据接收的资源决策信息实施具体的行动，帮助快递企业在高效的状态下完成物流作业。此部分也具有终端反馈的作用，接收和实施相应的指令，也实时根据应用执行的情况反馈给资源决策模块，资源决策模块再反馈到信息采集处，信息采集模块根据反馈信息采取相应的调整。至此，整个快递网络管理模块可以做到在不间断工作的同时也能够进行自身最优调整。

三　运输管理变革

（一）仓储配送优化

快递的整个配送过程共有五个环节，公司要加强在运输过程中的管理，就要涉及每个环节，从备货到配送运输。具体措施是在公司扫描快递到件时，增配专业的工作人员进行快件的检查工作。主要任务是：货物运输到分拣中心扫描时，工作人员应仔细检查快递的包裹是否损坏，如果出现包裹破损问题第一时间将问题包裹信息反馈给公司，从而降低快递派送员和快递公司对快递损坏负责的概率，提升快递公司的客户服务满意度。

在仓储配送优化环节，主要通过电子网络的信息平台，收集客户与企业之间的快件服务需求信息，经过所得信息计算和分析给出快件配送链最优的配送方案，确保物流运输模式更便捷、高效，提高运输效率，降低物流成本。该配送环节可用智能设备取代传统的存储技术和设备，智能设备可以选择货架穿梭机设备、自动分拣机器人、无人叉车、可穿戴设备（免提扫描设备、AR智能眼镜），任务是快件分拣、搬运、上架等工作。快递配送环节实现仓储全过程智能化，有效减少仓储配送环节人力资源投入，提高物流配送效率，建立和完善智能仓储管理系统。快递的配送流程如图10-2所示。

备货 → 储存 → 分拣及配货 → 配装 → 配送运输

图10-2　快递配送流程

（二）多级分仓体系

多级仓储体系根据运输路线和物流成本，判断出最优仓储点，提高货物配送率。多级仓储体系是包括仓储中心、仓储点、配送网络系统在内的，集物流信息储存、分拣扫描、货物配送于一体的多级立体分仓体系。该体系结合配送商品的属性、运输设备和人力资源的相关情况，自动生成不同级别的配送方案和专属物流配送系统。该配送系统的高效率体现在采用将快递订单并流和集约化处理的方法，对客户订单做出最快响应，如系统根据客户的需求、配送商品的保鲜程度、快件体积等划分配送等级，计算出最佳运输路径，从而提高货物流通效率，降低订单的物流配送成本。该体系保持高效的关键是确保对库存分配的精准度，即搭建以共享为目的库存管理体系，通过信息共享，分析不同区域的历史数据，并预测各地仓库需要持有的库存量。由此将独立的信息整合成相关联的物流存储资源，便于提高配送车辆的装载率和配送时效。

四 服务变革

服务型管理变革是企业成功转型的关键一步，服务变革要求把客户的意见和建议视为最重要的因素，持续地指导和管理企业，并在此基础上推动快递网络系统创新和生产经营管理创新。这里的服务是快递企业与客户直接接触的交流沟通行为。当前，快递企业要摒弃传统的经营管理方针和指导思想，不再止步于短期的利益，而是以客户为本，致力于提升客户的满意度。可通过快件配送、客户服务和纠纷处理三个方面来提升服务质量，树立品牌形象，提高用户的忠诚度。

快件配送方面。快件交接是根本。快件交接是快递员和客户直接接触的环节，虽然快递自提柜、菜鸟驿站等取寄件中心的出现可以减少快递员与客户的直接接触，但快递员直接送件还是现如今主要的快件交接方式。快件交接包含快递收件、派送和签收三部分，这也是一个快递企业与客户接触的阶段。客户会通过快递员来评判一个快递企业。

客户服务方面。客户服务是服务变革的重点。快递企业要努力拓宽为客户提供帮助的渠道，在客户服务方面电话咨询已不能够满足互联网背景下客户的需求，企业还需进一步完善网上咨询、在线客服、客户留言等新型服务模式，对相关员工进行专业系统的培训，减少咨询无人应答、回复信息不全面和客服服务态度恶劣等现象。

纠纷处理方面。纠纷处理是关键。纠纷处理不仅能提高客户满意度，而且对树立良好的企业形象至关重要。快递企业应该密切关注国家新出台的有关快递物流的法律法规，严格按照国家标准进行业务操作。同时，要减少因违规违纪产生的快件纠纷。快递企业也要建立良好的纠纷应对机制，确保双方发生纠纷时能够迅速妥善解决。

第二节　快递网络管理创新的架构模型

电商时代促进了快递行业的极速发展，给我国的传统经济发展带来了一定冲击，一些企业为此付出惨痛的代价而不得不进行转型创新。快递企业主要是针对内部的管理模式和外部的经营环境两大部分进行管理创新。

快递网络管理目前面临运输装备和网络技术的快速更新、运营风险和行业竞争的不断升级、竞争压力的增大和客户忠诚度下降等方面的威胁和挑战。在电子商务的趋势下，快递企业必须转变传统的经营理念、经营管理方法和指导思想，培养创新思维和理念，加强创新管理。

田涛（2016）以华为公司的成长与崛起为例对企业的创新进行了研究。他提出华为的创新是全方位的创新，其中最重要的是理念创新。曾学工（2013）认为在所有的创新活动中，能产生深刻、长远影响的是管理的理念创新。理念是指管理者正确认识客观世界的新变化，把握世界发展的规律及未来趋势，以正确的方式构建新的思想、新的理念。

对于快递企业来说，不断创新的先导和前提是管理理念创新，快递企业应顺应社会的发展，创新思想观念和管理理念。基于这样的认识，本书在快递的网络优化、运营机制、模式变革基础上，以企业的创新理论为指导，经过大量调研和深入分析，构建快递网络管理创新模型，如图 10 - 3 所示，为快递网络管理创新提供指导。

管理创新活动的顺利进行离不开高效完善的管理体系，通过体系的建立与运作，提高快递企业管理创新的水平，形成独特的企业管理模式，在与其他企业的持续竞争中获得优势。

管理创新是为了能够推动企业向前发展，给企业带来经济效益。企业只有进行管理创新，才能够实现其市场价值，最终体现在经济效益中。

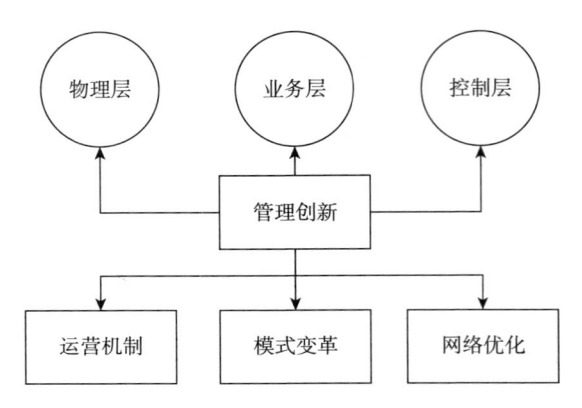

图 10-3 快递网络管理创新模型

企业创新包含两部分内容：一部分是"技术创新"，包括新技术、新理念、新材料、新产品等"硬件"内容；另一部分是"管理创新"，又称为"软件"，内容包括新组织、新市场、新经营管理模式、新生产方式方法、新过程和新服务。技术创新和管理创新共同构成了企业创新管理体系的核心内容，"软件"和"硬件"同时创新，形成了"多元管理创新生态体系"，如图 10-4 所示。

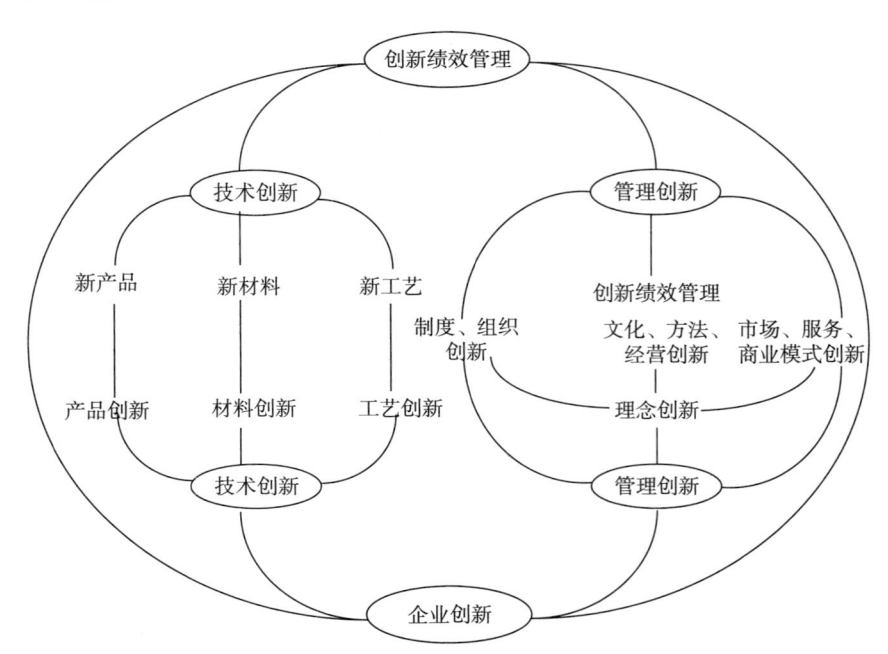

图 10-4 多元管理创新生态体系

国内外学者们对企业的管理体系从多角度展开研究，王峰（2015）、陈辉赞等（2017）分析了快递行业的财务管理现状并进行了创新优化。但关于快递网络管理创新的具体可操作性模式和方法仍需进一步深入研究。

第三节　快递网络管理的模式创新

在快递网络管理模式的章节，对目前快递网络管理模式进行了总结分类，并对各管理模式的优缺点进行了详细的论述。结合本章第一节、第二节快递网络管理模式的变革和快递网络管理创新的架构模型，构建具有自适应性特点的多元生态快递网络管理模式。

一　多元生态快递网络管理模式

（一）现有基础模式

目前我国快递管理模式分为直营模式、加盟模式和自营模式。直营模式下总部集中领导，统一管理，各直营店实行标准化经营管理，易于发挥整体优势。总部统一开发新技术、新项目，运用于整体性事业，使共享资源达到最优配置；分企业可共享总部所拥有的资金链、信息资源、管理经验。同时，成员间相互合作与支持，有助于总部获取最有效的市场信息。直营模式的特点是总部对每个分企业都有直接控制权。这种直接控制权也有一定的弊端，一方面虽然给总部创造了雄厚的资本，但其在运输、网点、仓储、人力等方面需投入大量的资金，企业品牌打造时间长、长期企业规划和服务速度慢，易引发资金链断裂的危机。另一方面也使企业成员持有主权更小，积极性、创造性和主动性不高，缺乏效率。

第九章的快递网络管理模式中对加盟模式进行了系统的梳理。该模式是由总部设立区域总加盟商，总加盟商下设分包加盟商，最基层的是各区域快递网点。加盟企业不受总部干涉，自行招聘员工、自行定价、自行规划市场策略，因此业务发展速度较快，可在较短的时间内使业务范围覆盖全国，树立起企业的品牌。该模式的优势是企业总部与加盟商均为独立法人，只对所属企业负责，所以管理成本相对较低。但是，加盟模式的弊端在于加盟方式使总部对各加盟商的横向控制管理薄弱，难以实现快递业网点之间一体化管理的要求。在企业长期发展中容易出现网点间各自为营、网点控制力松散和执行力薄弱，甚至出现低价垄断市场、恶性竞争等不利于快递业发展的现象。

（二）多元生态快递网络管理模式

多元生态快递网络管理模式集合直营模式和加盟模式的共同优点，并采用现代化技术（人工智能、物联网＋大数据等）。它具有直营模式的优点，即由总部领导和统一指挥，并发挥其在人才培养、技术研发、信息管理方面的优势。此外，它涵盖加盟模式的优点，即允许工作一定年限或者一定职位的员工入股，提升员工积极性的同时，也在一定程度上缓解公司的资金周转问题。这种多元生态管理模式主要的创新体现在：物联网＋大数据的平台搭建管理模式、网络数据挖掘＋信息资源优化管理模式、网络系统框架＋客户核心的个性服务管理模式。

1. 物联网＋大数据的平台搭建管理模式

物联网是万物互联的信息交换网络。物联网将物与物、物与人、人与人相互连接起来，遍布人们生活的每一处。企业资源管理模式是将物联网和大数据作为主要技术，搭建一个智能企业信息管理平台。该智能平台由基础设施和感知单元、网络单元、数据信息处理单元和应用单元4个部分组成。基础设施层由平台中所有数据信息实体构成，而平台中的感知层通过芯片、可穿戴设备、传感器、摄像头等设备，识别、采集、监控基础设施层中各种数据的信息，如扫描上传实时物流信息、监测快件是否包含违禁品等；网络单元主要包括网络设备、物联网承载的网络以及移动通信网等，其主要数据来源是从感知层所获取的数据以及接入外部电子平台。外部数据的接入，扩大了平台被测算数据量，提高了数据单元测算的准确性和所得信息的精确性，也实现了各平台之间信息资源的高效共享与利用。基础设施和感知单元、网络单元、数据信息处理单元各个部分相互协调，最终通过应用层的智慧呈现给客户。应用层也向企业提供有价值的决策信息，具备辅助决策、决策建议等功能，提高了"物联网＋大数据"模式下企业资源管理的智能信息化程度，实现了信息生态系统的动态平衡。

2. 网络数据挖掘+信息资源优化管理模式

快递网络管理创新的过程中，全球数据信息化对于新型模式的构建是一个机遇和挑战。从数据中提取有价值的信息是数据信息化时代的主要目的，数据挖掘与数据分析是充分利用数据信息价值的关键步骤。网络数据挖掘+信息资源优化管理模式是采用数据挖掘、数据智能分析等技术获取信息资源的内在价值，筛选整合有效的数据呈现给客户，不仅提升客户体验，提高信息服务质量，也为快递企业获取更多的数据资源，并通过数据高效利用来挖掘数据最大潜在价值，不断完成自身优化。

3. 网络系统框架+客户核心的个性服务管理模式

个性化客户服务是提高客户满意度、树立企业形象的重要手段之一。客户行为数据包含大量潜在信息，分析客户历史数据可以确定和划分客户的行为特征，准确把握和定位客户需求目标。网络系统框架+客户核心的个性服务管理模式是运用数据挖掘和数据分析技术，建立 Web 挖掘分析模型。该模型主要包括五个模块：网页点击行为模块、页面跳转行为模块、在线服务需求模块、客户需求满足度模块、行为关联度模块。模型中的模块通过不同的客户行为对服务界面进行优化，根据客户的个性化需求对服务内容进行改进。网络系统框架+客户核心的个性服务管理模式通过既定方法实现信息传播中的关键节点识别，挖掘和识别客户的真实需求，高效精准地推送服务信息，提升互联网信息的推动力和影响力，推动数据信息化服务中以客户为中心的个性服务管理的实现。

二 多元生态管理模式的自适应性

构建多元生态管理模式，目的是在企业、员工和客户之间用数据挖掘、智能分析和 Web 模型等新型技术搭建起互相联系的桥梁。企业以此为基础，从理性策略和感性策略着手，建立企业生态模式框架，制定相应的企业经营战略，提升企业的竞争能力。多元生态管理模式是在生态思维的基础上，将快递企业内化成一个多元生态系统，包括对整个快递企业系统的识别、规划、实施、评价和自我更新等进化过程的管理。这种模式是由快递企业及相关利益者构成的一种集群，集群中主要有两种关系：垂直关系和水平关系。垂直关系由快递企业与其供应商（主要是电子商务）、客户、市场中介所构成；水平关系指企业与竞争对手、利益相关者等之间竞争与合作的关系。多元生态管理模式相互之间作用的关系如图10-5所示。

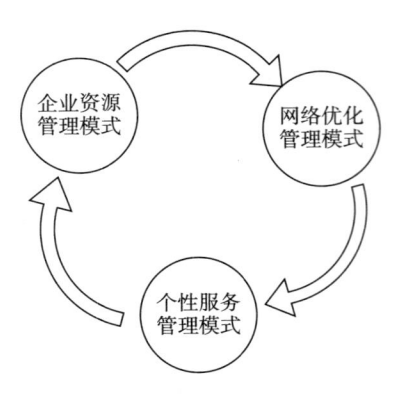

图10-5 多元生态管理模式相互之间作用关系

多元生态快递网络管理模式具有自适应的特点，这种自适应性包括自循环和自更新两部分。在物联网+大数据的平台搭建管理模式部分，通过物联网和大数据的技术提高信息资源管理的智能化与自动化程度，达到生态管理模式的自循环性，实现了信息系统的生态平衡。在网络数据挖掘+信息资源的优化管理模式中，通过数据挖掘技术、云计算和智能分析技术，对于难以数字化的数据进行深度提取，发现隐含价值。快递网络系统通过既定算法将所挖掘的数据实现价值最大化。客户行为数据经数据挖掘技术变成"有效数据"，这些数据再次应用于网络系统中并加以优化改进，形成数据循环，帮助快递网络管理系统实现自身数据和系统优化的生态平衡。在技术框架+客户核心的个性服务管理模式部分，通过新技术建立客户需求时空分部模型、栏目关联度模型，采用推荐算法，针对不同的客户，优化客户服务界面，同时搭载基于全网舆情数据的信息服务传递技术，高效精准地向客户提供服务消息。这不仅提升了互联网信息的推动力和影响力，也提升了客户的体验感，实现以客户为中心的个性化信息服务。而互联网的影响力和客户的体验感会帮助快递企业不断对自身的技术框架和模型进行改进，这维持了客户个性服务管理模式的生态平衡。整体上企业资源管理模式、网络优化管理模式和个性化服务管理模式又相互促进，其中客户行为数据在三个模块中进行循环使用。当客户的行为数据更新时，企业资源管理模式的网络平台、网络系统优化部分和客户个性化服务平台均得到更新。因此，该生态管理模式具有一定的自更新性。

第四节 快递网络管理创新策略

一 联结物流网络

联结物流网络指将快递企业的物流相互关联结合，形成广泛全面的物流网络。它主要采用小世界模型的方法，以有效的经济性架桥方式，满足客户多重需求目标。联结物流网络中所包含的有效快递物流网络信息的占比称为联结度。

从对快递网络管理模式的分类、快递网络管理变革与创新的探究中可进一步分析出，快递行业整合的连续性、快递网络平台的配套性使得快递网络的联结成为快递业管理协调与优化的核心，进而从快递网络管理的相关资源、快递网络管理的对应功能、快递网络管理的目标任务三个方面给出快递网络模式的整合策略，三者之间是相互作用、相互反馈的，如图10-6所示。

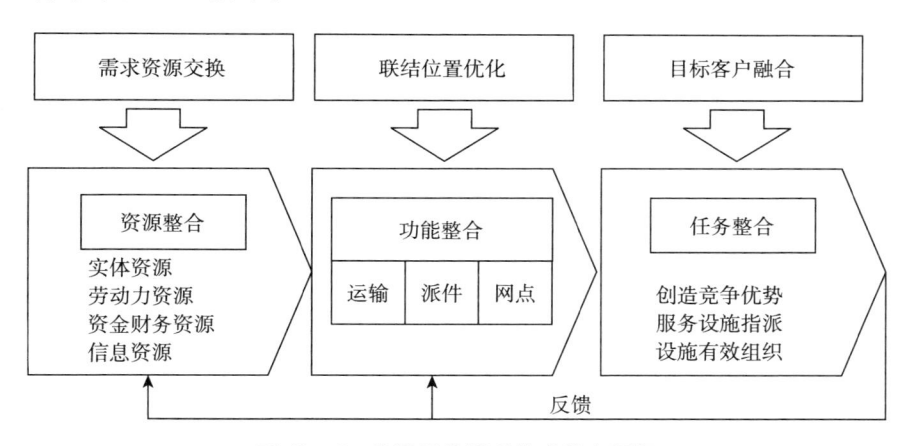

图10-6 快递网络管理模式整合框架

（一）资源整合

从当前整个快递行业看，各快递公司之间缺乏资源对接的有效性和交互性。尝试拓展"网络虚拟化"的观点，从"资源"的角度来讨论快递运输或运输效率，对接快递行业的资源整合。对快递网络的管理而言，快递行业从资源的角度进行战略思考，综合考虑实体资源、劳动力资源、资金财务资源和信息资源，仔细分辨能获得高利润的"资源"加以利用，达到资源利用共赢的优势，在一定程度上有助于快递业实行网络管理创新。

（二）任务整合

为客户创造价值是快递网络管理模式的最终目标，要实现任务整合，更大程度上将物流网络中特定物流设施最大化利用并且合理分配给目标客户。任务整合的实质是按最匹配的网络拓扑特征参数值向客户提供物流设施服务，从网络理论的角度，构建完整的物流服务链条。该链条有广泛分布的物流中心并依托其广泛的联结度为客户提供协同机会。该部分通过"联结"的快递网络管理模式将最接近客户需求的物流设施分配给该客户。

（三）功能整合

功能整合主要依托快递网络中"择优联结"和"运输长程联结"的即时性策略来进行信息共享，完成快递网络中订单处理、运输、派送等各部分功能整合，尽可能地减少功能紊乱和物资消耗。其中"择优联结"是使快递企业中运行效率、整体评价较好的公司相互联盟，公司间取长补短，达到双赢的目的；"长程联结"是运输目的地较远时，从联盟快递网点中选取最短路径运输，具体网络路径可通过第五章网络优化进行选择。联结网络能够实现快递网络中相互支援以及大幅降低单个节点单独决策时的不确定性因素。

二 创新人力资源管理

（一）建设信息化队伍

许多属于加盟模式或者联盟模式的快递公司，业务复杂、分支机构众多却管理松散，拥有属于各自的管理系统却疏于维护，没有建设真正的信息化团队。一方面，客户关系管理的部门之间无法做到客户信息共享。客户资料被各部门员工录入各自部门系统，由于各部门系统之间缺乏联系无法实现资源共享。快递公司在管理客户关系时，各部门系统无法形成统一整体。另一方面，企业分析储存的客户数据时，同一客户信息可能存在于多套系统中，致使查询程序循环冗长，出现客户信息查询结果不一致，增加了数据挖掘难度，降低了数据测算的有效性，导致企业无法精准满足客户需求。因此，快递公司各部门需要协调一致，建立集中统一的数据管理中心，实现公司各部门之间客户信息资源共享。

（二）提高员工素养

企业应强化以人为本的理念，注重快递员工的选拔和发展。针对不同的职能部门和不同级别的员工，制定相应的培训方案以及安排适量且多样的培训内容，如内部讲师培训、外部专业人员培训、拓展训练等形式。对于新入职的员工，也可实施"老员工带新员工"的办法，帮助新员工更加顺利地熟悉公司的各项相关业务和流程，全方位提升员工的工作素养从而树立更好的品牌服务形象。

三 依托大数据平台

（一）构建信息化平台

在大数据环境下，整体的创新环境与创新的条件复杂多样。快递行业所面临的创新选择、实现快递网络管理创新的方法和路径也将更多，同时，这些管理创新方法和路径的选择将随快递业外界大环境和条件的变化而变化。因此，快递行业外界环境的变化，决定着快递业管理创新在大数据环境下与传统模式下有着诸多本质性的区别，如表10-1所示。

表10-1 传统模式与大数据环境下管理创新的区别

比较方面	传统快递网络管理创新	大数据环境下快递网络管理创新
驱动因素	问题驱动	创新问题及数据驱动
环境和条件	组织内资源	组织生态内的大数据
创新途径	自上而下	自上而下、自下而上、网络式协同
创新方法	德菲尔算法、决策树法	云计算、数据挖掘、统计分析等
成功关键因素	专家经验认识	数据的可得性、数据分析结果及解读

信息化平台可以依托大数据的优势构建。快递网络管理的实际范围

主要有信息管理、物流管理、资金管理、快递网点管理等。快递与物流行业的发展速度越来越快，借助网络技术的优势，大幅度简化了快递管理操作程序，缩短了运输时间，提高了容错率。当快递产业逐步向信息化、自动化、网络化的方向发展，快递网络管理方能具备较强的信息处理和传送能力，实时把握货物的运输状况。至此，快递网络的管理工作得到实际的提升。

（二）优化运营模式

目前，西方发达国家的多数跨境企业基本实现了"一流三网"的网络管理模式。其中，"一流"主要是指客户订单的信息流，"三网"指环境资源网、客户资源网以及信息技术网。我国快递企业可参考"一流三网"的运营模式，基于当前环境推送的各种信息资源，完成更为精确的定向，进一步优化自身运营模式，并为不同的客户提供更具个性化特色的服务内容，做到快递企业零距离服务于客户，同时也能在一定程度上减少企业资源浪费。

第五节 本章小结

本章首先针对不同的快递网络管理模式，提出新的管理理念，提倡管理模式变革。可概括为四部分：管理机制变革、网络系统变革、运输管理变革和服务变革，为快递企业的有效和长远发展提供指导。其次，结合前文对快递网络的分析，构建了全国快递网络管理创新的架构模型。最后，综合第九章的管理模式变革方法和本章第三节的快递网络管理创新的架构模型，提出了快递网络管理创新策略。

第十一章 结论与展望

第一节 主要工作及结论

本书从快递业的运营机制、快递网络的结构和优化方法及快递运营模式等方面对快递网络的创新管理体系进行了研究。在理论研究层面，清晰地界定了快递及快递网络的概念，探析了快递网络管理中的网络优化理论、运营机制概念和模式变革理论的内涵；系统地梳理了国内外快递业的发展历程，分析了国际快递企业和我国国有快递企业和民营快递企业的发展现状，探究了我国快递企业发展进程中的问题以及存在的优势；梳理了快递网络结构模型和特征，构建了快递网络拓扑结构，并进一步分析了快递交通流在车辆运行、时间和空间三个维度下的特性；研究了快递网络运营理论和机制，以及快递网络的管理模式。在实证研究层面，采用蚁群算法和模拟退火算法分别对快递网络进行优化，以探索快递网络的优化方式；采用三阶段 DEA 方法，利用 2011~2017 年的面板数据进行分析，研究各地区快递网络的运营效率，以揭示快递网络运营中的资源优化和利用程度。通过以上研究，得出以下结论。

（1）快递网络的拓扑结构基本表现为全连通网络和轴辐式网络相结合的模式。首先，从快递网络的区域结构出发，通过区域转运中心、城市中转站、服务网点、运输路线（网路）和客户五个部分对快递网络基础设施的构成特征进行分析，论证了快递网络基础设施具有区域分布不均衡的特点。其次，对快递交通流的特征进行分析，结果表明，快递交通流在年的时间维度上呈现"三段式"分布特征，并且逐年高速增长。最后，各区域快递交通流量差异较大，少数地区承载了大多数的快件流量。快递网络的结构特征及地区经济发展水平不均衡是造成交通流差异的主要原因。

（2）梳理各种智能算法的内容和模型，发现不同算法之间存在差异性。在路线最短和碳排放量最小的双目标下，采用蚁群算法和模拟退火算法进行优化，优化过程表现出蚁群算法的鲁棒性强，模拟退火算法的求解速度快；选取陕西周边地区邮政算例证明了模型和算法的有效性。

（3）区域快递业及快递网络发展水平不均，发展水平梯度与地域划分梯度一致，并且呈现区域内集中趋势。通过对比分析主成分分析法、结构方程模型、数据包络分析法和因子分析法四种经典评价模型，选取因子分析法对快递网络的发展水平进行评价。从宏观经济环境指标、系统投入指标、产业发展指标和信息化指标4个方面选取13个评价指标进行实证研究，结果揭示经济环境是影响地区快递业及快递网络发展的主要因素，系统投入是影响快递业及快递网络发展的次要因素。区域快递业发展水平梯度与地域划分一致，第一梯度中有9个省份属于东部地区，第二梯度中有4个省份属于中部地区，3个省份属于西部地区；第三梯度中有9个省份位于西部地区。这种一致性，也间接论证了经济环境是影响产业发展水平主要因素的结论。快递业发展水平呈现区域内集中趋势，比如东部11个省份中有9个省份发展水平位于前11名，并且占据前7名。中西部同样呈现区域内发展水平集中趋势，但整体发展水平依次降低，说明产业发展受规模效应和带动效应的影响。

（4）快递网络运营机制由动力机制、传导机制、配送机制、组织管理机制、促进机制以及保障机制组成。动力机制包括利益驱动和成本机制两部分，利益驱动和成本机制共同促进快递运营网络的构建和运营。传导机制由运输管理、仓储管理和包装管理三部分组成，是快递运营效率的体现。配送机制由自营配送、第三方配送、互用配送和共同配送四部分组成，是快递运营的核心环节，是更接近最终客户的环节，关系到客户体验。组织管理机制是快递网络发展的组织保障。保障机制是快递网络运营的约束和规范，共同为快递网络运营服务。

（5）快递网络运营效率差异大，整体效率不高，有待进一步提高。运用三阶段DEA方法对全国快递业的运营效率进行分析，首先确立快递网络运营效率的评价指标，使用BCC模型，利用截面数据，对2011~2017年全国31个省份的快递业运营效率进行测算，结果表明快递业的整体运营效率较低，地区经济发展水平不是效率水平的决定性因素，而管理水平对快递网络运营效率具有深层次的影响。其次，使用SFA模型，选取2011~2017年7年的面板数据，剔除环境变量和随机误差，调整投入产出变量；最后，对调整后的投入产出变量进行DEA运算，使得评价结果更加合理准确。结果表明，平均纯技术效率上升，规模效率和综合技术效率都略有下降。从年度数据来看，各项效率值处在动态变化中，增减状态不稳定。

（6）探索快递网络管理模式变革。对快递企业现有管理模式进行整理，分析表明目前我国快递企业运营模式主要包括直营模式、加盟模式和自营模式。基于快递企业管理模式现状，探究影响快递网络管理模式变革的相关影响因素，即市场因素、价格因素、物流设施、配送选址和政策因素。针对现有管理模式存在的问题，提出管理机制变革、网络系统变革、运输管理变革和服务变革思路，为快递企业在网络管理变革方面提供新的参考方向。

（7）从国家环境和行业形势两个方面探析我国快递企业的管理创新现状。目前我国快递业健康发展的主要障碍有法规政策不完善、管理方法不合理、前沿技术不具备、基础设施待提高及培养模式单一五个方面，因此需对快递网络管理模式进行创新。理论上明晰管理创新体系的概念及内容，构建全国快递网络管理创新的生态体系，提出一种新的快递网络管理模式模型——多元生态管理模式。该模式分为三个部分：物联网+大数据的平台搭建管理模式、网络数据挖掘+信息资源优化管理模式、网络系统框架+客户核心的个性服务管理模式。在此基础上，给出联结物流网络、创新人力资源管理和依托大数据平台的具体创新策略，为快递企业管理创新提供参考。

第二节　后续工作与展望

快递网络管理尚属一个新的研究课题，国内相关研究匮乏且不成熟。尽管本书竭力在理论机制和实证分析层面进行探索性研究，试图建构较完善的快递网络创新管理模式的理论分析框架，但由于学术能力和精力有限，研究中尚存在不足。需要进一步完善和深入探究的问题如下。

（1）在进行实证分析时，基于数据可获得性的考虑，选取指标及样本的数量有限。下一步将扩大研究数据的范围，着重从两个方面进行扩展：一是完善实证指标体系，继续寻求具有代表性的指标变量，使指标更完备，提升实证结果的准确度。二是选取更多的样本，使实证结果更具说服力和稳定性。

（2）虽然在宏观层面对各省份快递网络的运营效率进行了研究，分析了快递运营效率差异的原因，但其具体影响因素尚需进一步探索。通过快递业运营效率评价体系的建立，梳理出各地区快递运营效率的影响因素，旨在完善快递业运营评价体系。

（3）本研究从网络优化、运营机制及模式变革三个方面对快递网络管理进行研究，从技术和管理层面提出创新的内涵和管理理念。在此基础上，还需要从以下几个方面进一步研究：本成果中所论证的网络优化方法是否适用于所有地区有待进一步分析；本成果中提出了管理模式变革的方向，提出多元生态快递网络管理模式，由于研究过程中做了"所有的快递产品都是无异的"假定，这种假定显然不符合快递市场的实际，因此，多类型快递产品的快递企业管理模式创新有待进一步研究。

参考文献

[1] 柏明国、朱金福：《全连通航线网络和枢纽航线网络的比较研究》，《系统工程理论与实践》2006年第9期。

[2] 卜新华、李莉、王贺珍：《快递行业信息化发展对服务水平的影响研究》，《信息系统工程》2012年第6期。

[3] 蔡波、姚泽清、张倩：《主成分分析法在分析江苏经济发展状况中的应用》，《数学的实践与认识》2008年第11期。

[4] 曹如中：《企业生态化管理：一种全新的管理范式》，《管理科学文摘》2006年第1期。

[5] 常永平：《华东政法大学图书馆特色文献信息资源创新管理模式的探索》，《上海高校图书情报工作研究》2013年第1期。

[6] 陈宾：《电子商务与快递业的互动关系研究——基于VAR模型的动态实证分析》，《福建师范大学学报》（哲学社会科学版）2016年第1期。

[7] 陈辉赞：《快递行业财务管理现状与创新优化》，《财经界》（学术版）2017年第2期。

[8] 陈力：《信息技术进步与民营快递企业的竞争战略选择》，中国社会科学出版社，2015。

[9] 陈丽、王怀波、孙洪涛、刘春萱：《中国MOOCs的回归与高等学校教学服务模式变革方向》，《中国电化教育》2017年第8期。

[10] 陈庆：《区域民营快递业发展模式探析——基于浙中城市群的企业样本》，《物流技术》2014年第1期。

[11] 陈志新、杜昕俊：《互联网+形势下快递企业新盈利模式研究》，《科技创业月刊》2016年第21期。

[12] 程华：《论互联网对商业模式的影响》，《商业研究》2002年第3期。

[13] 崔潇云：《基于物联网的物流企业盈利模式分析》，《商业时代》

2011年第28期。

[14] 戴韬、霍佳震：《非轴辐式快递网络的航线规划研究》，《计算机工程与应用》2010年第5期。

[15] 丁金昌、童卫军、黄兆信：《高职校企合作运行机制的创新》，《教育发展研究》2008年第17期。

[16] 董军：《企业集团物流网络管理模式研究》，北京交通大学博士学位论文，2011。

[17] 杜娟、霍佳震：《基于数据包络分析的中国城市创新能力评价》，《中国管理科学》2014年第6期。

[18] 段水利：《我国快递业发展影响因素实证分析》，《物流工程与管理》2015年第1期。

[19] 樊建华、王秀峰：《基于免疫算法的车辆路径优化问题》，《计算机工程与应用》2006年第4期。

[20] 范承浩：《基于轴辐式理论的中铁快运物流网络规划研究》，北京交通大学硕士学位论文，2007。

[21] 冯浩：《中国区域工业竞争力研究：理论探索与实证分析》，吉林大学，2007。

[22] 冯菊、刘嘉诺、徐林：《"互联网+"背景下电商物流的仓配一体化研究》，《物流工程与管理》2019年第7期。

[23] 冯新舟、何自力：《组织知识创新体系运营机制研究》，《情报理论与实践》2010年第1期。

[24] 傅玉颖：《基于模糊理论的供应链网络构建与优化》，浙江大学博士学位论文，2009。

[25] 高斌、陶伯刚：《快递服务概论》，人民邮电出版社，2013。

[26] 葛雪、于波、靳志宏：《基于时间阈值与运价折扣的区域快递网络优化》，《大连海事大学学报》（自然科学版）2013年第2期。

[27] 顾立平：《科研模式变革中的数据管理服务：实现开放获取、开放数据、开放科学的途径》，《中国图书馆学报》2018年第6期。

[28] 郭晖：《中邮速递物流公司快递业务发展战略研究》，北京交通大学硕士学位论文，2013。

[29] 郭勤贵：《互联网新商业模式》，机械工业出版社，2016。

参考文献

[30] 韩丽华、魏明珠：《大数据环境下信息资源管理模式创新研究》，《情报科学》2019年第8期。

[31] 贺冰倩、李昆鹏、成幸幸：《快递企业"最后一公里"快件收派优化方案研究》，《运筹与管理》2019年第1期。

[32] 胡向东、张海盛：《多目标邮政运输分层模型》，《系统工程与电子技术》2001年第9期。

[33] 黄建华：《快递网络的复杂性及鲁棒性分析——以某快递企业为例》，《西南交通大学学报》（社会科学版）2009年第6期。

[34] 黄世永、解读：《邮运调度管理规范》，《中国邮政报》2010年2月6日。

[35] 纪辰曦、刘保德、卓雪英：《电子商务环境下高校快递终端运营模式创新及比较研究》，《商》2015年第39期。

[36] 贾建矿：《主成分分析与因子分析之间关系分析》，《知识经济》2009年第7期。

[37] 江锦成、吴立新、杨宜舟、李志锋：《网络最大流的自适应求解算法——SAPR算法》，《计算机应用研究》2014年第10期。

[38] 姜宝、李剑：《中国快递业的本土市场规模与产业升级》，《中国流通经济》2015年第1期。

[39] 蒋蕾蕾：《"中铁快运"快递网络的空间分析》，上海师范大学硕士学位论文，2018。

[40] 解文涛：《中国各省市物流发展水平实证研究》，《现代商贸工业》2009年第6期。

[41] 荆树伟、牛占文：《企业管理创新的概念及内容界定》，《中国管理科学》2014年第S1期。

[42] 孔凡柱：《"互联网+"背景下企业商业模式创新路径研究——以制造业企业为例》，《中国商论》2017年20期。

[43] 李富：《大数据时代商业模式变革契机》，《开放导报》2014年第6期。

[44] 李海东、马达威：《共享物流下校园快递最后一公里的运行模式探讨》，《物流科技》2017年第6期。

[45] 李红、覃巧玲、方冬莉：《互联互通中保税物流体系个案调查》，

《经济纵横》2014年第3期。

[46] 李桦：《将变革进行到底》，《企业管理》2001年第10期。

[47] 李娟：《河南省临颍现代物流园区运营模式研究》，《河南财政税务高等专科学校学报》2017年第1期。

[48] 李雷、杨怀珍：《网络平台运营机制如何影响内容提供商新服务开发绩效？》，《科研管理》2018年第1期。

[49] 李磊、张敏、王炯：《完善我国快递业价格形成机制的研究——浅谈分步法在快递定价中的应用》，《价格理论与实践》2013年第6期。

[50] 李莉、丁以中：《轴辐式快递网络的枢纽选址和分配优化》，《上海海事大学学报》2012年第2期。

[51] 李龙：《基于DEA模型的全国港口价格规制研究》，上海交通大学，2012。

[52] 李敏、刘云：《东西部地区快递业发展对比研究》，《价值工程》2011年第4期。

[53] 李宁、邹彤、孙德宝：《车辆路径问题的粒子群算法研究》，《系统工程学报》2004年第6期。

[54] 李萍、高雷阜、刘旭旺：《一种基于模拟退火和Hopfield神经网络求解TSP算法》，《科学技术与工程》2008年第14期。

[55] 李荣、刘露、郑晓娜：《供应商协助库存转运：基于企业实践的创新方法》，《管理科学》2017年第6期。

[56] 李如达：《农村快递企业经营模式探讨》，《农业科技与信息》2018年第14期。

[57] 李卫霞：《走向专业自主的教研组变革研究》，华东师范大学博士学位论文，2019。

[58] 李阳：《轴辐式网络理论及应用研究》，复旦大学博士学位论文，2006。

[59] 李占华：《顺丰快递运营模式选择问题研究》，《物流工程与管理》2015年第7期。

[60] 李志威、张旭梅：《基于动态扫描和蚂蚁算法的物流配送网络优化研究》，《管理工程学报》2006年第4期。

[61] 林斯斯：《我国电子商务环境下快递业发展问题研究——以顺丰速运为例》，《物流工程与管理》2016年第8期。

[62] 林涛、谢夏成：《快递网络的要素、结构与上海节点的空间格局》，《交通运输研究》2017年第5期。

[63] 刘峰：《驱动转型与创新：SMG的机制改革理念与路径》，《电视研究》2017年第7期。

[64] 刘建美、马寿峰、马帅奇：《基于改进的Dijkstra算法的动态最短路计算方法》，《系统工程理论与实践》2011年第6期。

[65] 刘降斌、高盼：《基于BCC模型的我国创业板上市公司绩效评价研究》，《中国软科学》2010年第S1期。

[66] 刘鹏：《县域乡村快递业网点选址问题研究》，长安大学硕士学位论文，2016。

[67] 刘雅琼：《国外高等教育信息资源共享的模式与运行管理》，《图书与情报》2013年第2期。

[68] 刘云、李敏：《东西部地区快递业发展对比研究》，《价值工程》2011年第30期。

[69] 卢虎生、高学东、武森：《最大利润流问题及算法》，《数学的实践与认识》2003年第5期。

[70] 卢文涛：《基于时间阈值的区域快递网络优化》，《温州大学学报》（自然科学版）2016年第2期。

[71] 陆杉：《德国快递业发展的启示》，《中国物流与采购》2010年第2期。

[72] 逯笑微、原毅军：《基于企业组织变革的产业演化过程》，《大连理工大学学报》（社会科学版）2008年第4期。

[73] 倪玲霖：《快递营运网络优化设计与竞争网络均衡研究》，中南大学博士学位论文，2012。

[74] 倪玲霖：《轴辐式与点对点及组合式的快递网络特征分析》，《统计与决策》2010年第20期。

[75] 齐丹：《"互联网+农业"：农产品电子商务物流模式优化研究》，《农业经济》2019年第1期。

[76] 钱颂迪：《运筹学》，高等教育出版社，1990。

[77] 秦立公、王宁宁、李娟：《区域快递业综合效率的 DEA 测评及优化——以广西为例》，《物流技术》2015 年第 9 期。

[78] 秦铮：《新常态背景下我国快递企业商业模式创新研究》，云南大学硕士学位论文，2016。

[79] 任大勇：《学生自主管理下的高校校园快递新模式研究》，《物流技术》2014 年第 11 期。

[80] 任鸣鸣、杨超：《废弃品联合回收物流网络优化设计》，《统计与决策》2007 年第 14 期。

[81] 任萍：《大数据时代快递与电子商务产业链协同度探究》，《经贸实践》2018 年第 18 期。

[82] 宋厚冰、蔡远利：《有时间窗约束的车辆路径问题的改进遗传算法》，《交通与计算机》2003 年第 4 期。

[83] 粟伟军：《快递企业转运中心 7S 标准化管理模式探讨》，《2014 中国快递行业（国际）发展大会论文集》，2014。

[84] 孙赫强、荣楠楠：《电子商务环境下零售企业管理模式变革》，《商业经济研究》2018 年第 4 期。

[85] 孙连荣：《结构方程模型（SEM）的原理及操作》，《宁波大学学报》（教育科学版）2005 年第 2 期。

[86] 孙曦、杨为民：《低碳经济环境下乳制品运输与配送问题研究》，《江苏农业科学》2014 年第 4 期。

[87] 谭文浩、徐聪贵：《协同与管控导向下的财务公司运作机制探析》，《财务与会计》2016 年第 8 期。

[88] 谭旭：《基于物流数据的快递网络分析与建模》，浙江大学硕士学位论文，2015。

[89] 唐红梅、廖学海、陈洪凯：《基于因子分析法的公路洪灾模糊概率综合评价模型》，《中国安全科学学报》2015 年第 2 期。

[90] 田丽：《当代农业经济转型与管理模式的变革》，《农业经济》2016 年第 5 期。

[91] 田涛：《华为的理念创新与制度创新》，《企业管理》2016 年第 3 期。

[92] 田雪莹：《京东物流配送模式优劣势及对策分析》，《管理现代化》

2017年第6期。

[93] 涂超：《管理变革：将管理创新进行到底》，中国物资出版社，2004。

[94] 王宝义：《中国快递业发展的区域差异及动态演化》，《中国流通经济》2016年第2期。

[95] 王东宏：《人性假设与管理的理论及实践演变趋势》，《企业文明》2011年第6期。

[96] 王菲菲：《国内外快递行业发展模式比较研究》，河北工业大学硕士学位论文，2015。

[97] 王峰：《快递行业财务管理现状与创新优化》，《财经界》（学术版）2015年第7期。

[98] 王凤美：《论当前我国快递业发展中的问题与机遇》，《才智》2017年16期。

[99] 王进：《城市快递末端配送服务模式分类及影响因素》，《商业经济研究》2018年第8期。

[100] 王靖：《基于规模效应的航空快递主干网络优化问题研究》，北京交通大学硕士学位论文，2015。

[101] 王玲、陈银宗、范玉、徐紫雯：《全国邮政业运营机制及其效率分析——基于两阶段DEA的评估》，《北京交通大学学报（社会科学版）》2016年第3期。

[102] 王美强、梁樑、李勇军：《超效率DEA模型的模糊扩展》，《中国管理科学》2009年第2期。

[103] 王启万、朱虹、王兴元：《品牌生态理论研究动态及展望》，《企业经济》2017年第3期。

[104] 王玮、何广文：《社区规范与农村资金互助社运行机制研究》，《农业经济问题》2008年第9期。

[105] 王彦：《互联网时代的企业变革》，清华大学出版社，2016。

[106] 王艳、程艳霞：《基于结构方程的资源营销战略模型研究与效果评价》，《当代经济》2012年第12期。

[107] 王振其：《简述电子商务环境下的物流管理创新》，《科技经济市场》2018年第2期。

[108] 王忠强、朱浩、秦明霞：《上海市快递业交通管理政策研究》，《新型城镇化与交通发展——2013 年中国城市交通规划年会暨第 27 次学术研讨会论文集》，2014。

[109] 王众托：《企业信息化与管理变革》，中国人民大学出版社，2001。

[110] 魏静、王江：《基于 DEA 和 BP 神经网络的城市物流能力评价研究》，《中国市场》2011 年第 28 期。

[111] 温小荣、蒋丽秀、郑勇、谢小杰、李春干、佘光辉：《因子分析法在马尾松人工林蓄积相关因子评价中的应用》，《中南林业科技大学学报》2014 年第 11 期。

[112] 翁丽丽：《互联网+背景下 JS 公司商业模式变革研究》，电子科技大学硕士学位论文，2018。

[113] 吴建华：《现代成本管理方法在企业物流成本管理中的应用》，西南财经大学硕士学位论文，2005。

[114] 吴鹏：《协同创新视角下的快递业发展路径研究》，《暨南学报》（哲学社会科学版）2017 年第 3 期。

[115] 吴媛婷、林榕：《物流公共信息平台运营机制探讨》，《福建交通科技》2010 年第 5 期。

[116] 吴智峰、林敏晖、陈文：《基于区域经济特色的福建省水产品冷链物流发展研究》，《哈尔滨商业大学学报》（社会科学版）2017 年第 1 期。

[117] 项国鹏、俞金舍、黄玮：《科技企业加速器运营机制国际经验及对我国的启示》，《科技进步与对策》2016 年第 20 期。

[118] 谢凡荣：《网络优化中若干问题高效能算法研究及其在管理中的应用》，南昌大学博士学位论文，2009。

[119] 谢金星、邢文训、王振波：《网络优化》，清华大学出版社，2009。

[120] 徐剑、黄栋梁、肖豫：《区域物流信息网络体系的构建与运营机制研究》，《中国水运》（理论版）2007 年第 11 期。

[121] 徐强：《物流快递（跨越速运集团）直营模式的探讨》，《现代商业》2016 年第 6 期。

[122] 徐淑琴：《企业应用创新方法成效的模糊综合评估模型及实证分析》，《科技管理研究》2016年第6期。

[123] 徐希燕：《中国快递产业发展研究报告》，中国社会科学出版社，2009。

[124] 徐周波、古天龙、赵岭忠：《网络最大流问题的一种新的符号ADD求解算法》，《通信学报》2005年第2期。

[125] 许倩倩：《加拿大营利性学前教育发展与管理模式变革研究》，《比较教育研究》2018年第5期。

[126] 许亚东：《现代农业科技园区运行机制研究》，四川农业大学硕士学位论文，2003。

[127] 阎啸天、武穆清：《基于GA的网络最短路径多目标优化算法研究》，《控制与决策》2009年第7期。

[128] 杨从平、郑世珏、党永杰、崔建群：《基于配送时间及节点流量约束的快递网络优化》，《系统工程》2015年第11期。

[129] 杨从平、郑世珏、党永杰、杨青：《基于配送时效和连接成本的快递网络优化》，《系统工程理论与实践》2016年第8期。

[130] 杨海波：《创新生态视角下的科技管理模式变革》，《科学管理研究》2017年第6期。

[131] 杨海荣、顾联瑜、焦铮：《邮政通讯网组织与管理》，人民邮电出版社，1996。

[132] 杨万义：《论人力资本的生成途径及其运营机制的构建》，《现代财经》2002年第4期。

[133] 杨钰、金永民、孙晓怡、陈娟：《用因子分析法解析抚顺市大气颗粒物来源》，《辽宁城乡环境科技》2005年第4期。

[134] 杨治国：《试论法国的高等教育治理模式变革——历史制度主义和制度同构理论的双重审视》，《当代教育科学》2018年第2期。

[135] 杨忠振、邹汶倩：《基于蚁群算法的公路客运快递网络优化》，《交通运输系统工程与信息》2011年第1期。

[136] 姚本辉、崔忠伟、徐明玉、孟岭：《基于O2O模式的全民快递商业模式研究及推广》，《电脑知识与技术》2016年第10期。

[137] 叶明海、邱旻：《基于现实的变革管理》，《经济管理》2007年第

19 期。

[138] 叶耀华、王律、杨文涛、周焕德、张耀华、金卫平：《我国邮政网络的优化设计方法》，《管理工程学报》2004 年第 2 期。

[139] 于宝琴、杜广伟：《基于 SERVQUAL 模型的网购快递服务质量的模糊评价研究》，《工业工程》2013 年第 2 期。

[140] 于施洋、王建冬、童楠楠：《大数据环境下的政府信息服务创新：研究现状与发展对策》，《电子政务》2016 年第 1 期。

[141] 余子鹤、张诚：《中国快递业务经营模式比较研究》，《中国市场》2014 年第 49 期。

[142] 苑春荟、杜韩、张焱：《快递行业信息化标准体系建设研究》，《北京邮电大学学报》（社会科学版）2016 年第 5 期。

[143] 曾学工：《移动互联网时代智能手机业管理创新研究》，武汉大学博士学位论文，2013。

[144] 张博宇：《国务院办公厅印发〈关于推进电子商务与快递物流协同发展的意见〉》，《计算机与网络》2018 年第 5 期。

[145] 张超、潘婷、田瑞芳：《基于微信公众平台高校校园微快递服务模式探究——以天津农学院为例》，《教育教学论坛》2016 年 32 期。

[146] 张得银、郑莉：《新零售背景下零售终端物流配送策略选择——基于价格服务的研究视角》，《现代商贸工业》2019 年第 28 期。

[147] 张德全、吴果林：《最短路问题的 Floyd 算法优化》，《许昌学院学报》2009 年第 2 期。

[148] 张洪斌、聂玉超：《中国快递企业的网络系统分析》，《物流技术》2009 年第 9 期。

[149] 张洪坤：《基于供应链战略协同的农产品物流运行机制研究》，《商业经济研究》2015 年第 35 期。

[150] 张建、吴耀华、刘沛、王艳艳：《公路快速货运复合轴辐式网络规划分析》，《山东大学学报》（工学版）2008 年第 5 期。

[151] 张健、吴耀华、刘沛、王艳艳：《公路快速货运复合轴辐式网络规划分析》，《山东大学学报》（工学版）2008 年第 5 期。

[152] 张兰：《快递企业网点布局研究》，中南大学硕士学位论文，

2008。

[153] 张兰、朱厚强：《中国快递业发展影响因素的灰色关联分析》，《商业经济研究》2015年第29期。

[154] 张丽霞、赵又群、潘福全：《Hopfield神经网络算法求解路网最优路径》，《哈尔滨工业大学学报》2009年第9期。

[155] 张璐、齐二石、长青：《中国制造企业管理创新方法类型选择评价——基于SVM的多案例实证分析》，《科学学研究》2014年第11期。

[156] 张赛飞、车晓惠：《基于DEA的广州市科技创新效率及其影响因素研究》，《科技管理研究》2011年第24期。

[157] 张文彬：《F公司航空快递网络规划研究》，华东理工大学硕士学位论文，2014。

[158] 张学峰、林宣雄：《知识经济时代的企业组织模式变革》，《西安交通大学学报》（社会科学版）1998年第4期。

[159] 张云霞、江慧：《以微课为契机的高校教学模式变革探讨》，《学校党建与思想教育》2017年第6期。

[160] 张志霞、邵必林：《基于改进蚁群算法的运输调度规划》，《公路交通科技》2008年第4期。

[161] 赵庚、刘兵、李子彪：《孵化企业创业行为对创业绩效的影响及促进政策——以天津市为例》，《企业经济》2017年第1期。

[162] 赵佳：《国际快递公司的客户关系管理研究——以TNT快递公司为例》，首都经济贸易大学硕士学位论文，2014。

[163] 赵建有、闫旺、胡大伟：《配送网络规划蚁群算法》，《交通运输工程学报》2004年第3期。

[164] 赵晋、张建军、严蔡华：《允许直达的混合轴辐式快递网络规划模型与算法研究》，《中国管理科学》2016年第11期。

[165] 赵丽梅：《基于社会网络分析的数字出版联盟运营机制研究》，《出版科学》2014年第6期。

[166] 赵小鹏、宋新：《"O2O+众包"模式在物流领域的应用》，《物流技术》2016年第8期。

[167] 赵玉洲、张慧锋、王帆：《我国快递服务定价机制改革研究及相

关建议》,《价格月刊》2016 年第 4 期。

[168] 郑立海:《大数据时代的教育管理模式变革刍议》,《中国电化教育》2015 年第 7 期。

[169] 郑石明:《商业模式变革》,广东经济出版社,2006。

[170] 周树发、刘莉:《工程网络计划中的多目标优化问题》,《华东交通大学学报》2004 年第 2 期。

[171] 周晓利:《电子商务飞速发展背景下快递业发展探讨》,《企业经济》2012 年第 5 期。

[172] 朱长征、李艳玲:《碳排放量最小的车辆路径优化问题研究》,《计算机工程与应用》2013 年第 22 期。

[173] 〔美〕科尔曼:《算法导论》,殷建平译,机械工业出版社,2013。

[174] Amagai Y., Shoji K., Toyama F., "Optimization by Simulated Annealing", *Science*, 1983, 42 (3).

[175] Andreas T., Ernsta, Horst, Hamacherb, "Uncapacitated Single and Multiple Allocation P-hub Center Problems", *Computers & Operations Research*, 2009 (36).

[176] Armacost A. P., Barnhart C., Ware K. A., "Composite Variable Formulations for Express Shipment Service Network Design", *Transportation Science*, 2002, 36 (1).

[177] Armacost A. P., Barnhart C., Ware K. A., "UPS Optimizes Its Air Network", *Interfaces*, 2004, 34 (1).

[178] Atif Y. A., "Distributed and Interoperable Object-oriented Support for Safe E-commerce Transactions", *Information and Software Technology*, 2004, 46 (3).

[179] Bai M. G., Zhu J. F., "Comparative Study on Fully-connected and Hub-and-spoke Airline Network", *System Engineering Theory and Practice*, 2006, 26 (9).

[180] Barnhart C., Schneur R. R., "Air Network Design for Express Shipment Service", *Operations Research*, 1996, 44 (6).

[181] Braekers K., Caris A., Janssens G. K., "Time-dependent Vehicle Routing Problem in the Service Area of Intermodal Terminals", 14th

International Conference on Harbour, Maritime & Multimodal Logistics Modelling and Simulation, 2012.

[182] Brueckener J. K. , Zhang Y. , "A Model of Scheduling in Airline Networks: How a Hub-and-spoke System Affects Flight Frequency, Fares an Welfare", *Economic Analysis*, 2003.

[183] Buchmiller J. L. , Connell C. J. , "Innovation Engine Portal Method and System", 2003.

[184] Camargo R. S. , G. , Miranda Jr. et al. , "Multiple Allocation Hub-and-spoke Network Design under Hun Congestion", *Computers & Operations Research*, 2009, 36.

[185] Cerby V. , "Thermodynamical Approach to the Traveling Salesman Problem: An Efficient Simulation Algorithm", *Journal of Optimization Theory and Applications*, 1985, 45 (1).

[186] Charnes A. , Cooper W. W. , Rhodes E. , "Measuring the Efficiency of Decision Making Units", *European Journal of Operational Research*, 1978, 2 (6).

[187] Chen Y. , Du J. , David H. , "DEA Model with Shared Resources and Efficiency Decomposition", *European Journal of Operational Research*, 2010, 207 (1).

[188] Chen Y. , Du J. , Sherman H. D. , Zhu J. , "DEA Model with Shared Resources and Efficiency Decomposition", *European Journal of Operational Research*, 2010, 207 (1).

[189] Chestler L. , "Overnight Air Express: Spatial Pattern, Competition and the Future in Small Package Delivery Services", *Transportation Quarterly*, 1985, 39 (1).

[190] Cunha C. B. , Silva M. R. , "A Genetic Algorithm for the Problem of Configuring a Hub-and-spoke Network for a LTL Trucking Company in Brazil", *Journal of Transport Geography*, 2000 (9).

[191] Dasgupta D. , Michalewicz Z. , *Evolutionary Algorithms in Engineering Applications*, DBLP, 1997.

[192] Dijkstra E. , "A Note on Two Problems with Graphs", *Number Math*,

1959 (1).

[193] Dorigo M., Birattari M., Stutzle T., "Ant Colony Optimization", *Computational Intelligence Magazine IEEE*, 2006, 1 (4).

[194] Fisher M. L., "Optimal Solution of Vehicle Routing Problems Using Minimum K-trees", *Operations Research*, 1994, 42 (4).

[195] Floyd R. W., "Algorithm 97 Shortest Path", *Communications of the ACM*, 1962, 5 (6).

[196] Gamboa A. L. S., Filipe E. J. M., Brogueira P., "Coordination in Software Development", *Communications of the Acm*, 1995, 38 (3).

[197] Halman J., Keizer J. A., "Diagnosing Risks in Product-innovation Projects", *International Journal of Project Management*, 2017, 12 (2).

[198] Hedlund G., "A Model of Knowledge Management and the N-form Corporation", *Strategic Management Journal*, 1994, 15 (S2).

[199] Holland J. H., "Genetic Algorithms", *Scientific American*, 1992, 267.

[200] Horner W., O'Kelly, "Embedding Economies of Scale Concepts for Hub Network Design", *Journal of Transport Geography*, 2000 (9).

[201] Jeong S. J., Lee C. G., "The European Freight Railway System as a Hub-and-Spoke Network", *Transportation Research*, Part A, 2007 (41).

[202] Johansson R., Mejtoft T., Mejtoft S., Palmér et al., "Interaction Design Processes to Facilitate Changing Business Models in the Newspaper Industry: A Case Study of vk. se", Acm Conference Extended Abstracts on Human Factors in Computing Systems, ACM, 2015.

[203] Karkazis J., Boffey T. B., "Optimal Location of Routes for Vehicles Transporting Hazardous Materials", *European Journal of Operational Research*, 1995, 86 (2).

[204] Kennedy J., Eberhart R., "Particle Swarm Optimization", IEEE International Conference on Neural Networks, Perth, Western Australia, 1995.

[205] Kirkpatrick S., Gelatt C. D., Vecchi Jr. M. P., "Optimization by Simulated Annealing", *Science*, 1983, 220.

[206] Kleppe A. G., "First European Workshop on Composition of Model Transformations-CMT 2006", *Journal of Zoological Systematics & Evolutionary Research*, 2017, 33 (3 – 4).

[207] Kohl N., "An Optimization Algorithm for the Vehicle Routing Problem with Time Windows Based on Lagrangian Relaxation", *Operations Research*, 1997, 45 (3).

[208] Koza J. R., *Genetic programming: On the Programming of Computers by Means of Natural Selection*, MIT Press, 1992.

[209] Kuby M. J., Gray R. G., "The Hub Network Design Problem with Stopovers and Feeders: The Case of Federal Express", *Transportation Research A*, 1993, 27 (1).

[210] Kulak O., Sahin Y., Taner M. E., "Joint Order Batching and Picker Routing in Single and Multiple-cross-Aisle Warehouses Using Cluster-based Tabu Search Algorithms", *Flexible Services & Manufacturing Journal*, 2012, 24 (1).

[211] Lee H. J., Ko H. J., Sohn Y. H., "Profit-based Network Design in Express Courier Services", *International Conference on Innovative Computing Information & Control*, IEEE, 2008.

[212] Lin C. C., "The Multistage Stochastic Integer Load Planning Problem", *Transportation Research*, Part E, 2007 (43).

[213] Marie S., Anciaux D., Roy D., "Reducing Intermodal Transportation Impacts on Society and Environment by Path Selection: A Multiobjective Shortest Path Approach", *IFAC Proceedings Volumes*, 2018, 45 (6).

[214] Megan S., Arnaud B., "2007 Year, Modeling the Logistics of FedEx International Express", http://www.metrans.Org/nuf/2007/documents/Smirti – 000. pdf. 2090928.

[215] Mejtoft T., Mejtoft S., Anna, Palmér, "Interaction Design Processes to Facilitate Changing Business Models in the Newspaper Industry:

A Case Study of vk. se" (Proceedings of the 33rd Annual ACM Conference Extended Abstracts on Human Factors in Computing Systems, New York, April 2015).

[216] Osterwalder A., Yves Pigneur, Chirstopher, L., "Clarifying Business Models: Origins, Present, and Future of the Foncept", *Communications of the Information Systems*, 2005, 15.

[217] O'Kelly, "A Quadratic Integer Program for the Location of Interacting Hub Facilities", *European Journal of Operational Research*, 1987 (32).

[218] Padberg M., Rinaldi G. A., "Branch-and-cut Algorithm for the Resolution of Large-Scale Symmetric Traveling Salesman Problems", *Siam Review*, 1991, 33 (1).

[219] Pels E., Nijkamp P., Rietveld P., "A Note on the Optimality of Airline Networks", *Economics Letters*, 2001, 69 (3).

[220] Rechenberg I., *Evolutions Strategies, Simulations Method in der Medizin und Biologie*, Springer Berlin Heidelberg, 1978.

[221] Strüber D., Born K., Gill K. D. et al., "Henshin: A Usability-Focused Framework for EMF Model Transformation Development", International Conference on Graph Transformation, Jan. 1, 2017.

[222] Tan K. C., Chew Y. H., Lee L. H., "A Hybrid Multi-objective Evolutionary Algorithm for Solving Truck and Trailer Vehicle Routing Problems", *European Journal of Operational Research*, 2006, 172 (3).

[223] Tsoukas H., Chia R., "On Organizational Becoming: Rethinking Organizational Change", *Organization Science*, 2002, 13 (5).

[224] Ven A. H. V. D., "Central Problems in the Management of Innovation", *Management Science*, 1986, 32 (5).

[225] Wasner M., Czunther Z. A., "An Integrated Multi-depot Hub-location Vehicle Routing Model for Network Planning of Parcel Service", *International Journal of Production Economics*, 2004 (90).

[226] Yang H., Ni Y. H., "Insight to the Express Transport Network", *Computer Physics Communications*, 2009.

[227] Zhang F. L., Jia C. X., University Y., "Products Innovation Method Based on Classification and Importance Evaluation of User Needs", *Packaging Engineering*, 2017.

[228] Zhuang Y. F., Ma L. L., *Research on Profit Allocation of Campus Express Alliance Based on the Improved Shapley Value Method*, Proceedings of the 22nd International Conference on Industrial Engineering and Engineering Management, 2015.

后　记

　　本书是我主持的国家社科基金后期资助项目"快递网络管理创新研究：网络优化、运营机制及模式变革"（18FGL022）的最终成果，也是我近三年来潜心于"快递网络"相关研究的阶段性总结。经过项目团队的不断努力、刻苦钻研，终于完成了本书的撰写。为了得到真实有效的快递网络建设情况，我们走访了中国邮政、顺丰速运、中通快递等各大快递企业，做了详细的实地调查，深入了解快递网络的运营状况和管理模式，保证信息资源的准确性和分析的合理性。

　　此刻，本书已撰写完成，涌上心头的除了一丝淡淡的成就感和喜悦，更多是对为本书付出辛勤劳动的所有研究成员的感激之情。

　　首先，感谢参与本书撰写的所有团队成员，为了保证项目进展顺利，加快项目研究进度，你们牺牲了假期休息时间，实地考察获取资料，加班加点进行研究，你们的辛勤付出和刻苦钻研的精神值得我们每一个人学习和尊敬。其次，感谢相关企业在调研过程中给予的配合和帮助，你们的参与使得项目的成果更具有现实意义。再次，感谢我的学生们，正是有了历届学生的积极参与，才有了学术探索道路上徘徊过后的前进，使得项目进展更加迅速，才有了坚持后的收获。此外，还要感谢国家社科基金项目评审过程中提出宝贵意见的专家，正是你们的真知灼见才使得本书内容在不断修改的过程中更趋完善。最后，感谢在项目调研过程和本书撰写中给予启迪的众多学者，请原谅不能逐一道谢！

图书在版编目(CIP)数据

快递网络管理创新研究：网络优化、运营机制及模式变革/李鹏飞，毋建宏著. -- 北京：社会科学文献出版社，2020.12
 国家社科基金后期资助项目
 ISBN 978-7-5201-6842-7

Ⅰ.①快… Ⅱ.①李…②毋… Ⅲ.①计算机网络-应用-快递-邮政业务-研究-中国 Ⅳ.①F632-39

中国版本图书馆 CIP 数据核字（2020）第 271169 号

·国家社科基金后期资助项目·
快递网络管理创新研究：网络优化、运营机制及模式变革

著　　者 / 李鹏飞　毋建宏

出 版 人 / 王利民
责任编辑 / 冯咏梅

出　　版 / 社会科学文献出版社·经济与管理分社（010）59367226
　　　　　　地址：北京市北三环中路甲 29 号院华龙大厦　邮编：100029
　　　　　　网址：www.ssap.com.cn
发　　行 / 市场营销中心（010）59367081　59367083
印　　装 / 三河市龙林印务有限公司

规　　格 / 开　本：787mm × 1092mm　1/16
　　　　　　印　张：15.75　字　数：248 千字
版　　次 / 2020 年 12 月第 1 版　2020 年 12 月第 1 次印刷
书　　号 / ISBN 978-7-5201-6842-7
定　　价 / 128.00 元

本书如有印装质量问题，请与读者服务中心（010-59367028）联系

▲ 版权所有 翻印必究